国家社会科学基金一般项目
"我国传统制造业企业成本效率测度及提升机制研究"
（项目批准号：17BGL064）

王茂超◎著

中国传统制造业
企业成本效率测度及提升机制研究

ZHONGGUO CHUANTONG ZHIZAOYE
QIYE CHENGBEN XIAOLü CEDU JI TISHENG JIZHI YANJIU

中国财经出版传媒集团
经济科学出版社
Economic Science Press
·北京·

图书在版编目（CIP）数据

中国传统制造业企业成本效率测度及提升机制研究 /
王茂超著 . -- 北京：经济科学出版社，2023.11
ISBN 978 - 7 - 5218 - 5371 - 1

Ⅰ. ①中⋯ Ⅱ. ①王⋯ Ⅲ. ①制造工业 - 成本管理 -
研究 - 中国 Ⅳ. ①F426.4

中国国家版本馆 CIP 数据核字（2023）第 222904 号

责任编辑：杜 鹏 武献杰 常家凤
责任校对：齐 杰
责任印制：邱 天

中国传统制造业企业成本效率测度及提升机制研究
王茂超◎著
经济科学出版社出版、发行 新华书店经销
社址：北京市海淀区阜成路甲 28 号 邮编：100142
编辑部电话：010 - 88191441 发行部电话：010 - 88191522
网址：www. esp. com. cn
电子邮箱：esp_bj@ 163. com
天猫网店：经济科学出版社旗舰店
网址：http：//jjkxcbs. tmall. com
固安华明印业有限公司印装
710×1000 16 开 17 印张 260000 字
2023 年 11 月第 1 版 2023 年 11 月第 1 次印刷
ISBN 978 - 7 - 5218 - 5371 - 1 定价：118.00 元
（图书出现印装问题，本社负责调换。电话：010 - 88191545）
（版权所有 侵权必究 打击盗版 举报热线：010 - 88191661
QQ：2242791300 营销中心电话：010 - 88191537
电子邮箱：dbts@ esp. com. cn）

序　言

　　制造业是国民经济的主体，是立国之本、兴国之器、强国之基。目前，我国制造业已经建成了门类齐全、独立完整的产业体系，是全球第一制造大国。但是，与世界先进水平相比，我国制造业仍然大而不强，尤其在资源利用效率等方面存在明显差距。随着全球化市场竞争的日益加剧、资源环境约束的不断强化，以及生产要素成本的逐渐上涨，我国制造业企业依靠资源要素投入、规模扩张的粗放型发展模式已经难以为继。为了帮助企业提高市场竞争能力，我国政府部门近年来持续采取众多措施减轻制造业企业等经济实体在制度性交易成本、要素成本、物流成本以及用能成本等方面的成本负担。但是由于企业是市场竞争的参与主体，要想实质性提高企业市场竞争力，最终还是需要企业"眼睛向内降本增效"，通过挖掘内部潜力，尤其是在成本控制方面的潜力来提高自身参与市场竞争的能力。

　　传统制造业是我国制造业的重要组成部分，它们除了具备制造业的一般共性特征之外，同时还存在着成本支出比例较大、利润空间狭窄、经营管理水平相对落后以及产品市场竞争激烈等异质特征。这些异质特征使得我国传统制造业企业在全球市场竞争中处于劣势地位。这已引起我国政府部门的高度关注。中央经济工作会议 2015 年提出要改造提升传统比较优势；2016 年提出要用新技术新业态全面改造提升传统产业；2017 年提出要推动传统产业优化升级；2019 年提出要推进传统制造业优化升级；2021 年提出要加快数字化改造，促进传统产业升级；2022 年提出要依靠创新培育壮大发展新动能，推动传统产业改造升级。那么，我国传统制造业企业应该如何从自身微观角度来提升市场竞争能力以改善竞争劣势状态呢？波特（1985）认为"竞争优势归根结底来源于企业为客户创造的超过其成本的价值"。由于在竞争相对充分的传统产品市场中，产品价格上限要受到产品市场价格的制约，因此，传统制造业企业的竞争优势实际上主要取决于其产品成本，即以更低的成本生产出同样多甚至更多的产品。事实上，有近 80% 的企业认为在提升竞争优势方面，降低成本排在各项能力之首（Hong and Liu，2007），因为市场竞争的主题永远是成本竞争（金碚，2011）。鉴于此，降低成本是本书的研究主题，目的是为我国传统制造业企业的降本增效决策提供经验借鉴，同时也为政府部门制订相关政策提供数据支持。

从经济角度讲，降低成本并不要求必须减少成本支出的绝对金额，而是要在考虑产出的前提下使得投入的成本最少，或者在成本投入一定的条件下使得产出量最多。由于成本效率度量了在当前投入要素价格之下，各种要素投入比例的正确程度（Farrell，1957），它不但能够反映企业成本资源的利用效果，而且还能够反映企业成本控制能力和竞争能力的大小（徐辉和李健，2013），因此，本书将运用成本效率指标来展开研究，主要内容包括：综述成本效率的概念、成本效率的计量方法以及成本效率的应用领域，为后续研究作好理论铺垫；测算我国传统制造业企业成本效率水平，以明晰我国传统制造业企业利用成本资源的实际效果以及可被提升的空间大小；分析我国传统制造业企业成本效率变迁的影响因素，以掌握我国传统制造业企业利用成本资源实际效果的变动规律，为提升我国传统制造业企业成本效率水平提供经验参考；从成本非效率角度进一步分析我国传统制造业企业成本效率变迁的影响因素，为提升我国传统制造业企业成本效率水平提供更加丰富的经验参考；针对当前企业转型升级热点现象，分析我国传统制造业企业转型升级行为对企业成本效率水平的影响，为我国传统制造业企业优化转型升级提供经验支持；基于实证数据，总结我国传统制造业企业成本效率提升机制，为我国传统制造业企业的经营决策提供经验借鉴；提出政策建议，为政府部门制订相关政策提供数据支持。

通过理论分析与实证检验，本书得到如下研究结论：

1. 关于中国传统制造业企业成本效率测度结果的研究结论。

（1）中国传统制造业企业成本效率均值为 30.91%，表明中国传统制造业企业成本控制工作还有较大的提升空间。

（2）绝大多数中国传统制造业企业成本效率都处于较低水平，因此，需要政府出台惠及所有制造业企业的相关政策，这样才能助力制造业行业在整体上实现降本增效目标。

（3）极少数中国传统制造业企业成本效率相对较高，表明微观企业完全有能力通过自身内部挖潜来实现降本增效目标，因此，确有必要推动企业管理层"眼睛向内降本增效"。

（4）中国传统制造业企业成本效率在大类行业间存在显著差异，这要求政府部门在出台相关产业政策时，既要考虑制造业具有的共性特征，又要考虑不同大类制造业具有的异质特征，这样才能有效提升中国传统制造业企业的成本效率水平。

（5）大型传统制造业企业的成本效率均值显著小于中小型传统制造业企业的成本效率均值，表明中国传统制造业企业在经营决策中不能一味地追求"规模速度型粗放增长",否则,将导致企业成本效率下降。

(6) 中部地区传统制造业企业的成本效率均值最低,这要求政府部门在出台产业政策时要充分考虑地区间的平衡,不能让中部地区的企业受到政策冷落。

(7) 产权性质对中国传统制造业企业成本效率的影响不显著,这说明随着现代企业制度的建立与完善,不同产权性质企业的管理水平已经逐渐趋于一致。

(8) 中国传统制造业企业成本效率水平在整体上呈倒"U"型分布,其最高水平出现在企业成长期,因此,当企业进入成熟期以后,股东需要加强对企业管理层行为的激励与约束,以防范其败德行为的发生。

(9) 固定资产占比越高,传统制造业企业的成本效率水平相对越高,因此,中国传统制造业企业应该继续大力推进"机器换人"战略,努力实现生产过程的自动化与智能化。

(10) 尽管中国传统制造业企业的成本效率均值高于高技术制造业企业的成本效率均值,但其较低的技术效率限制了其成本效率水平的进一步提高,因此,中国传统制造业企业需要通过技术创新来推动成本效率水平的进一步提升。

2. 关于中国传统制造业企业成本效率变迁机理的研究结论。

(1) 中国传统制造业企业成本效率变迁受到众多一般性因素的影响,包括公路铁路密度、资产结构、企业市场地位、资本结构、税负水平、企业规模和行业集中度等,涉及宏观环境、行业竞争和企业异质等方面,表明中国传统制造业企业成本效率变迁是企业内外多种因素共同作用的综合结果,缺少任何一方面的助推因素都将无法实现中国传统制造业企业成本效率水平的有效提升。

（2）中国传统制造业企业成本效率变迁受到企业行为因素的影响，比如企业金融化行为、企业研发创新行为等，但 CEO 变更行为对中国传统制造业企业成本效率的影响不明显。

3. 关于中国传统制造业企业成本非效率影响因素的研究结论。

（1）从经济用途分类下成本结构对成本非效率的影响来看：第一，中国传统制造业企业应该严格控制期间费用支出，将更多的成本资源用于产品生产；第二，中国传统制造业企业需要对产品生产用成本资源进行优化配置，尽量降低工资薪酬和制造费用对生产成本资源的占用比例，以提高原材料在生产成本中所占的比例；第三，销售费用是期间费用影响成本非效率水平的主导因素，加强对销售费用的控制是从期间费用角度降低中国传统制造业企业成本非效率水平的重要途径，而管理费用则不应成为中国传统制造业企业加强期间费用控制的重点。

（2）从成本性态分类下成本结构对成本非效率的影响来看：中国传统制造业企业在营业收入下降时，不能盲目地缩减固定成本开支，只有当预期未来市场机会向下时，才可缩减固定成本。

4. 关于转型升级影响中国传统制造业企业成本效率的研究结论。

（1）中国传统制造业企业转型升级并不能提升其成本效率水平，这可能与企业转型升级的战略意义远大于其对企业绩效的改善有关。

（2）尽管中国传统制造业企业转型升级不能提升其成本效率水平，但是与企业转型相比，企业升级是较好的选择，尤其是企业升级下的更新固定资产方式。

（3）尽管中国传统制造业企业转型升级在整体上无助于提升企业成本效率水平，但是只要时机选择恰当，企业转型升级还是有可能对成本效率产生正面影响的。

本书以国家社会科学基金一般项目（17BGL064）最终研究成果为基础，结合评审专家意见修改而成。在此，感谢各位专家的宝贵意见；同时，也要感谢山西财经大学所提供的优越的科研条件。

作者

2023 年 7 月

目　录

第 1 章

成本效率概念、计量及其应用

1.1 成本效率概念

1.1.1 概念产生与发展

效率是一个相对概念，是指在投入一定的条件下获得的最大化产出，或者在产出一定的条件下发生的最小化投入（Farrel，1957）。效率问题是行为研究的一个重要方面，通过对行为效率的评估，读者可以据此判断该行为的合理性，因此，"效率"一词在社会实践中的应用随处可见，比如，学习效率、工作效率、劳动效率、生产效率、决策效率、组织效率等。虽然这些效率概念的具体含义各不相同，但是它们却存在着一个共同之处，即它们都是行为"正确"与行为"速度"的结合体，要求在确保行为"正确"的前提之下，尽可能地提高行为"速度"。换句话说，在行为"正确"的前提之下，单位时间内完成的行为数量越多，则效率越高；或者，单次行为所耗费的时间越少，则效率越高。

在经济研究中，"效率"同样是一个重要概念，它的应用范围也相当广泛。除了将"效率"概念应用于度量社会经济体在行为"正确"前提之下的行为"速度"之外，"效率"概念还常常被用于评价社会经济体对自身所拥有资源的有效利用程度。萨缪尔森和诺德豪斯在其所著《微观经济学》一书中指出"效率是在任何可能的生产资源重组都不能在不使其他人的情况变坏的条件下，使得任何一个人的福利变好的场合出现的"。可见，他们将"效率"解释为一种最优状态，在此状态之下，只有降低某个人的满足（或者效用）才能够增加另外一个人的满足（或者效用）。因此，萨缪尔森和诺德豪斯所描述的效率也常常被称为帕累托效率（pareto efficiency）或者帕累托最优（pareto optimality）。同时，由于萨缪尔森和诺德豪斯对效率概念的解释是立足于资源配置角度来展开的，因此，他们所定义的效率也被称为配置效率（allocative efficiency）。在资源供给有限而资源需求却不断增强的现实经济条件下，资源配置将直接或者间接地影响到资源的整体利用效果，进而影响到经济体的效率水平，因此，有关资源配置效率的研究在经济界始终是个热门话题。从近些年的研究文献来看，关于资源配置效率的研究热度更是有增无减。

从微观企业的角度来看，效率水平的高低可以反映企业利用资源的效果以及整体的经营状况（张健华，2003），能够集中体现企业的市场竞争能力，因此，效率概念也被广泛地应用于企业经营管理之中，经常被用作度量企业特定方面能力与水平的重要指标。人们试图通过对企业经营管理中效率问题的相关研究来发现企业经营管理中存在的问题以及导致这些经营管理问题存在的原因，并由此找到改善企业经营管理现状，提升企业经营管理水平的方法与措施。随着人们对效率问题认识的不断深入，一些与企业经营管理有关的效率概念也逐渐被学术界不断地提出来，并且已经在经济实践中对相关问题的分析与评价起到了较好的指导作用，比如，X-效率、技术效率、价格效率、利润效率、范围效率、规模效率、成本效率等。

生产经营是企业生存与发展的生命线，是企业经营活动的核心内容。在此过程中，企业会不断地与外部相关企业或部门进行物资交易，由此产生成本支出与销售收入，并最终形成企业利润，以此维持企业的生存与扩大再生产。可见，成本支出是企业销售收入的扣减项目，是企业绩效的重要影响因素。当市场竞争日益加剧，企业难以通过扩大产品市场份额来增加销售收入之时，降低成本支出就成为企业提高绩效水平的重要选择。在此背景之下，与成本支出相关的研究，比如，成本效率（cost efficiency，CE），也就应运而生了。1957 年，法雷尔（Farrell）对成本效率展开了研究。根据他的定义，成本效率度量了在当前投入要素价格之下，各种要素投入比例的正确程度（Zalkuwi et al.，2014）。在法雷尔之后，学术界将成本效率具体定义为最小可能成本（C^*）与实际成本（C）的比率（$CE = C^*/C$）。由于最小可能成本不会大于实际成本，因此，成本效率的理论分布范围是（0，1]。当 $CE = 1$ 时，表明该企业成本效率有效；当 $0 < CE < 1$ 时，则说明该企业存在着成本非效率现象，并且其值越小，表明其成本非效率情况越严重。此外，也有文献（田雨晴和余力，2012；Khetrapal and Thakur，2016；Dia et al.，2010）将成本效率定义为实际成本与最小可能成本之比（$CE = C/C^*$），在此定义之下，成本效率的理论分布范围是 [1，$+\infty$），其值越大，表明该企业的成本非效率情况越严重。从目前已有文献来看，第二种定义方式并不占主流。因此，为了便于与现有文献的研究结果进行对比，本书将以第一种定义方式来测度我国传统制造业企业的成本效率水平，并在此定义之下来解释成本效率的经济含义。

1.1.2　相似概念比较

经过几十年的发展与完善，学术界目前普遍接受的成本效率概念是，在市场环境相同、产出相同时，公司成本与处于有效边界或最佳运营状态公司的成本水平的接近程度（Berger and Mester，1997）。这与前面所定义的 $CE = C^*/C$ 或者 $CE = C/C^*$ 的内涵是完全一致的。尽管如此，仍有部分学者或者由于理解上的偏差，或者出于所研究对象的讨论侧重点不同等因素，导致他们在具体论证成本效率时将成本效率与配置效率、技术效率、规模效率和 X - 效率等其他效率概念混淆。为了便于读者更好地理解成本效率概念，笔者将相关的容易混淆的效率概念简述如下。

1.1.2.1　成本效率与配置效率、技术效率及规模效率

成本理论与成本实践均表明，企业总成本受到要素配置的合理性、产品生产技术的先进性以及企业规模的适度性的影响。

（1）就要素配置而言，企业管理层需要综合考虑所有投入要素的价格因素，努力实现各投入要素之间的优化组合，最终以最低的要素投入总成本生产出最大化的产品数量，在此情景之下，便实现了各投入要素的有效配置。衡量要素配置有效程度的指标是配置效率。配置效率体现的是在给定价格条件下，各投入要素之间构成比例的合理程度。

（2）就产品生产技术而言，在投入要素一定的情况下，不同的产品生产技术将生产出不同数量的产品，所生产出的产品数量越多，则表明产品生产技术水平越先进，也可以说，当所获得的产品数量一定时，投入的生产要素数量越少，则表明产品生产技术水平越先进。衡量产品生产技术水平先进程度的指标是技术效率，它体现了企业产品生产过程中生产要素投入与产品产出之间的比例关系。

（3）就企业规模而言，在其他条件都相同的情况之下，不同的生产规模会形成不同的产品生产量，并最终影响企业收益水平。根据规模大小与企业收益水平之间的不同变化关系，可以将规模与收益之间的变化关系划分为三种状态：规模收益递增、规模收益不变以及规模收益递减。当产品产量增加的比例大于投入要素增加的比例时，规模收益处于递增状态，此时，企业应该扩大产品生产规模以获取更多收益；当产品产量增加的比例等于投入要素增加的比例时，规模收益处于不变状态，此时，无论是增加要素投入量还是减少要素投入量，都会导致产品产量增加的比例小于投入要素增加的比例，因此，规模收益不变是一种最理想的规模收益状态；当产品产量增加的比例小于投入要素增加的比例时，规模收益处于递减状态，此时，企业应该减少要素投入量，在此情景之下，虽然产品产出量会随之减少，但是产品产出量的减少比例会小于要素投入量的减少比例，从而在经济上增加规模收益。

成本效率作为公司实际成本与理论最小成本之间的比值指标，它综合地反映了公司配置生产要素比例的能力、所拥有产品生产技术水平的先进程度以及产品生产规模的优化状态，因此，成本效率是配置效率、技术效率和规模效率的综合反映，而配置效率、技术效率和规模效率则都只是反映了成本效率的某一特定方面。当然，配置效率、技术效率和规模效率中任何一方面的非效率状态也都将导致成本非效率的形成。

1.1.2.2　成本效率与 X – 效率

X – 效率由美国哈佛大学教授莱宾斯坦（Leibenstein）于 1966 年首次提出。莱宾斯坦在分析经济单位绩效的影响因素时发现，即使资本与劳动投入量不发生改变，只要改变激励机制，也可以使劳动生产率发生显著的变化。因此，他认为经济单位的产出和劳动生产率，除了受到诸如劳动和资本等传统投入因素的影响之外，还会受到一种更大的效率因素的影响。由于这种效率因素在当时并不为经济学家所知（包括莱宾斯坦本人在内），因此，这种效率因素就被简单地称为 X – 效率。在随后的实证研究中，众多学者（Mester，1996；Rime and Stiroh，2003）都证明了 X – 效率确实是影响企业经营绩效和竞争力的主要因素，并被推断为不包括规模效率和范围效率的技术效率和配置效率之和。从这个意义上讲，X – 效率的定量确定，可以通过成本效率来间接地计算而得（Mester，1996；Allen and Rai，1996）。可见，X – 效率与成本效率之间具有较大的相似之处，这也正是人们很容易将两者相混淆的重要原因之一。

1.2　成本效率计量

美国著名咨询大师哈林顿（Harrington）在其 1991 年出版的《业务流程改进：全面质量管理、生产力和竞争力的突破性战略》一书中指出："度量是关键。如果你不能度量它，你就不能控制它。如果你不能控制它，你就不能管理它。如果你不能管理它，你就不能改进它"[①]。可见，依据相关指标对业务流程中的管控对象进行量化评估是提高业务流程管控质量的重要前提。成本控制也不例外。只有对成本控制对象的相关指标进行量化评估，才能更准确地评价成本控制效果，并提出有针对性的成本控制策略，从而提升成本控制质量。

---

① 钱雪亚. 人力资本水平统计估算 [J]. 统计研究，2012，29（8）：74 – 82.

对于我国传统制造业企业来讲，它们除了具备制造业企业的一般共性特征之外，同时还存在着成本支出比例较大、利润空间狭窄、经营管理水平相对落后以及产品市场竞争激烈等异质特征。近年来，随着产品市场竞争全球化趋势的不断加剧，我国传统制造业企业具有的这些异质特征使得其在全球产品市场竞争中的劣势地位更加突出。无论是从产值来看，还是从企业数量来看，我国传统制造业都占据了整个制造业行业的绝大多数比例，因此，我国传统制造业在全球市场竞争中表现出来的逐渐弱化的市场竞争能力已经影响到我国整个国民经济的发展。这已引起政府部门的高度关注。为此，我国政府部门近年来出台了一系列产业扶持政策，鼓励制造业企业（尤其是传统制造业企业）加快转型升级，提升自身参与市场竞争的核心能力。这些产业政策除了引导传统制造业企业加快产业转型，努力占据产业链高端位置之外，另一个重要目的就是鼓励传统制造业企业加强技术升级，努力降低产品成本，扩大盈利空间，从自身挖潜角度来改善产品的现有市场竞争能力。

笔者认为，无论是国家政府部门制订相关产业政策，还是企业管理层进行相关经营决策，测度我国传统制造业企业现有的成本效率水平都是关键环节。因为，只有通过对成本效率水平的测度，人们才能够准确地评价各传统制造业企业的成本效率水平，才能够发现阻碍我国传统制造业企业提升成本效率的宏观与微观因素，从而为国家政府部门制订相关产业政策提供经验数据支撑，同时，这也可以为企业管理层在采取成本改进措施时提供经验借鉴。

关于成本效率的定量测算，从目前的研究文献来看，最早由法雷尔（1957）提出。法雷尔以投入两种生产要素且产出一种产品的生产情况为例，对微观企业的生产效率问题进行了理论性量化分析。他在分析过程中所提出的综合效率（overall efficiency），从原理上看，就等同于当前学术界所研究的成本效率（迟国泰等，2005）。其具体分析思路、分析过程以及分析结果如图 1 - 1 所示。

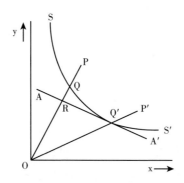

图 1 - 1　Farrell 模型中的配置效率与技术效率

图 1 - 1 中，横轴 x 和纵轴 y 分别代表厂商在产品生产过程中两种生产要素的投入量。曲线 SS′为等产量线，由在最有效生产方式（即没有浪费）下产出量为 SS′时的要素 x 与要素 y 的各种不同组合构成。直线 AA′为等成本线，线上各点的生产要素总成本相等，直线斜率表示在要素价格恒定的条件下两种生产要素之间的替换比率。OP 是企业的规模扩张线，即脊线，线上各点的规模收益不变。

由于曲线 SS′上各点所代表的产出量均相等，而直线 AA′上各点所表示的各种投入要素的总成本也相等，因此，根据实践经验及经济常识，生产 SS′的产出量需要花费的最低总成本等于曲线 SS′在 Q′点处的切线所表示的总成本。该切线斜率与等成本线 AA′的斜率相等。由此，厂商在切点 Q′处生产 SS′产出量时发生的总成本最低，相应地，其生产效率也最高。

但是，实践与理论总是存在着差异。受到现有生产技术条件的限制，厂商按照切点 Q′所代表的要素投入量进行产品生产时可能无法实现 SS′的产出量（因为客观上存在着生产浪费现象）。换句话说，如果期望实现 SS′的产出量，则厂商需要投入更多的生产要素量（比如，在规模收益不变的前提下，投入 P′点所代表的要素量）；否则，企业实现的产品产出量将会小于 SS′的产品产出量。

在经济实践中，要素投入量为 P（或者 P′）而产品产出量为 SS′的情况更为普遍，因为，受到技术水平、管理能力等主客观条件的限制，生产过程中客观上存在着浪费行为，这种浪费行为将导致企业相较于最有效前沿企业而言，投入的生产要素量会更多，而生产出的产品数量却会更少。法雷尔（1957）对此投入产出情形进行分析后认为，如果厂商按照 P 点所代表的要素投入量进行产品生产，并最终得到了 SS′所代表的产品产出量，则该厂商对投入要素存在着 QP/OP 比例的浪费。这是因为对于一个完全有效的厂商来讲，在保持现有生产要素投入组合比例不变的前提之下，它只需要使用现有生产要素投入量的 OQ/OP 比例的要素投入量即可获得 SS′的产品产出量。由此，法雷尔将 OQ/OP 定义为该厂商的技术效率（technical efficiency，TE），即 TE = OQ/OP = 1 − QP/OP，其取值在区间（0，1］内，它反映了厂商由给定的投入要素集获得最大产品产出量的能力。当 TE 取值为 1 时，则意味着该厂商在技术上是完全有效的，其值越接近 0，则该厂商技术无效率程度越严重。图 1 − 1 中，等产量曲线 SS′上的 Q 点所代表的技术水平就是完全有效的，而线段 QP（不包括 Q 点）上的各点都是技术无效的点，当然，这些技术无效点所代表的技术无效程度都不一样[①]。

法雷尔（1957）还认为，在规模报酬不变的前提之下，厂商的生产效率除了受到厂商当前技术水平的影响之外，还要受到来自投入要素价格的影响。从图 1 − 1 可以看出，等成本线 AA′的斜率实际上就是两种投入要素的价格之比，由等成本线 AA′和等产量曲线 SS′所确定的最优生产要素投入点 Q′会随着两投入要素价格的变化而发生相应变化。尽管 Q 和 Q′都位于等产量曲线 SS′上，但是，在投入要素价格恒定以及技术水平一定（OP′）的前提之下，Q 点的要素投入量大于 Q′点的要素投入量，因为在 Q 点处投入的要素量中存在着 RQ/OQ 比例的浪费，即 Q 点处投入的要素量中只有 OR/OQ 比例的要素投入量是完全有效的。由此，法雷尔将 OR/OQ 定义为该厂商的价格效率（price efficiency，PE），即 PE = OR/OQ = 1 − RQ/OQ。价格效率反映了厂商在分别给定投入要素价格和产品生产技术的条件下以最优比例来利用投入要素的能力，其取值在区间（0，1］内。当 PE 等于 1 时，表明该厂商是完全价格有效的，其值越接近 0，则厂商价格无效率程度越严重。值得一提的是，由于投入要素的价格差异会导致厂商采用不同的生产要素投入比例

---

① 值得一提的是，由于等产量曲线 SS′反映了厂商由给定的投入要素集获得最大产出量的能力，因此，可行的生产要素组合点不可能位于等产量曲线 SS′的左下方。

进行产品生产，这必然会导致产品生产过程中投入要素的配置比例发生变化，因此，也有学者将价格效率称为配置效率（allocative efficiency，AE）。

那么，对于实际的要素投入量为 P 的厂商来讲，在要素价格恒定，并且等产量曲线为 SS′ 的条件下，该厂商的综合效率为多少呢？根据前面的分析，读者可以看出：

$$综合效率 = \frac{OR}{OP} = \frac{OR}{OQ} \times \frac{OQ}{OP} = 价格效率 \times 技术效率$$

综合效率反映了厂商利用生产要素进行产品生产的整体效率情况，其值由价格效率与技术效率相乘而获得。因此，厂商提升综合效率的关键措施是：一是加强生产技术改造，使生产技术达到前沿水平，从技术角度避免生产过程中的要素浪费现象发生；二是在技术水平一定并且生产要素价格不变的情况下，根据各生产要素的价格差异来合理确定各生产要素的投入比例，使相同产量下的投入要素总成本最低，或者在相同的要素投入总成本下有最大的产品产量。

尽管法雷尔（1957）讨论的是生产问题，但是，正如生产过程与成本支出紧密相连一样，此处的综合效率与成本效率也存在着密切的相关性。读者可以很方便地将综合效率转换为成本效率。转换过程如下：

假设厂商的投入要素价格向量为 Ω，根据前面对成本效率的定义，可以得到：

$$CE = \frac{C^*}{C} = \frac{OR \cdot \Omega}{OP \cdot \Omega} = \frac{OR}{OP} = \frac{OR}{OQ} \times \frac{OQ}{OP} = 价格效率 \times 技术效率$$

可见，法雷尔（1957）分析的综合效率，其在本质上也是成本效率。这成为学术界定量分析成本效率的起点。因此，学术界通常认为，法雷尔最早对成本效率问题展开定量分析。

但是，法雷尔对成本效率的定量分析更多地偏向于理论推导及其经济意义的解释，而在定量分析方法的具体应用方面则论述得相对较少。鉴于此，在法雷尔之后，学术界对成本效率测度方法的具体应用展开了较为深入的拓展性研究。当然，这也由此引发了学术界关于此问题的较为激烈的争论。截至目前，学术界在这方面仍然未能达成一致性意见，其争论的焦点主要集中在以下两个方面。

1.2.1 关于成本效率测度方法选择的争论

有关效率评价的方法有很多，比如，指数法、多指标综合评价法、因子分析法以及前沿分析法等。目前，国内外学者在测度成本效率时，主要采用前沿分析法。所谓前沿分析法，是指在确定出效率前沿决策单位（decision making unit，DMU）的成本水平的基础之上，测度待考察决策单位实际成本对效率前沿决策单位成本的偏离程度。所谓效率前沿决策单位是指在给定的技术条件和外部市场环境因素条件之下，能够实现成本最低或者实现利润最大的决策单位。

依据是否需要估算效率前沿函数中的参数，人们可以将效率前沿分析法划分为非参数方法和参数方法。前者以数据包络分析法（data envelopment analysis，DEA）为代表，而后者则以随机前沿分析法（stochastic frontier analysis，SFA）为代表。这两种方法各有各的优点与缺点。至于哪种方法更为有效，从目前的研究文献来看，学术界还尚未达成共识（杨大强和张爱武，2007）。

1.2.1.1 非参数方法

非参数方法建立在法雷尔（1957）提出的前沿函数思想基础之上，主要包括数据包络分析法和自由排列包法（free disposal hull，FDH）两种（Berger et al.，1993）。由于 FDH 法是 DEA 法的一种特例，只是放松了 DEA 中凸性的假定（Berger and Humphrey，1997），因此，就成本效率测度而言，在使用非参数方法的文献中又以数据包络分析法的运用为主，其被使用的频率最高，应用的范围也最为广泛。数据包络分析法在测度成本效率时，利用线性规划以及对偶原理，通过构建观测数据的非参数前沿，然后相对于所构建前沿面来计算成本效率。该方法由运筹学家查理斯（Charnes，1978）创建。数据包络分析模型按照是否考虑规模收益，可以将其区分为 BC^2 模型和 C^2R 模型。随着研究的深入，学术界又进一步提出了超效率 DEA 模型、三阶段

DEA 模型、非参数 Malmquist 生产率指数模型等多种改进型模型。

从目前的研究实践来看，运用数据包络分析法评估企业成本效率具有很多优点：第一，它不需要预先确定成本函数的具体形式，从而可以避免由于函数选择失误而造成成本效率值被错误评估的现象发生；第二，该方法适用于评价不同量纲的指标，因此，在评价多产出和多投入情景下的企业成本效率时更为方便；第三，该方法下的成本效率评价过程具有较强的客观性；第四，该方法对样本量的要求不大，其适用范围比较广泛。

当然，尽管数据包络分析法在评估成本效率时具有很多优点，但其也存在着诸多自身无法克服的缺陷：第一，由于事先不需要确定具体的前沿函数形式，因此，数据包络分析法在评估成本效率的过程中也就不用进行模型的统计检验，从而无法判断模型是否显著；第二，该方法不考虑数据收集与整理过程中的数据噪声（如数据震动、测量误差）对评估结果的干扰与影响，从而将效率评估过程中观测值相对于成本前沿的所有偏差都归入到成本非效率之中，这将导致估计结果出现一定偏差，并最终影响效率评价结果的有效性；第三，与参数法相比，运用数据包络分析法进行测算所得到的结果的离散程度往往比较大；第四，数据包络分析法忽略价格要素，主要关注决策单位技术上的最优而不是经济上的最优，因此，该方法不利于决策单位从提升经济效益角度来改善成本效率；第五，如果约束条件足够多，该方法所得到的结论往往不够准确；第六，该方法犹如一个"黑匣子"，人们无法从中知道输入要素如何影响输出结果，继而无法确认不同输入要素对输出结果的相对重要性。

1.2.1.2　参数方法

参数方法是一种计量经济学方法，它起始于本斯顿（Benston，1965）的研究。根据对前沿函数中成本非效率项分布的假设不同，参数方法可以进一步划分为随机边界分析法（stochastic frontier analysis，SFA）、厚边界函数法（thick frontier approach，TFA）和自由分布法（distribution free approach，DFA）三种（Berger et al. , 1993）。

（1）随机边界分析法。SFA 法是一种预先设定好效率边界函数的评估方法，并且将随机误差项和非效率项作了明确区分，其中，随机误差项服从对称正态分布，而非效率项服从非对称半正态分布，并且，随机误差项和非效率项与函数中的投入产出变量之间不存在相关关系，这两项相互之间也不存在相关关系。该方法在测度效率值时具有诸多优点，因而被学者们大量应用于研究实践中，并且该方法在研究实践中也获得了较大改进：非效率项的分布假定由半正态分布发展到截断正态分布，再发展到指数分布，由非时变假设发展到时变假设；样本数据的适用类型从截面数据发展到平衡的面板数据，再发展到非平衡的面板数据。

（2）厚边界函数法。TFA 需要事先设定效率前沿函数，并预设好实测效率值与预计效率值之间的偏离，但不需要假定随机误差项和低效率项的分布形态。如果实测效率值相对预计效率值的偏离值超过了事先预设的偏离值上下限，则此时的偏离值代表了随机误差；如果这个偏离值没有超出事先预设的偏离值上下限，则说明此时的偏离值是由低效率所引起的。值得注意的是，TFA 法所测算出的效率值是平均效率，而不是单个决策单位的特定效率值，对于效率水平参差不齐的样本集来讲，该方法所测效率值没有显著的说服力，因此，在实际研究中，该方法的应用频率并不高。

（3）自由分布法。DFA 建立在早期的面板数据理论基础之上，它通过设定前沿函数形式，利用面板数据来估测各决策单位在各个时期的复合误差项（包括低效率项和随机误差项）。由于复合误差项中的随机误差项被设定为在样本观测期内相互抵消，其均值为 0，因此，复合误差项的均值实际上就是低效率值。在估计模型函数时，DFA 根据年度数据分别为各个年度估计一个函数，这样的模型函数可以将规章制度和技术等因素的变化所引起的年度差异体现出来，反映出效率值在各个年度受环境影响而发生变化的真实情况。这是其最大的优点。但是，由于该方法所测效率值实质上也是一个平均值，而不是单个决策单位的特定效率值，不利于针对特定决策单位进行效率评估，因此，该方法在研究实践中也受到较大限制。

综上所述，从目前已有的研究文献来看，在参数方法中，随机边界分析法的应用范围更广、应用频率也更高，可以作为参数方法的典型代表。

在运用随机边界分析法来测度成本效率时，人们必须选择单一的产出指标，并且要遵循以下基本步骤：在假定成本非效率项（U）的分布特征以及选定成本函数的具体形式之后，首先，利用极大似然法（maximum likelihood estimation）确定出成本函数中的各个参数值；其次，将各观测样本的数据代入成本函数中，由此确定出各个观测样本的理论最小成本（C*）；最后，计算各观测样本的理论最小成本（C*）与实际成本（C）的比值，即可得到成本效率值（CE）（Berger，1993；迟国泰等，2005）。

SFA 法测度成本效率的一般模型形式如下：

$$\ln C = \ln C^* + u + v$$

$$CE = \frac{C^*}{C} = \exp^{\ln \frac{C^*}{C}} = \exp^{(\ln C^* - \ln C)}$$

其中，C 为实际成本；C* 为理论最小成本；U 为成本非效率项；V 为随机误差项；CE 为成本效率值。

可以看出，SFA 考虑了数据噪声等随机测量误差项（V）对成本效率（CE）的干扰，因此，运用该方法所得出的观测样本的成本效率值的离散程度相对较小。基于这一优点，部分学者（迟国泰等，2005）出于真实反映随机测量误差对成本效率的影响之目的，比较倾向于采用 SFA 法来测度决策单位的成本效率水平。

总体来看，SFA 方法具有诸多 DEA 方法所不具有的优点，尤其是它可以解决非参数法下固有的数据噪声困扰问题。尽管如此，由于该方法需要事先指定具体的成本函数形式，并且需要明确误差项的分布假设，因此，这又成为 SFA 方法的潜在弱点，即 SFA 方法容易遇到成本函数形式被错误指定以及误差项的分布假设无效等问题。

图 1 - 2 是效率前沿分析法下各具体分析方法的分类树状图。

通过对以 DEA 为代表的非参数方法和以 SFA 为代表的参数方法的分析与比较，人们可以发现，在测度成本效率水平的各种方法中，参数方法与非参数方法各有优缺点，基本上难分伯仲，因此，截至目前，还没有一个得到学术界普遍认可的成本效率测度方法。伯杰和汉弗莱（Berger and Humphrey，1997）的研究表明，在应用前沿效率分析方法研究储蓄机构效率的122 个案例中，有 69 项研究案例应用的是非参数方法（其中 62 项采用了

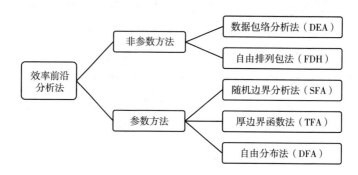

图 1 - 2　效率前沿分析法下各具体分析方法的分类树状图

资料来源：作者整理。

DEA 方法），有 60 项研究案例应用的是参数方法（有的研究案例同时采用了两种以上的方法）。至于研究实践中成本效率测度方法的具体选择，在较大程度上要受到所研究对象的具体情况以及研究者个人的主观偏好以及经验判断的影响。

表 1 - 1 是笔者根据目前已有文献对这两类方法的比较分析所进行的归纳与汇总，希望可供相关学者参考使用。

表 1 - 1　　　　　　　　　参数法与非参数法特征比较

异同		方法	
		非参数方法（以 DEA 为代表）	参数方法（以 SFA 为代表）
共性		同属于前沿分析方法，都通过建立经济模型来分析决策单位的投入产出关系并测算得出效率值	
差异	理论依据	线性规划方法以及对偶原理	计量经济学
	函数假定	不需要	需要
	误差项设计	忽略随机误差项的存在，将误差项作为无效率部分	误差项中的无效率项与统计噪声项被区分
	投入产出指标	多种投入，多种产出	多种投入，单一产出
	模型统计检验	不需要	需要
	样本基本量	较少	较多
	"最优"侧重点	技术最优	经济最优

续表

异同		方法	
		非参数方法（以 DEA 为代表）	参数方法（以 SFA 为代表）
差异	估计结果精度	与参数法测算结果相比，效率估计值偏低，离散程度较大	与非参数法测算结果相比，效率估计值偏高，离散程度较小

资料来源：作者整理。

1.2.2　关于成本效率测度模型中成本函数选择的争论

研究实践表明，不同函数对观测样本效率值的估计会产生直接的影响（田雨晴和余力，2012），因此，在有关成本效率的研究文献中，成本函数的选择也是一个争论热点。由于非参数方法不需要事先确定具体的成本函数形式，因此，关于成本函数选择的争论主要与参数方法相关。在研究实践中，应用于参数方法的成本函数主要有：柯布－道格拉斯成本函数（cobb－douglas，C－D）、常替代弹性成本函数（constant elasticity of substitution，CES）、变替代弹性成本函数（variable elasticity of substitution，VES）以及超越对数成本函数（translog）。其中，常替代弹性成本函数和变替代弹性成本函数的函数形式较为复杂，它们在研究实践中受到了相对较多的条件限制，从而使得它们在学术研究中的应用频率相对于其他两种成本函数来说比较低。因此，C－D 成本函数和超越对数成本函数是目前成本效率实证研究中较为广泛使用的两种成本函数形式。

那么，C－D 成本函数和超越对数成本函数相比，孰优孰劣呢？从目前的研究文献来看，学术界同样没有达成一致意见。

孙武斌和常明明（2012）认为，由于超越对数成本函数的待估计参数个数比较多，容易出现多重共线性问题，因此，他们在分析中国汽车制造业的成本效率时采用了 C－D 成本函数。刘志迎等（2007）则在实证研究中首先尝试采用超越对数成本函数来试算中国财产保险业的成本效率水平，但由于在试算过程中出现了严重的多重共线性问题，因此，他们最终选择了 C－D 成本函数。宋金伯和刘铁敏（2016）也认为，与超越对数成本函数相比，

C-D成本函数的适用范围更广泛、可操作性更强，而且还具有独特的对偶性质，因此，他们在测算中国上市商业银行的成本效率水平时也同样采用了C-D成本函数。不仅如此，李和黄（2017）更进一步地指出，尽管超越对数成本函数被广泛地运用于测度成本效率，但它却仅能部分地粗略估计出一个未知的成本函数，并且不区分规模大小地假定所有决策单位都具有对称的"U"型平均成本曲线，这将产生对各决策单位规模经济的有偏测量。在笔者所掌握的文献资料中，持有类似观点并且在实证研究中使用C-D成本函数的学者除了上述学者之外，还有侯文等（2010）、王静（2016）、张超等（2005）、汪卉霞（2014）、穆萨巴和姆塞特卡（Musaba and Mseteka，2014）、迪亚等（2010），等等。

在成本效率实证研究中偏好采用超越对数成本函数的学者也不在少数。王聪和宋慧英（2012）认为超越对数成本函数能够更好地拟合数据，便于从经济学角度解释相关问题，并且还可以反映出解释变量的交互作用，因此，他们在测度证券公司的成本效率时，就采用了超越对数成本函数。迟国泰等（2005）认为，C-D成本函数不适用于估算商业银行的成本效率，因为该成本函数假设银行规模收益不发生变化，这个假设将导致C-D成本函数无法反映受规模变化影响的成本效率水平的真实情况，而超越对数成本函数由于其包含投入产出指标的交互影响项，从而可以反映商业银行规模收益可变的真实情况，并且还能够保证成本函数具有足够的弹性，从而有利于成本效率的计算，因此，他们在分析中国商业银行的成本效率水平时选用了超越对数成本函数。张航（2012）以及史小坤和赵仲良（2009）也都认为，超越对数成本函数除了符合现实中规模收益可变的实际情况之外，该函数不要求各种生产要素之间必须具备固定的替代弹性，也不要求各种生产要素必须具有齐次性，同时该函数设定的产出变量还可以是单个变量，从而使得函数具有包容性和易估性等优点，因此，他们在测算商业银行成本效率时，也选择了使用超越对数成本函数。科瑞伯和塔库尔（Khetrapal and Thakur，2016）认为，超越对数成本函数弹性大，能用于任意成本函数的二阶近似估计，并且没有设定前提条件，而诸如C-D等其他函数形式对单位成本曲线的属性却有条件限制。因此，他们在检验印度电力供应行业在后改革时代的成本效率水平时，就采用了超越对数成本函数模型。在笔者所掌握的文献资料中，除上述学者之外，持有类似观点并且在实证研究中使用了超越对数成本函数的学者还有陈琼等（2014）、黄晶（2015）、左颖（2018）以及马莫诺夫和维理科夫（Mamonov and Vernikov，2017）。

由上可知，尽管超越对数成本函数和 C－D 成本函数在测度决策单位成本效率时各有优劣，截至目前也并没有明确的理论来说明超越对数成本函数要优于 C－D 成本函数（成刚等，2008），但在当前的实证研究文献中，采用超越对数成本函数的研究案例却明显多于采用 C－D 成本函数的研究案例。笔者认为，这或许与学术研究中的学习与模仿行为有关，尤其在银行、医院、水电、农场、交通、学校、快递等非制造业企业的成本效率研究中显得更为突出。鉴于 C－D 成本函数相较于超越对数成本函数不但同样具有诸多的优点，而且该函数与制造业企业的生产特性更加相近，其理论研究更为成熟，其应用范围也更为广泛，因此，本书将在 SFA 方法下采用 C－D 成本函数来测度我国传统制造业企业的成本效率水平。

1.3　成本效率应用

由于"成本"客观地存在于任何决策单元，提高"效率"又是决策单元在市场竞争环境下取得竞争优势，从而实现可持续发展的重要前提（Lahtinen and Toppinen，2008），因此，成本效率备受决策单元管理层的重视，使得成本效率在经济实践中得到广泛应用。学术界为了掌握成本效率变化的一般规律，从而更好地指导决策单元提升成本效率水平，学者们以成本效率为主题，开展了大量的应用性研究工作，主要包括测算决策单元的成本效率水平以及分析决策单元成本效率的影响因素两个方面。由于测算成本效率水平和分析成本效率影响因素的最终目标都是评价决策单元成本管理的有效性，以便于更好地提升成本效率水平，因此，本书将成本效率在该方面的应用统称为评价决策单元成本管理的有效性。除此之外，成本效率还被应用于评价组织业绩、分析资本市场股票回报以及辅助投资项目决策等方面。

1.3.1 评价决策单元成本管理有效性

评价决策单元成本管理的有效性是成本效率最基本的应用领域，也是学术界成本效率主题的研究重点，其研究成果在相关文献中占有极高的比例。从目前已有文献来看，这方面的研究主要体现在以下两方面：

一是测算成本效率水平，以评估决策单元成本管理的可提升空间。这方面的研究文献在国内外都非常多。张超等（2005）对中国 13 家商业银行的成本效率进行了测量，其测量结果表明，整体而言，中国商业银行约有 18.03% 的成本支出是被浪费掉的，因此，在成本控制方面，中国商业银行还有很大的提升空间。田雨晴和余力（2012）测算了中国 79 家财务公司的成本效率水平，其测算结果显示，中国财务公司成本支出中平均有 39.9% 的成本被浪费掉，这说明中国财务公司在降低成本方面还有很大的改进空间。图和常（Tu and Trang，2016）研究了越南湄公河三角洲安江地区稻农生产的成本效率水平，其研究结果显示，这些稻农的平均成本效率值为 90%，即在不减少产出水平的前提下，这些稻农可以减少 10% 的现有可变成本支出。黄等（Huang et al.，2017）测算了德国、法国、意大利、卢森堡和瑞士五国银行业的成本效率水平，其测算结果显示，从潜在的成本可节约空间来讲，这五国银行业分别存在 17%～56% 的成本节约空间。

二是分析成本效率影响因素，以掌握成本管理有效性的内在形成机理。测算成本效率值只是获得了决策单元成本管理的可提升空间大小，而对于如何实现决策单元成本管理的有效提升，则还需要进一步分析成本效率的影响因素，即掌握成本管理有效性的内在形成机理。从现有文献来看，学术界对成本效率影响因素的研究非常广泛。在这些诸多影响因素中，企业规模和产权性质受到了较多的关注，这可能与人们更容易理解规模经济效应以及国有（控股）企业在我国普遍存在有关。当然，与企业劳动力有关的因素（包括职工薪酬、职工培训、职工学历、职工数量、政府劳动保护机制）也备受关注。为了清晰地反映学术界在成本效率影响因素方面的研究现状，同时，也为了对后续研究作好理论铺垫，笔者立足所掌握的研究文献，将成本效率影响因素汇总如表 1 – 2 所示。

表 1 – 2 成本效率影响因素主要文献汇总

影响因素		相关文献
内部因素	股权集中度	王聪和宋慧英（2012）（U）、孙武斌和常明明（2012）（–）
	企业规模	孙武斌和常明明（2012）（+）、李葵等（2016）（–）、黄晶（2015）（+）、Berger and Mester（2003）（–）、张盼红（2016）（无影响）、于川泳（2005）（–）、万伟和陶希晋（2010）（无显著联系）、赵连阁和钟搏（2015）（+）、Ray（2010）（+）、Kaur and Kaur（2013）（+）、Adjei – Frimpong et al.（2014）（–）、Dzeng and Wu（2012）（+）、Sapci and Miles（2019）（+）、Chen et al.（2014）（+）、汪卉霞（2014）（–）、白雪洁和刘文玲（2008）（+）、刘志迎等（2007）（–）、Khetrapal and Thakur（2016）（+）、Huang and Fu（2012）（+）、Helali and Kalai（2013）（+）、Kimenchu et al.（2014）（+）、Mladenka et al.（2020）（+）
	地理位置	孙武斌和常明明（2012）（东部＞西部＞中部）、张盼红（2016）（沿海＞内陆）、赵连阁和钟搏（2015）（东北和中部＞沿海和西南）
	职工薪酬	李葵等（2016）（+）、Alsaleh and Abdul – Rahim（2018）（+）、Pande and Patel（2013）（+）、汪卉霞（2014）（–）
	资产质量	黄晶（2015）（–）、Berger and De Young（1997）（–）、史小坤和赵仲良（2009）（–）、Ansari and Muhammad（2007）（–）
	资产稳定性	黄晶（2015）（+）
	资产流动性	黄晶（2015）（+）、尚敏（2012）（+）
	国有产权比重	王静（2016）（–）、Chen et al.（2015）（+）
	盈利能力	尚敏（2012）（+）、Kaur and Kaur（2013）（+）
	产权性质（国有）	Hao et al.（2001）（–）、Hasan and Marton（2003）（–）、Jonathan Hao（2001）（–）、于川泳（2005）（–）、史小坤和赵仲良（2009）（–）、Ray（2010）（+）、Margono et al.（2010）（–）、代潇（2012）（–）、Kaur and Kaur（2013）（–）、刘志迎等（2007）（–）
	公司治理机制	Hasan and Marton（2003）（+）、Fu and Heffernan（2007）（+）、Lee and Huang（2017）（+）
	公司成立时间	于川泳（2005）（–）
	技术效率	赵永亮和徐勇（2007）（+）
	资源闲置	Boutsioli（2010）（–）

影响因素		相关文献
内部因素	配置效率	Goto and Tsutsui（1998）（＋）、Zuhroh et al.（2015）（＋）、Kaur and Kaur（2013）（＋）、Paul and Jreisat（2012）（＋）、Mladenka et al.（2020）（＋）
	固定资产占总资产比例	汪卉霞（2014）（－）
	总资产周转率	汪卉霞（2014）（＋）
	资产负债率	汪卉霞（2014）（－）
	经营的专业化程度	白雪洁和刘文玲（2008）（－）、Vu and Turnell（2010）（＋）
	职工培训	代潇（2012）（＋）、Rosli et al.（2013）（＋）、Musaba and Mseteka（2014）（＋）
	职工学历	代潇（2012）（无影响）、Zalkuwi et al.（2014）（＋）、Musaba and Mseteka（2014）（＋）
	风险偏好	Kuo（2011）（－）
	资本成本	Alsaleh and Abdul－Rahim（2018）（－）
	企业并购	Kaur and Kaur（2013）（＋）、Khetrapal and Thakur（2016）（＋）
	管理费用	Pande and Patel（2013）（－）、Hassan and Jreisat（2016）（－）
	研发活动	Chen et al.（2015）（＋）、白雪洁和刘文玲（2008）（＋）
	激励机制	Obeng and Sakano（2020）（＋）
	外资进入程度	尚敏（2012）（＋）、Hasan and Marton（2003）（－）、Jonathan Hao（2001）（＋）、Fu and Heffernan（2007）（＋）
	战略投资者	姚若琪（2017）（＋）、何蛟等（2010）（＋）
	职工数量	Dzeng and Wu（2012）（－）、Venkatesh and Kushwaha（2018）（－）、Kimenchu et al.（2014）（－）、Banaeian et al.（2011）（－）、卜振兴和陈欣（2014）（－）
外部因素	市场集中度	王静（2016）（－）、尚敏（2012）（－）、Rosko（2001）（－）
	市场势力	Turk－Ariss（2010）（－）
	市场竞争度	王聪和宋慧英（2012）（倒"U"型）、Hasan and Marton（2003）（＋）、Alshammari et al.（2019）（＋）、Tsionas et al.（2018）（＋）、Delis and Tsionas（2009）（＋）、Turk（2010）（＋）、Dong et al.（2016）（＋）

	影响因素	相关文献
外部因素	GDP 增长率	尚敏（2012）（＋）、Alsaleh and Abdul – Rahim（2018）（＋）、Adjei – Frimpong et al.（2014）（－）、Spulbǎr and Niţoi（2014）（－）
	通货膨胀率	尚敏（2012）（－）、Alsaleh and Abdul – Rahim（2018）（－）
	利率	Alsaleh and Abdul – Rahim（2018）（－）
	政府劳动保护机制	Obeng and Sakano（2020）（－）
	环境质量	Chen et al.（2014）（＋）

注：①表中"相关文献"列中作者之后的第一个括号内的数字表示该文献的出版年份，第二个括号中的"＋"号表示文献中该变量与成本效率正相关，"－"号表示文献中该变量与成本效率负相关；②此处汇总的成本效率影响因素，是在符合"制造业企业"特征下的归类与汇总，因此，与"制造业企业"特征无关的文献未被汇总于此表。

表 1 – 2 显示，成本效率影响因素中的部分因素在不同文献中的研究结论并不完全一致，这有待学术界展开进一步的研究。当然，这种研究结论上的差异在实证研究中是普遍存在的现象，因为实证结论受到模型变量以及样本数据等的重要影响。

1.3.2　评价组织业绩

成本效率在本质上是一个绩效指标，因此，在经营管理实践中，很多企业将成本效率看作企业的主要运营能力指标（Boyer and Lewis, 2002），并将其应用于企业业绩评价。约瑟夫（Joseph, 2011）构建了非营利组织的管理成本函数，并以医院为例进行实证研究，认为管理成本效率是衡量非营利组织业绩的较好方法。奥克塔维亚和马里亚尼（Octavia and Mariyani, 2013）的研究发现，生产成本效率越高，公司获得的毛利就越高；反之亦然，因此，公司要实现最大化利润，就必须有效利用生产成本。帕帕多哥纳斯等（Papadogonas et al., 2013）以 638 家制造业企业在 2003～2011 年的面板数据为样本，探讨了市场势力和成本效率与盈利能力之间的关系，研究发现，尽管市场势力和成本效率对盈利能力都具有显著影响，但是，成本效率的影响更为显著。土坎和斯多基安诺维科（Tuškan and Stojanović, 2016）运用财务指标（包括资产收益率，股本回报率，成本收入比）和成本效率分别评价了 2008～2012 年 28 家欧洲银行的绩效状况，其研究结果表明，与成本效率相比，财务指标对业绩的评价存在滞后性，他们由此认为，成本效率值可以被应用于发现商业战略不适当的早期迹象，尤其在金融或者宏观经济环境不稳定的时候将显得更为重要。拖努（Toloo，2016）开发出一种 CE – DEA 方法，运用此方法可以识别出在投入要素价格一定的条件下最具有成本效益的决策单位，从而为企业提供管理决策支持。从现有文献来看，将成本效率应用于评价组织业绩是成本效率的另一个重要应用领域，其重要地位仅次于成本效率在成本管理有效性领域的应用。

1.3.3　分析资本市场股票回报

如前所述，成本效率不但能够衡量企业业绩，而且与其他同类指标相比，其对企业盈利能力具有更为显著的影响，可以被应用于发现商业战略不适当的早期迹象。可见，在有效市场条件下，市场投资者对上市公司成本效率的测评将会影响到其股票投资决策，从而带来不同的股票投资回报。郭（Kuo，2011）研究发现，基于非效率公司的股票投资组合的 3 年期回报高于基于效率公司的股票投资组合的同期回报，并且非效率公司的成本效率提升强于效率公司的成本效率提升，他分析认为这是因为非效率公司更可能经营失败，从而导致这些非效率公司被迫努力提升成本效率。当然，也有学者得到了不一样的研究结论，比如，埃利维亚等（Eltivia et al.，2014）以印度尼西亚上市银行为例，检验了成本效率对股市行情的影响，其研究结果表明，成本效率对上市银行的股市行情没有影响，究其原因，在于印度尼西亚股市属于弱有效类型，因此，股票价格并不能反映股市信息，而且股票投资者在投资决策时更在意公司利润而不是在意公司成本。

1.3.4　辅助投资项目决策

辅助投资项目决策是成本效率在经济实践中的又一应用领域，但相关文献的数量非常少。岳意定等（2012）认为传统的以投资收益最大化为目的的投资项目选择模型不适合具有准公共产品性质的农业产业投资基金项目，为此，他们基于 DEA 成本效率模型，建立了一个能够综合评价农业投资项目经济效益和社会效益的投资项目选择模型，经作者验证，即使在可选择项目较少的情况下，该模型仍然能够提供理想的评价结果。

第 2 章

中国传统制造业企业成本效率测度方法与模型

2.1　中国传统制造业企业成本效率测度方法选择

　　笔者在前面探讨成本效率测度的相关问题时已经述及，自从法雷尔（1957）对成本效率测度方法进行理论性分析之后，学术界就对成本效率测度方法的具体应用展开了较为深入的拓展研究。从当前已有的研究文献来看，国内外学者在测度成本效率时，主要采用前沿分析法。但是，由于前沿分析法包括了以随机前沿分析法为代表的参数法和以数据包络分析法为代表的非参数法两类方法，而不同的测算方法又可能会得出不同的效率值（张健华，2003），同时，这两类方法在测算成本效率时本身也都各有各的优点，因此，在测度成本效率时，人们到底应该选择参数方法，还是选择非参数方法，就成为学术界的难题。考虑到在一般情况下，企业层面的数据往往更具噪声特性（Verschelde et al.，2016），不太适合采用 DEA 方法，因此，本书在测度中国传统制造业企业的成本效率时将采用 SFA 法。

　　进一步地，由于 SFA 法需要预先设定效率边界函数，而不同的效率边界函数对样本单位效率值的估计又会产生直接影响（田雨晴和余力，2012），因此，在运用 SFA 法研究成本效率的文献中，成本函数的选择同样是一个争论焦点。综观现有文献，柯布－道格拉斯成本函数和超越对数成本函数是目前成本效率实证研究中被较为广泛使用的两种成本函数形式。从笔者掌握的文献资料来看，目前使用 Translog 成本函数的文献数量相对多于使用 C – D 成本函数的文献数量，但这些使用 Translog 成本函数的已有文献主要以银行、医院、水电、农场、交通、学校、快递等非制造业企业的成本效率作为研究对象。鉴于 C – D 成本函数相较于 Translog 成本函数不但同样具有诸多的独特优点，而且其与制造业企业的生产特性更加相近①，其理论研究更加成熟，应用范围更加广泛，使用过程也更加简单，因此，笔者将在 SFA 方法下采用 C – D 成本函数来测度我国传统制造业企业的成本效率水平。

2.2　中国传统制造业企业成本效率测度模型设计

2.2.1　模型理论基础

2.2.1.1　随机前沿模型理论

（1）随机前沿模型理论背景。在运用前沿分析方法对决策单位进行效率评价时，艾格纳和朱（Aigner and Chu，1968）采用了随意选择函数的方法来包络样本点，用以估计前沿面。如果以成本函数表示模型函数，则其基本形式如下：

$$\ln C_i = \ln f(Y_i, P_i; \beta) + u_i$$

其中，C_i 表示第 i 家厂商的实际总成本支出；Y_i 表示第 i 家厂商的实际产品产出；P_i 表示第 i 家厂商的投入要素价格；β 表示待估计的参数；u_i 表示成本非效率项，是非负的单边误差成分，即 $u_i \in [0, +\infty)$。

从上式可以看出，该模型是一个确定性的成本前沿模型，原因是 C_i 以非随机量 $f(Y_i, P_i; \beta)$ 为其下界。笔者注意到，在处理随机因素对数据的影响方面，该模型没有考虑数据测量误差以及其他统计噪声等因素对成本前

---

① 柯布 – 道格拉斯函数由美国数学家柯布（C. W. Cobb）和经济学家道格拉斯（P. H. Douglas）根据美国制造业部门 1899～1922 年的有关数据构造而成。

沿面的影响，而是将所有偏离成本前沿函数的因素都归结为成本非效率。显然，这并不符合企业在生产经营中发生的成本费用支出的真实情况，因此，该模型需要进行改进与完善，才能使研究的理论结论更接近企业的真实情况。

（2）随机前沿模型的产生。针对确定性前沿模型与现实情况不相符这一情况，米乌森和布洛克（Meeusen and Broeck，1977）首次将前沿模型中的误差项区分为两个部分，一部分是具有对称性分布形态的随机干扰项，该随机干扰项代表厂商无法控制的外部干扰因素造成的随机误差；另一部分是单边分布的非负随机项，该非负随机项代表厂商的非效率情况；同时，假定误差项的这两个部分（即随机干扰项和非负随机项）相互独立。

在米乌森和布洛克（1977）提出将前沿模型中的误差项区分为随机干扰项和非负随机项的同一年，艾格纳等（1977）发表了一篇与其构想一致的文章，不同之处在于艾格纳等（1977）将前沿模型中的对称性随机干扰项归于函数部分，以此共同构成模型的前沿边界。由于该前沿边界中包含随机变量，因此该前沿边界被称为随机前沿，该方法被称为随机前沿方法，在此随机前沿方法下所构建的前沿模型也就被称为随机前沿模型。在随机前沿模型中，误差项包含了随机干扰项和非负随机项，相较于之前的确定性前沿模型而言，这更加符合企业生产经营以及统计数据取样的真实情况，因此，其测度的效率值将比确定性前沿模型更加准确。

如果以成本函数表示模型中的函数，则随机前沿模型可以表示如下：

$$\ln C_i = \ln f(Y_i, P_i; \beta) + u_i + v_i$$

其中，C_i 表示第 i 家厂商的实际总成本支出；Y_i 表示第 i 家厂商的实际产品产出；P_i 表示第 i 家厂商的投入要素价格；β 表示待估计的参数；u_i 表示成本非效率项，是非负的单边误差成分，即 $u_i \in [0, +\infty)$，并假定 u_i 服从半正态分布或者截断的正态分布，即 $u_i \sim |N(0, \sigma_u^2)|$ 或者 $u_i \sim N^+(\mu, \sigma_u^2)$。$v_i$ 表示随机干扰项，是对称的误差成分，体现了来自测量误差等随机干扰因素的影响，并假定其服从标准正态分布，即 $v_i \sim N(0, \sigma_v^2)$。

可以看出，艾格纳等（1977）以及米乌森和布洛克（1977）提出的随机前沿模型由于其边界面是随机的，因此，该模型可以排除效率测度过程中不可控制的影响因素及系统误差对决策单位效率测度结果的影响。这是其最大的优点，也因此使其逐渐被学术界所认可，从而得到了极大发展。但是，该模型由于采用截面数据来测算效率值，从而导致效率测算过程中样本数量偏少，参数估计的自由度相对较少，同时，参数估计也不一定具有良好的稳健性。因此，艾格纳等（1977）和米乌森和布洛克（1977）提出的随机前沿模型仍然有待学术界进一步发展与完善。

（3）随机前沿模型的发展。

①皮特和李（Pitt and Lee，1981）模型。针对艾格纳等（1977）和米乌森和布洛克（1977）构建的模型中所用截面数据带来的困扰，皮特和李（Pitt and Lee，1981）率先采用面板数据来估计成本前沿函数中的参数。面板数据极大地扩大了前沿函数参数估计的自由度，从而可以对观测误差及成本非效率的分布形态作出更为一般的假定。这有力地推动了随机前沿模型的发展。随后，施密特和西克尔斯（Schmidt and Sickles，1984）和巴蒂斯和科埃利（Battese and Coelli，1988）在运用随机前沿模型进行实证研究时也采用了面板数据。综观目前已有的各相关研究文献，基于面板数据的随机前沿成本函数模型可以表示为下式：

$$\ln C_{it} = \ln f(Y_{it}, P_{it}; \beta) + u_i + v_{it}$$

其中，C_{it}表示第 i 家厂商第 t 期的实际总成本支出；Y_{it}表示第 i 家厂商第 t 期的实际产品产出；P_{it}表示第 i 家厂商第 t 期的投入要素价格；β 表示待估计的参数；u_i 表示成本非效率项，是非负的单边误差成分，即 $u_i \in [0, +\infty)$，并假定 u_i 服从半正态分布或者截断的正态分布，即 $u_i \sim |N(0, \sigma_u^2)|$ 或者 $u_i \sim N^+(\mu, \sigma_u^2)$。$v_{it}$表示随机干扰项，是对称的误差成分，体现了来自测量误差等随机干扰因素的影响，并假定其服从标准正态分布，即 $v_{it} \sim N(0, \sigma_v^2)$。

运用面板数据的随机前沿模型不但将决策单位的各投入产出指标加上了时期概念（t），而且还对成本非效率项 u_i 的分布进行了定义，如下所示：

$$f_{u_i}(u) = \frac{\exp\left[-\dfrac{(u-\mu)^2}{2\sigma_u^2}\right]}{(2\pi)^{0.5}\sigma_u\left[1 - \Phi\left(-\dfrac{\mu}{\sigma_u}\right)\right]}$$

其中，μ 是 u 的平均数；Φ 是标准正态分布函数。

②巴蒂斯和科埃利（Battese and Coelli，1992）模型。尽管皮特和李（1981）、施密特和西克尔斯（1984）以及巴蒂斯和科埃利（Battese and Coelli，1988）等构建的模型基于面板数据，从而对艾格纳等（1977）以及米乌森和布洛克（1977）等构建的基于截面数据的模型进行了改进，但是，它们都假定企业效率不会随着时间的推移而改变。显然，这种假定并不符合企业的实际情况，因为当企业管理层发现企业存在着非效率现象之后，他们通常都会采取措施以对各项投入要素进行重新配置（Cornwell et al.，1990），从而降低非效率因素所带来的负面影响，而不是置之不理。针对这些模型所存在的该种缺陷，卡姆哈卡（Kumbhakar，1990）提出了效率随着时间的变化而变动的模型。该模型把成本非效率项设定为 $\gamma(t)^{\tau_i}$ 形式，其中，τ_i 表示不随着时间的变化而变动的随机变量，并且服从非负的截断正态分布；$\gamma(t)$ 为时间函数，表示随着时间的变化而变动的非效率。卡姆哈卡（1990）建议的时间函数形式如下：

$$\gamma(t) = [1 + \exp(bt + ct^2)]^{-1}$$

其中，b 和 c 均为待估计的未知参数。

除了卡姆哈卡（1990）提出效率随着时间的变化而变动的随机前沿模型之外，巴蒂斯和科埃利（Battese and Coelli，1992）也提出了与此相类似的模型，并把企业的成本非效率项设定为截尾正态分布随机变量与特定时间函数的乘积，即：

$$u_{it} = u_i \cdot \exp[-\eta(t - T_i)]$$

其中，u_i 服从截尾正态分布，即 $u_i \sim N^+(\mu, \sigma_u^2)$；$\eta$ 为待估计的参数；T_i 为第 i 家厂商面板数据中时间最早的时期。

当 $\eta > 0$ 时，厂商成本非效率的程度会随着时间的推移而降低，从而成本效率状况会逐渐得到改善。

当 $\eta < 0$ 时，厂商成本非效率的程度会随着时间的推移而增加，从而成本效率状况会逐渐变差。

当 $\eta = 0$ 时，厂商成本非效率的程度在各个时期内均相同，因此，成本效率状况在各个时期内也将保持不变。

为了准确把握模型运用是否恰当,巴蒂斯和科埃利(1992)还设计了一个参数 γ, $\gamma = \sigma_u^2 / (\sigma_u^2 + \sigma_v^2)$,其中, σ_u^2、σ_v^2 分别是成本非效率项和随机干扰项的方差。显然, $\gamma \in [0, 1]$。当 γ 接近 0 时,表示厂商实际成本与可能最小成本之间的差距主要来自不可控制的因素所造成的统计噪声误差 v,这时运用最小二乘法即可实现对成本函数参数的估计,而并不需要采用随机前沿模型;当 γ 接近 1 时,则表示厂商实际成本与可能最小成本之间的差距主要来自成本非效率项 u,而且越显著地接近 1,则说明越适合采用随机前沿分析方法及其模型。在实证研究中,随机前沿分析方法并不要求前沿函数中的待估计的参数值都通过显著性检验,但要求 γ 的原假设必须要被拒绝,即 $\gamma \neq 0$。只有满足了这一统计假设条件之后,才可以证明该前沿成本函数具备了足够的解释力度,并且成本非效率项确实是客观存在的。

③巴蒂斯和科埃利(Battese and Coelli, 1995)模型。巴蒂斯和科埃利(1992)提出的随机前沿成本模型能够处理横截面数据以及平衡或者非平衡的面板数据,能够估计出各个厂商在每个时期的成本(非)效率,并在此基础上对影响厂商成本非效率的因素作出进一步的分析,比如,企业规模、企业所有权结构、企业组织结构、企业负债能力、企业员工受教育程度、企业管理水平、企业研发能力,等等。这将有助于企业管理层发现阻碍成本效率提升的影响因素,从而采取有针对性的应对措施来改善企业经营管理水平。因此,该模型在测度成本效率方面取得了较大成功,被学术界广泛使用。

尽管如此,巴蒂斯和科埃利(1992)模型在评价成本非效率方面同样存在着一定的争议。其争议的焦点是,该模型在分析成本非效率与影响因素之间的关系时,采用的是二阶段估计法。所谓二阶段估计法,是指在假设非效率结果独立并且服从某种分布的基础上,分两个步骤来完成对非效率与影响因素之间的关系分析,即在第一阶段先估计出随机成本前沿函数及非效率值,在第二阶段再以所估计出的非效率值为被解释变量,以各影响因素为解释变量,并运用 OLS 法来估计各影响因素对成本非效率的影响程度。二阶段估计法的假设被认为不一致,因为第二阶段回归方式违背了第一阶段中关于非效率结果是独立的这一假设(刘志迎等,2007)。为了改进这种不合理的估计方式,巴蒂斯和科埃利(Battese and Coelli, 1995)又提出了一种新的模型,该模型的表达式及各参数意义与巴蒂斯和科埃利（1992）模型中的内容相同，不同的是该模型将成本非效率的分布均值假设为效率影响因素的函数，将各样本点的成本非效率值和影响因素在同一个模型中估计出来（即"一步法"估计技术），而不需要像以前的模型（包括巴蒂斯和科埃利，1992）那样分两个步骤来测算成本效率值和进行效率影响因素的回归分析。其具体做法是：假定 v_{it} 为随机变量，并且服从 $N(0, \sigma_v^2)$ 分布，且独立于 u_{it}；假定 u_{it} 为非负的随机变量，用来表示企业经营中的成本非效率，并且服从截断的 $N^+(m_{it}, \sigma_u^2)$ 分布，其中，$m_{it} = z_{it}\delta$，z_{it} 为影响企业成本效率的因素，δ 为待估计的参数。

尽管与巴蒂斯和科埃利（1992）模型相比，巴蒂斯和科埃利（1995）模型有了较大改进，但是，也有不少学者指出，巴蒂斯和科埃利（1995）模型将时间趋势变量 t 同时作为效率和效率变化差异的影响因素，这将降低效率测度结果的准确性。

纵观随机前沿模型的发展历程，巴蒂斯和科埃利（1992，1995）作出了重大贡献，其模型理论也因此而被诸如 Stata 等著名统计软件所采纳。尽管如此，其仍被部分学者质疑，被指出尚存不足，即它们都需要借助强分布假设才能够分离出随机误差项与非效率项，同时，其估计结果也受到了函数形式的制约（汪卉霞，2014）。

2.2.1.2 基于柯布－道格拉斯生产函数的随机前沿成本模型

（1）柯布－道格拉斯生产函数概述。1924 年，美国经济学家道格拉斯在研究美国制造业 1899～1922 年的就业人数指数和同期同行业内固定资本价值的不变价格指数时发现，产出曲线的位置固定地保持在两条投入曲线之间，并且处于距离就业曲线 1/4 处。于是，他向数学家柯布教授提议共同推导一个数学函数式来衡量资本和劳动对这一期间美国制造业产出的相对作用。后经柯布提议，他们设计了一个指数函数式，用以衡量产出量与投入的劳动力和投入的资本之间的关系。这就是经济学中使用最为广泛的生产函数，即柯布－道格拉斯生产函数（cobb－douglas production function），通常也称为 C－D 生产函数。其具体形式如下：

$$Y = AK^\alpha L^\beta$$

其中，Y 表示产量；K 表示投入的资本量；L 表示投入的劳动量；A 表示效率参数，主要包含了影响产量 Y 但又不属于投入要素劳动量 L 和资本量 K 的综合因素，通常用于代表技术水平；α 表示资本量的分配参数，同时也代表了资本量 K 的产出弹性系数，说明当资本量增加 1% 时，产出量将平均增长 α%；β 表示劳动量的分配参数，同时也代表了劳动量 L 的产出弹性系数，说明当劳动量增加 1% 时，产出量将平均增长 β%。

自从 C - D 生产函数被提出之后，学术界对它的批判也接踵而来，比如，菲尔普斯（Phelps，1957）和萨缪尔森（Samuelson，1979）对 C - D 生产函数在交叉工业生产方面的适用性提出了不同的看法，哈考特（Harcourt，1972）提出了剑桥资本理论悖论（cambridge capital theory controversies），费希尔（Fisher，1969）提出了紧假设理论（stringent assumptions），等等。这些批判大致可以被归纳为以下三类。

第一类，制度主义者的激烈反应，他们坚决反对在经济学中进行任何统计和数量化的工作，他们坚信经济学关系不可被数量化，因此，为它们设定参数、估计它们的数值将是注定没有结果的。当然，在今天看来，这些观点已经销声匿迹了，但在道格拉斯时代这确实是一个问题。

第二类，关于数量分析中的技术问题，比如，多重线性相关的存在、函数拟合度以及技术进步因素的缺失。这些问题中，有些问题已经被道格拉斯解决了，但还有些问题则没有得到解决（McCombie，1998）。

第三类，质疑 C - D 生产函数是否存在。从 C - D 生产函数的产生背景可以看出，该函数最初分析的是美国制造业整体层面的投入产出关系，而不是单个企业的投入产出关系，因此，也可称该函数为总和生产函数（跨行业横断面生产函数）。但是，把一个或多个行业中大大小小的企业放在一起并且使用总和生产函数进行分析，从任何角度来说这在理论上都是很难成立的（Fisher，1992）。事实上，历史上所有的批评都表明，用生产函数进行的统计估计并不能对总和生产函数的存在与否作出独立的检验（McCombie，1998）。那么，总和生产函数在什么样的条件下才具有合理性呢？霍撒克（Houthakker，1995）认为，只有在同时满足以下条件时，总和生产函数才具有 C - D 生产函数的形式：一是所有的技术都表现为固定参数；二是每一个厂商都生产两种以上的产品；三是所有厂商的规模都遵循帕累托分布。

尽管 C – D 生产函数从面世开始就受到了激烈而粗暴的批判，但学术界也从未放弃过对该函数的完善与应用，因为学术界从来没有过比它更为可用的工具（顾秀林，2007）。在不同观点的相互碰撞下，柯布 – 道格拉斯生产函数得到了不断的发展（唐小我等，2005）。目前，学术界已经在该函数基础上建立起一系列自成体系的数量分析工具，从而使得该类函数不但可以被应用于分析国家或地区总的投入产出关系，也可被应用于分析单个企业的投入产出关系；不但可以被应用于产品产量分析，也可被应用于成本支出分析；不但可以被应用于两种生产要素分析，也可被应用于任意多种生产要素分析；不但可以被应用用于制造业企业的生产（成本）分析，也可被应用于普通企业的生产（成本）分析。从某种意义上讲，这种长久的批判恰恰说明了 C – D 生产函数的研究与应用价值所在，因为，对于没有价值的事物，人们又何必去过多地谈论。

（2）柯布 – 道格拉斯生产函数在随机前沿成本模型中的应用

经过长期的理论研究，成本分析已经成为 C – D 生产函数今后发展的重要方向之一。威廉（William，1997）研究了 C – D 生产函数条件下的成本函数，陈平（Chengping，2002）研究了两种生产要素的 C – D 生产函数条件下的成本函数，唐小我（1998）研究了任意多种生产要素 C – D 生产函数条件下的成本函数。

从成本动因来看，企业成本是产品产量与投入要素价格的函数。在 C – D 生产函数条件下，可设计如下所示的企业成本函数：

$$C = A \cdot Q^{\alpha} \cdot P_1^{\theta_1} \cdot P_2^{\theta_2} \cdots P_n^{\theta_n}$$

其中，C 表示企业成本；A 表示技术水平，是常数；Q 表示产品产量；P 表示投入要素价格；α 表示产品产量弹性，为待估计的参数；θ 表示各投入要素的价格弹性，为待估计的参数；n 表示投入要素的种类数。

在上式等号两端分别取各自的自然对数，可进一步得到 C – D 生产函数条件下企业成本函数的对数形式：

$$\ln C = \ln A + \alpha \ln Q + \theta_1 \ln P_1 + \theta_2 \ln P_2 + \cdots + \theta_n \ln P_n$$

由于随机前沿模型需要包含非效率项 u 和随机误差项 v，因此，笔者将此两项加入上式中，得到完整的基于 C – D 生产函数的随机前沿成本模型：

$$\ln C = \ln A + \alpha \ln Q + \theta_1 \ln P_1 + \theta_2 \ln P_2 + \cdots + \theta_n \ln P_n + u + v$$

该模型同时兼具随机前沿模型和 C – D 生产函数的优点，因此，笔者在后续测度中国传统制造业企业成本效率时将使用此模型作为理论模型，并在此基础上解释各模型参数对于中国传统制造业企业的经济含义。

2.2.2　模型具体设计

2.2.2.1　模型变量

（1）因变量（总成本，total cost，TC）。随机前沿成本分析模型中函数的因变量是指成本费用。学术界在这个问题上的观点是一致的，但在关于成本费用的统计口径上却存在着分歧。有学者（孙武斌和常明明，2012）认为，成本费用应该由利润表中的主营业务成本、销售费用（营业费用）、管理费用和财务费用构成；也有学者（Ehrlenspiel et al.，2007）认为，企业总成本由管理费用和制造成本共同构成。笔者认为，成本费用是企业为了获取利润而在其生产经营过程中对各类资源的耗费，是企业在获利之前事先发生的支出，这些支出都将影响到企业的绩效，并在成本效率上有所体现，因此，企业在生产经营过程中发生的成本费用就应该是包括营业成本（不仅仅是主营业务成本）、税金及附加、销售费用、管理费用、财务费用和所得税费用等在内的全部成本费用。但是，考虑到税金及附加和所得税费用受到国家税收政策以及法律法规的严格管控，具有很强的政策刚性，企业经营者的决策行为对其影响程度较小，甚至无能为力，因此，在测度企业成本效率时，需要将税金及附加和所得税费用排除在成本函数因变量（即成本费用）的统计范畴之外。另外，众所周知，影响企业市场竞争能力和经营绩效的非效率行为既存在于生产经营活动之中，同时也存在于管理活动之中，经营失败的很多企业并不是因为生产技术落后，而恰恰是由于其管理失当才导致了企业经营成本过高从而难以维持正常运转，因此，只有通过对包括生产经营活动和管理活动在内的全部活动的成本支出进行考察与分析后才能全面发现问题，并采取有效措施来提升企业的市场竞争能力和改善企业经营绩效。因此，对于营业成本、销售费用、管理费用和财务费用，在测度企业成本效率时，就应该将其包含在成本函数因变量（即成本费用）的统计范畴之内。

基于上述分析，笔者所用随机前沿分析模型中的成本函数的因变量的具体定义为：

$$总成本(TC) = 营业成本 + 销售费用 + 管理费用 + 财务费用$$

（2）自变量。当前，学术界在确定成本效率模型中的自变量时，通常因研究主题的不同而存在一定的差异。由于本书的研究主题是测算我国传统制造业企业的成本效率水平，因此，在确定成本效率模型中的自变量时，笔者将基于投入产出视角，以企业总成本的本质特征及其形成的内部机理为主线来筛选变量。具体如下：

a. 产出量（output quantity，OQ）：产出是企业生产经营的结果，并最终以产品的形式体现出来。企业或者出于合理利用富余资源的考虑，或者出于降低市场风险的考虑，或者出于满足客户不同产品需求的考虑等各种目的，通常都会进行多类型多规格的多产品生产。而不同类别产品的计量单位以及经济内涵并不完全相同，因此，在计量企业总产出水平时，不能将不同类别的产品数量简单相加。鉴于货币单位计量（即价值计量）是各类产品都具有的统一属性，因此，本书在衡量企业产出量时将以货币单位予以计量。进一步分析，企业有两种以货币单位体现的总产出：一种是已经入库但等待销售的完工产品的价值，另一种是通过销售环节已经实现价值转换的营业收入。前者与生产过程直接相连，可以较好地体现企业生产技术水平高低以及管理控制措施是否有效，但企业外部人通常难以取得相关内部数据，其可操作性较弱；而营业收入尽管弱化了产出数据与企业生产技术水平及管理控制措施有效性之间的直接关联性，但是，它却能够更好地体现企业参与市场竞争的能力[①]，同时，该数据还可以比较方便地从企业对外公开的报表数据中直接获取。综

---

① 企业参与市场竞争能力的强弱可在一定程度上体现为已经实现的附加于产品入库价值基础之上的预期利润。市场竞争能力越强，企业附加于产品入库价值之上的预期利润就越大，进一步地，企业相同数量的投入所实现的收入也会越高。

合权衡，本书将仅以营业收入作为衡量企业产出量的表征变量。即：

$$产出量(OQ) = 营业收入$$

b. 固定资产价格（asset price，AP）：固定资产具有一次购买、分期使用的特性。正常情况下，企业当期所使用固定资产并不一定在当期购买，而当期购买的固定资产也并不会在当期内就被耗用完毕。可见，衡量企业当期所耗固定资产价格的难度较大。在多种固定资产并存，并且各固定资产的购买日期、使用寿命又不完全相同的情况下，则更加难以衡量当期所耗固定资产的价格。当前，学术界在衡量固定资产价格时，多采用折旧额与固定资产净值之比来计算固定资产价格（杨大强和张爱武，2007；涂正革和肖耿，2007；白雪洁和刘文玲，2008）。从计算原理上判断，该种方法所确定的固定资产价格在既定的产能范围内相对于产出量来讲是一个常数[①]，它并不能体现单位产品所分摊的固定资产份额随着企业产出量的增加而逐渐降低这一客观现实，进而无助于对成本效率进行经济意义上的合理分析与解释。究其原因，主要是该固定资产价格计算方法没有合理确定出当期所耗固定资产数量，因为该比值中的分母（即固定资产净值）对应的是当期及今后各期所耗固定资产数量，而不是特指当期所耗固定资产数量。考虑到企业实际生产经营过程中存在着同时耗用多种固定资产这一现实情况，笔者认为，以"固定资产联合单位"作为当期所耗固定资产数量的计量单位比较合理。固定资产联合单位是一个抽象概念，可以把它理解为企业生产经营所耗固定资产按耗用比例确定的最小份额集合。在此定义基础之上，固定资产价格＝折旧额÷所耗固定资产联合单位。显然，当期所耗固定资产联合单位难以被直接确定。鉴于固定资产联合单位耗用量与营业成本之间存在显著的正向关系[②]，可以用

---

① 在既定的产能范围内，意味着在非工作量法下计提的折旧额相对于产出量来讲是一个固定值，而固定资产净值在一个会计期内也是一个固定值，并不会随着产出量的增减而变化，因此，两个固定值的比值也必然是一个固定值，即常数。

② 此处，需要作出说明的是：折旧额包含了生产用固定资产计提的折旧额和管理用固定资产计提的折旧额，因此，固定资产联合单位应该也要包含生产活动和管理活动两个方面的耗用量，但对于制造业企业，尤其是对于传统制造业企业来讲，生产用固定资产无论是在数量上还是在价值金额上都占据了企业全部固定资产的绝大比例，因此，在计量固定资产联合单位时忽略管理用固定资产数量，其影响误差较小，一般在可接受范围之内。

营业成本作为固定资产联合单位的替代变量。由此，固定资产价格转而由折旧额与营业成本之比间接确定，其直观的经济含义是指用对应于企业生产经营过程中所耗固定资产联合单位的营业成本对折旧额进行标准化处理后计算得到的比率。显然，此处的固定资产价格是一个没有计量单位的相对比值。当然，只要确定出固定资产联合单位与营业成本之间的比例关系，即可换算出固定资产价格。另外，也不难发现，营业收入与固定资产联合单位之间同样存在着显著的正向关系，基于同样的逻辑，也可以将营业收入作为固定资产联合单位的替代变量。为了更好地拟合模型，避免变量选择错误而导致误差过大，笔者在后续模型拟合过程中将分别以营业成本和营业收入作为固定资产联合单位的替代变量进行变量替代，即：

$$固定资产价格(AP\_cost) = 折旧额 \div 营业成本$$

或者：

$$固定资产价格(AP\_sale) = 折旧额 \div 营业收入$$

c. 劳动力价格（labor price，LP）：自从"企业"这种社会经济组织形式出现以来，劳动力自始至终都是企业不可或缺的主要生产要素。尽管随着现代科学技术的发展，企业生产自动化水平日益提高，企业中逐渐呈现出"机器换人"的行为倾向，但这也只是改变了劳动力在企业内部各部门之间的人员配置比例，而并没有改变（也不可能改变）劳动力不可被完全替代这一客观事实。根据企业人员所服务部门的不同，企业为各类劳动力支付的劳动力成本被分别计入生产成本、制造费用、管理费用和销售费用等明细科目。这些劳动力成本中的一部分作为对象化成本被计入产品成本，通过产品销售转化为销售成本，再从销售收入中得到价值补偿；另一部分则被作为非对象化成本计入期间费用，再从当期收益中直接进行价值补偿。可见，劳动力成本是企业利润的重要影响因素，其发生金额将直接影响企业获利空间的大小。作为以营利为目的的社会经济组织，企业在进行各类生产经营决策时将不得不考虑这一重要影响因素。近年来，随着我国劳动力成本上升，很多企业开始实施"机器换人"战略，甚至有些企业已经将其生产部门外迁至劳动力成本相对较低的东南亚国家，希望以此降低劳动力成本支出，从而增加企业盈利空间。这些现象都是劳动力成本影响企业生产经营决策的现实例证。因此，劳动力使用的有效性也将在很大程度上影响企业成本效率水平的高低。笔者在拟合成本效率模型过程中将充分考虑这一因素对企业成本的客观影响，并以现金流量表中"支付给职工以及为职工支付的现金"经职工人数标准化处理之后的金额作为劳动力价格，即：

劳动力价格(LP) = 支付给职工以及为职工支付的现金 ÷ 职工人数

d. 资金价格（capital price，CP）：资金价格也称资金成本，是企业为获得资金使用权而支付的代价。通常，资金成本有两种表示方式，一种方式是以货币单位表示的利息金额，另一种方式是以百分比表示的资金成本率。为了便于不同企业之间以及同一企业在不同时期资金成本高低的比较，人们一般采用资金成本率来表示资金成本。在企业生产经营实践中，尽管资金成本绝对金额在企业总成本中所占的比例非常小，但是，资金成本的高低却会影响企业的投融资计划，进而影响企业生产经营活动的战略规划与经营决策，最终对企业成本效率产生广泛而深远的影响。因此，本书在确定企业的投入要素时，将资金成本单独作为一项自变量而纳入拟合模型。进一步地，在计算资金成本时，首先需要确定"资金"的范围。由于从资金所有权的属性来看，企业资金可以被区分为权益性资金和债务性资金，权益性资金由企业的所有者投入，这些资金通常在较长期限内不会发生变动，相对而言不会对企业的生产经营活动产生影响，因此，此处的"资金"仅指债务性资金。更进一步地，企业的债务性资金从其发生的缘由上来看，可以被区分为两个部分，一部分是在企业进行商品信用交易过程中产生（比如应付账款），另一部分则是由企业通过借贷的方式从外部（比如银行等金融机构）获得。前者基于企业信用交易行为而发生，属于无息负债，不用支付利息；而后者属于单纯的资金借贷行为，属于有息负债，企业需要根据借贷时借贷双方确定的资金利率以及贷款偿还期限按时支付利息。从资金成本对企业成本产生的影响程度来看，借贷资金受到借贷合同约束，对企业成本有着直接而且明显的影响；而由信用交易产生的应付账款等无息负债则对企业成本的直接影响比较小，因此，此处的"资金"范围进一步地由债务性资金限定为企业的有息负债。企业的有息负债，根据借贷期限长短，可以被区分为短期负债（主要指短期借款）和长期负债（主要指长期借款和应付债券）。短期负债需要在一年期内偿还，波动较大，而长期负债的偿还期限在一年以上，相对平稳。鉴于此，本书在确定短期负债金额时，以年初短期借款①和年末短期借款的算术平均值作为当年的短期负债金额；而直接以年末长期负债金额作为当年的长期负债金额。综上所述，本书在计算资金价格时，有息负债＝年内平均短期借款＋年末长期借款＋年末应付债券。对于资金利息，由于企业外部人员难以获得准确数据，因此，学术界在相关研究中通常以财务费用来替代利息费用。出于同样的缘由，本书也遵循这一常用方法，因此：

$$资金价格(CP\_finaexp) = 财务费用 \div \left(\begin{matrix} 年内平均 \\ 短期借款 \end{matrix} + \begin{matrix} 年末长期 \\ 借款 \end{matrix} + \begin{matrix} 年末应付 \\ 债券 \end{matrix} \right)$$

e. 材料价格（material price，MP）：直观上，材料价格＝材料买价÷材料采购数量。由于企业生产经营实践中所购买的材料通常多种多样，各种材料的计量单位及其经济含义也并不完全一致，因此，不能将各种材料数量直接相加。在计算材料价格时，需要为材料数量寻找一个替代变量。借鉴固定资产价格分析思路，首先使用"材料联合单位"替换材料数量，即材料价格＝材料买价÷材料联合单位，表示每一材料联合单位的购买价格。材料联合单位是一个抽象概念，可以把它理解为生产经营中所耗材料按其耗用比例确定的最小份额集合。从材料的价值转移过程来看，材料经过生产加工，其价值转移至库存商品；库存商品经过销售环节，其价值又体现到营业收入之中，并由营业收入减去以库存商品价值为基础确定的营业成本之后，便形成企业营业利润。可见，与材料联合单位密切相关的是营业收入和营业成本。为了更好地拟合模型，笔者在后续模型拟合过程中将分别以营业收入和营业成本作为材料联合单位的替代变量，即：

$$材料价格(MP\_sale) = 材料买价 \div 营业收入$$

① 短期借款属于时点指标，反映的是年末（12月31日）财务状况，在时间上与下年年初（1月1日）相衔接，因此，当年年初短期借款与上年年末短期借款在数值上通常相等。

或者：

$$材料价格（MP\_cost）= 材料买价 \div 营业成本$$

由上可见，材料价格表示的是，用对应于企业生产经营过程中所耗材料联合单位的营业收入（或者营业成本）对材料买价进行标准化处理后计算得到的比率。此处的材料价格同样是一个没有计量单位的相对比值。如果需要获得"价值÷数量"型材料价格指标，则需要通过营业收入（或者营业成本）与材料联合单位之间的比例关系进行转换。对于材料买价数据的确定，则来自企业现金流量表中"购买商品、接受劳务支付的现金"项目。尽管该项目包含了"接受劳务支付的现金"，但对于制造业企业来讲，其金额所占比例通常较小，在没有更详细数据可供使用的情况下，这是一种较好选择。

另外，考虑到企业的生产经营决策既要受到上期生产经营决策的影响，又对下期生产经营决策产生影响，比如，上期采购材料过多，就会减少当期材料采购数量，同样地，如果当期材料采购量过多，又会减少下期的材料采购数量；再比如，如果企业当期加大产品促销力度，当期的营业收入将比上一年度增加很多，同时，由于市场消费者对该产品的消费潜力被预支，因此，下一年度市场对该产品的消费需求也会比促销当年减少很多。企业这种收支行为在各年度之间存在波动现象，其波动幅度甚至还可能比较大，而且其影响范围不仅局限于收支行为本身，而且涉及企业的方方面面，可谓"牵一发而动全身"。因此，为了弱化这种数据异常波动对成本效率测度结果精确度的不利影响，笔者在处理观测样本数据时，将采用三年移动算术平均的方法来对观测样本数据进行平滑处理，即以"上期＋当期＋下期"三期数据的算术平均值作为处理后的当期数据，比如，2021 年的三年移动算术平均营业成本等于 2020～2022 年的三年营业成本之和除以 3。

综上所述，笔者在拟合成本效率测度模型时，所用各变量及其三年移动算术平均值具体计算方法及其具体公式如表 2-1 所示。

表 2 - 1　　　　　　　　　　**成本效率测度模型变量汇总**

变量 类别	变量名称 及代码	变量值构成明细	变量值计算公式
因 变 量	总成本 （TC）	营业成本（OpCost）	$TC_{it} = \dfrac{1}{3} \sum\limits_{j=t-1}^{t+1} (OpCost_{ij} + OpExp_{ij} + AdmExp_{ij} + FinanExp_{ij})$
		销售费用（OpExp）	
		管理费用（AdmExp）	
		财务费用（FinanExp）	
自 变 量	产出量 （OQ）	营业收入（OpRev）	$OQ_{it} = \dfrac{1}{3} \sum\limits_{j=t-1}^{t+1} OpRev_{ij}$
	固定资产 价格 （AP）	折旧额（CurIncrAD）	$AP\_cost_{it} = \dfrac{\sum\limits_{j=t-1}^{t+1} CurIncrAD_{ij}}{\sum\limits_{j=t-1}^{t+1} OpCost_{ij}}$
		营业成本（OpCost）	
		营业收入（OpRev）	$AP\_sale_{it} = \dfrac{\sum\limits_{j=t-1}^{t+1} CurIncrAD_{ij}}{\sum\limits_{j=t-1}^{t+1} OpRev_{ij}}$
	劳动力 价格 （LP）	支付给职工以及为 职工支付的现金 （CashPaidEmp）	$LP_{it} = \dfrac{\sum\limits_{j=t-1}^{t+1} CashPaidEmp_{ij}}{\sum\limits_{j=t-1}^{t+1} EmpNum_{ij}}$
		职工人数（EmpNum）	
	资金价格 （CP）	短期借款（ShortLoan）	$ShortLoan_{it} = \dfrac{1}{2} \sum\limits_{j=t-1}^{t} (ShortLoan_{ij})$
		长期借款（LongLoan）	$CP\_finaexp_{it} = \dfrac{\sum\limits_{j=t-1}^{t+1} FinanExp_{ij}}{\sum\limits_{j=t-1}^{t+1} (ShortLoan_{ij} + LongLoan_{ij} + BondPay_{ij})}$
		应付债券（BondPay）	
		财务费用（FinanExp）	
	材料价格 （MP）	购买商品接受劳务 支付的现金 （GoodServPaid）	$MP\_cost_{it} = \dfrac{\sum\limits_{j=t-1}^{t+1} GoodServPaid_{ij}}{\sum\limits_{j=t-1}^{t+1} OpCost_{ij}}$
		营业成本（OpCost）	
		营业收入（OpRev）	$MP\_sale_{it} = \dfrac{\sum\limits_{j=t-1}^{t+1} GoodServPaid_{ij}}{\sum\limits_{j=t-1}^{t+1} OpRev_{ij}}$

　　注：变量代码命名引用 RESSET 金融研究数据库中的名称；变量值计算公式列中代码 i，指第 i 家企业；代码 t，指第 t 期；表中的分式，其分子与分母均应该有"1/3"，但为了简化分式表达式，笔者在此将其同时省去，这不会改变分式运算结果。

2.2.2.2　预设模型

依据前述随机前沿理论模型，以及结合中国制造业企业特征而筛选的模型变量，笔者得到如下待检验预设模型：

模型一（CC）[①]：

$$\ln(\mathrm{TC_{it}}) = \beta_0 + \beta_1 \ln(\mathrm{OQ_{it}}) + \beta_2 \ln(\mathrm{AP\_cost_{it}}) + \beta_3 \ln(\mathrm{LP_{it}})$$
$$+ \beta_4 \ln(\mathrm{CP\_finaexp_{it}}) + \beta_5 \ln(\mathrm{MP\_cost_{it}}) + v_{it} + u_{it}$$

模型二（CS）：

$$\ln(\mathrm{TC_{it}}) = \beta_0 + \beta_1 \ln(\mathrm{OQ_{it}}) + \beta_2 \ln(\mathrm{AP\_cost_{it}}) + \beta_3 \ln(\mathrm{LP_{it}})$$
$$+ \beta_4 \ln(\mathrm{CP\_finaexp_{it}}) + \beta_5 \ln(\mathrm{MP\_sale_{it}}) + v_{it} + u_{it}$$

模型三（SC）：

$$\ln(\mathrm{TC_{it}}) = \beta_0 + \beta_1 \ln(\mathrm{OQ_{it}}) + \beta_2 \ln(\mathrm{AP\_sale_{it}}) + \beta_3 \ln(\mathrm{LP_{it}})$$
$$+ \beta_4 \ln(\mathrm{CP\_finaexp_{it}}) + \beta_5 \ln(\mathrm{MP\_cost_{it}}) + v_{it} + u_{it}$$

模型四（SS）：

$$\ln(\mathrm{TC_{it}}) = \beta_0 + \beta_1 \ln(\mathrm{OQ_{it}}) + \beta_2 \ln(\mathrm{AP\_sale_{it}}) + \beta_3 \ln(\mathrm{LP_{it}})$$
$$+ \beta_4 \ln(\mathrm{CP\_finaexp_{it}}) + \beta_5 \ln(\mathrm{MP\_sale_{it}}) + v_{it} + u_{it}$$

上面所列四个模型中，比较而言，哪一个模型更适合测度成本效率？在进行模型选择时，笔者将运用多指标比较法来综合确定最终所用模型，因为运用该方法选出的成本效率测度模型所测算的成本效率评估结果将更加稳健并令人信服（Dong et al.，2014）。

---

① 为便于论述，笔者对各预设模型进行命名。由于各预设模型的所有因变量及其自变量中，只有固定资产价格（AP）和材料价格（MP）有变化，即它们都存在运用营业成本或者营业收入进行标准化处理的情况。因此，模型命名将根据这两个变量的标准化处理方法来确定，例如，如果模型所用固定资产价格为 AP_cost，所用材料价格为 MP_cost，则将此模型命名为 CC 模型（取各变量下划线后的首字母）；其他模型命名依据以此类推。

2.2.3　模型检验

2.2.3.1　检验模型所用观测样本

尽管本书以中国传统制造业企业的成本效率作为研究对象，但是，这些传统制造业企业均生存于整个制造业竞争环境之中，无论是其材料采购、人员招聘，还是其产品的对外销售，都要受到制造业行业内其他企业的直接影响，因此，笔者在收集样本数据用以测度中国传统制造业企业的成本效率时，将以中国制造业行业内所有上市公司的有效年度数据作为观测样本。这样所构造出的成本前沿面才能体现出真正的前沿成本水平，经测算所得到的成本效率值才会更加准确，也才更能体现传统制造业企业真正的市场竞争能力。

检验模型所用观测样本的具体筛选过程如下：

（1）时间范围：一方面，当今科技发展日新月异，企业成本效率也随着技术的改进而发生变化，因此，观测样本的时间跨度不宜过长；另一方面，本书在测算成本效率时所用 SFA 法需要相对较大的样本量，因此，观测样本的时间跨度也不宜过短。综合权衡，笔者以 10 年期作为观测样本的时间跨度，以经过三年移动算术平均法处理后的 2009～2018 年观测样本作为模型所用样本。由于在计算 2009 年观测样本的三年移动算术平均值时需要用到 2008 年的年报数据，而在计算 2018 年观测样本的三年移动算术平均值时需要用到 2019 年的年报数据，因此，本书所选样本企业的财务数据实际起始于 2008 年 1 月 1 日，并实际截至 2019 年 12 月 31 日，时间跨度全程为 12 年。

（2）公司范围：为了便于获取相关数据，本书所选制造业企业范围将仅限于在中国上海证券交易所和深圳证券交易所主板、中小板以及创业板上市交易的制造业公司。

（3）所涉上市公司财务报告类型：本书以年度为时间步长分析制造业上市公司的成本效率，因此，财务数据为上市公司的年度财务报告数据。同时，考虑到控股经营是当今资本市场上的主流经营模式，也是上市公司实现经营规模快速扩张的主要途径，并且这一经营模式也一直深刻地影响着上市公司本身的各类经营活动，因此，本书所用财务数据将进一步确定为上市公司合并报表所反映的年度财务数据。

（4）剔除数据异常的观测样本。受到各种主观和客观因素的影响，上市公司在经营过程中可能会出现异常的经营行为，从而导致上市公司的年度报告数据出现异常。这些异常的财务数据将对模型回归结果带来不利影响。为了尽量避免这些不利影响，本书在数据整理过程中，将对数据异常的观测样本予以剔除。具体如下：

a. 劳动力价格异常。根据国家统计局公布的数据，我国 2009～2018 年的职工平均工资如表 2 - 2 所示。

表 2 - 2　　　　　　中国职工平均工资汇总（2009～2018 年）　　　　　单位：元

年份	有限责任公司就业人员平均工资	制造业城镇单位就业人员平均工资	算术平均工资
2018	72114	72088	72101
2017	63895	64452	64173.5
2016	58490	59470	58980
2015	54481	55324	54902.5
2014	50942	51369	51155.5
2013	46718	46431	46574.5
2012	41860	41650	41755
2011	37611	36665	37138
2010	32799	30916	31857.5
2009	28692	26810	27751

注：第二列、第三列数据来源于《中国统计年鉴》（2019 年）；第四列数据由前两列平均工资按算术平均方法计算而得。

众所周知，上市公司是各自所在行业的领军企业，集中了企业所在行业的优秀人才以及其他优秀资源，因此，在实行按劳分配的激励制度下，上市公司支付给职工的劳动报酬也理所当然地处于前列，正常情况下不可能低于全国平均工资水平，否则，只能说明上市公司经营状态不正常。对于这些非正常经营状态下的观测样本，笔者在数据整理过程中将其剔除。同时，对于平均工资水平高于全国同期平均工资 10 倍以上的观测样本[①]，笔者也在数据整理过程中剔除。值得注意的是，笔者所参照的工资标准是国家统计局公布的"有限责任公司就业人员平均工资"和"制造业城镇单位就业人员平均工资"的算术平均值，即表 2－2 中最后一列的工资数据。

b. 材料价格异常。根据本书的研究设计，材料价格＝购买商品接受劳务支付的现金÷营业成本，或者，材料价格＝购买商品接受劳务支付的现金÷营业收入。一方面，从计算公式的分母来看，作为制造业企业，其营业成本主要由产品成本构成，而产品成本在当前成本核算制度下主要由直接材料、直接人工和制造费用构成，其中，直接材料在产品成本构成中占据了绝大比例；另一方面，从计算公式的分子来看，制造业企业对外购买商品接受劳务所支付的现金中，购买商品（主要是购买本企业生产产品所需材料）支付的现金也占据了绝大比例。可见，材料价格计算公式的分母统计范畴比分子的统计范畴更广，因此，对于处于正常经营状态的制造业企业来讲，以营业成本作为分母计算的材料价格应该小于 1。而对于以营业收入作为分母来计算的材料价格，由于营业收入中包含了企业的预期利润，因此，营业收入通常大于营业成本，即以营业收入作为分母来计算的材料价格更应该小于 1。另外，考虑到分子中除了统计购买商品所支付的现金之外，它还统计了接受劳务所支付的现金，并且这种支付金额在各年度之间还可能存在着较大幅度的波动，因此，材料价格也可能存在大于 1 的情况。但按经验分析，这种情况应该属于少数现象，而且其值不会大于 1 太多。结合观测样本实际情况，本书在数据整理过程中将剔除材料价格大于 1.5 的观测样本。

c. 固定资产价格异常。固定资产折旧是构成营业成本的主要内容之一，但其通常不会占有较大的比例，因此，正常经营状态下，以"折旧额÷营业成本"或者"折旧额÷营业收入"计算的固定资产价格应该小于 1。尽管本书在统计数据时也将管理用固定资产折旧纳入其中，但对于制造业企业来

---

① 如果出现平均工资水平高于全国同期平均工资 10 倍的现象，究其原因，或者源自报表统计数据有误，或者源自上市公司在垄断利润回报下给予了员工过度激励。不管是哪种情况，这种异常的工资水平都不能体现真正的劳动力价格，因此，需要将相应的观测样本剔除。至于"10 倍"界限的确定，是笔者基于现实案例并结合样本情况进行的主观确定。

讲，管理用固定资产占企业全部固定资产的比例也会非常小，因此，影响不大。据此，笔者仍然预期以"折旧额÷营业成本"或者"折旧额÷营业收入"计算的固定资产价格应该小于1，否则，企业就处于非正常经营状态。对于固定资产价格大于等于1的观测样本，会将其剔除。在本书所整理的观测样本中，除了观测样本2018600746之外[①]，其余所有观测样本的固定资产价格均小于1。

d. 资金价格异常。资金价格是企业为获得资金使用权而实实在在付出的代价，因此，正常情况下，其数值需要大于零，同时，受到金融市场中各资金提供方之间竞争的影响，正常企业在获得外部借贷资金时所支付的价格也不会出现异常偏高的情况。但是，作为企业外部人，由于无法获取到准确的利息费用数据，因此，学术界在相关研究中通常以财务费用作为利息费用的替代变量。根据我国会计准则相关规定，财务费用核算范围包括企业生产经营期间发生的利息支出（减利息收入）、汇兑净损失、金融机构手续费，以及筹资时发生的其他财务费用等内容。因此，企业财务费用受到多种因素影响，这会造成财务费用波动幅度较大甚至财务费用为负的情况。当企业存在大量闲置资金而取得大额利息收入或者进行大额筹资而导致支付大额融资费用时，这种影响尤为明显。为了减小异常数据对测算结果的影响，本书将剔除资金成本小于或者等于0的观测样本以及资金成本大于0.2的观测样本[②]。

e. 其他异常情况。在前述异常情况都被剔除的情况下，笔者还将比照正常企业的经营状况特征，对余下的观测样本进行经验检查，排除明显不合常理的观测样本，比如，样本编码为2009000030和2010000030的观测样本，其营业成本为0，购买商品接受劳务支付的现金也为0，这说明股票代码为000030的上市公司在2009年和2010年没有开展购销活动，这与处于正常经营状况的企业特征明显不符。事实上，该公司当年正处于ST状态。对于此类观测样本，本书将剔除。

[①]　经反向追踪数据，笔者发现，观测样本2018600746的固定资产价格大于1的原因是，该上市公司（股票代码：600746）在2019年增加的累计折旧增幅达到201倍，导致经三期平滑处理后的2018年固定资产累计折旧增加额大幅提升。

[②]　下限"0"的确定是基于资金价格属于实实在在支出这一客观事实；而上限"0.2"的确定是基于对我国借贷市场正常行情的主观判断。

对于剩余产出①过高的观测样本，笔者同样需要将其剔除。比如，贵州茅台（股票代码：600519）在样本观测期间，其各年的剩余产出均在当年总成本的 3.24 ~ 4.02 倍，这与制造业企业正常的价值创造能力明显不符。事实上，以货币单位计量的贵州茅台公司超常剩余产出能力与其固有的市场消费偏好有着密切的关系，而与其产品生产技术水平以及内部管理控制有效性的关系相对较弱。如果将这样的观测样本纳入模型的样本数据，则将不利于成本效率水平的正常测度。基于此，笔者将剩余产出高于总成本 1.5 倍②的观测样本剔除。

剩余产出为负的观测样本，说明其营业收入不足以补偿营业成本以及期间费用。这类企业不可能长久地持续经营下去，因此，这类观测样本同样属于非正常经营状态下的观测样本，如果将其纳入模型的样本数据，同样不利于成本效率水平的正常测度。因此，笔者将剩余产出为负的观测样本也剔除。

2.2.3.2 样本数据来源、数据整理以及所用软件

（1）样本数据来源。除特别说明外，本书所使用的观测样本数据均来自 RESSET 数据库和 Wind 数据库。

（2）数据整理。

第一步：下载相关数据。

①数据下载条件设定。

日期范围：起止日期（始于 2008 年 1 月 1 日；止于 2019 年 12 月 31 日）；

会计准则：企业会计准则（2006）；

合并标识：合并报表；

调整标识：未调整；

报表类型：年报；

---

① 本书将产出量定义为营业收入，总成本则是企业为了实现产出而发生的投入，因此，笔者将剩余产出定义为营业收入减去总成本后的差额，即剩余产出＝营业收入－总成本。

② "1.5 倍"上限的确定，意味着上市公司获利率为 50%。这对于市场竞争环境下的绝大多数制造业企业来讲，已属于相当高的获利水平了。

信息来源标识：年报；

公告类别：定期报告；

公司类型：一般企业；

是否完整：完整报表。

②观测样本的各变量数据具体来源。

营业成本、销售费用、管理费用、财务费用、营业收入来自利润分配表；

短期借款、长期借款、应付债券来自资产负债表；

购买商品接受劳务支付的现金、支付给职工以及为职工支付的现金来自现金流量表；

折旧额来自资产负债表附注（固定资产及折旧）；

职工人数来自组织治理结构（员工构成信息）。

第二步：将所下载的各变量数据汇总于一张 Excel 表格。

基于后续研究规划设计，笔者将每一家上市公司在同一会计年度的数据视为一个观测样本，并为其添加样本编码。样本编码的命名规则是："年份 & 股票代码"，例如，股票代码为 600818 的观测样本在 2018 年的编码为"2018600818"。在此基础之上，使用 Excel 2019 软件中的 Vlookup 函数对所下载的各变量数据进行匹配汇总。另外，受限于研究主题，笔者只汇总中国制造业上市公司的数据。

第三步：删除经营状态异常的观测样本。

经营状态异常主要指上市公司当年处于终止上市或者退市整理期状态[①]。这类上市公司虽然仍然处于运营状态，也仍然对外提供年度报告，但是，与正常上市公司运营状态相比，它们的运营数据呈现出较为明显的非正常状态。为了避免这类经营状态异常的上市公司数据对成本效率测度结果的负面影响，笔者在筛选观测样本时，将剔除来自这类上市公司的观测样本。

对于数据不全的观测样本，以及在劳动力价格、材料价格、固定资产价格和资金价格等方面存在前面所述异常情况的观测样本，笔者也将一并

---

① 该数据来自 RESSET 数据库下的"名称与状态变更——上市状态变更历史"子库。

删除。

第四步：计算各变量数据的三年移动算术平均值。

如前所述，考虑到企业的经营决策既要受到上期经营决策的影响，同时又会对下期经营决策产生影响，因此，为了弱化数据异常波动对成本效率测度结果的负面影响，笔者在处理观测样本数据时，将采用三年移动算术平均的方法进行数据处理。在这种数据处理方法之下，如果上市公司在 t−1、t、t+1 三年期内任意一年存在该变量年报数据缺失，则将无法计算出该变量的第 t 年三年移动算术平均值，由此而产生缺失值，笔者将删除这些缺失值所对应的观测样本数据。值得注意的是，尽管笔者采集了上市公司 2008～2019 年的 12 期年报数据，但经过三年移动算术平均法处理之后，将只能得到 2009～2018 年的 10 期观测样本数据，测出的成本效率值也将只包括 2009～2018 年的成本效率数据。

第五步：将各变量数据的三年移动算术平均值转换成自然对数值。

该项数据转换工作将通过 Excel 2019 软件中的 Ln（）函数来完成。

第六步：将观测样本数据导入 Stata 软件，并将其设置成面板数据格式。

面板数据的 panel variable 是观测样本对应的股票代码，而 time variable 则是观测样本对应的年份。

经过上述步骤，笔者总共获得 7593 个有效观测样本。

（3）所用软件。前期数据整理所用软件主要为 Excel 2019；后期模型回归分析所用软件为 Stata 15。

2.2.3.3　检验结果

（1）变量描述性统计分析。

经过数据筛选之后，本书所用观测样本的变量值均处在预期范围之内。从表 2−3 可以看出，如果以总成本或者营业收入作为企业规模的表征变量，则在我国制造业上市公司中，仅有少量制造业上市公司属于大型企业（偏度系数 skewness 远大于零，呈右偏分布），而绝大多数的制造业上市公司都处于平均规模水平（峰度系数 kurtosis 远大于 3，呈尖峰分布）。这可能是绝大多数企业都是为了上市融资而"踩线"上市所致，导致多数上市公司的经营规模都集中于达标水平或者达标水平的附近区域。

表 2 - 3　　　　　　　　　成本效率测度模型变量描述性统计

变量	N	Mean	Median	Std. Dev.	min	max	skewness	kurtosis
TC	7593	679833	203122	2103382	5918	83192403	18.36705	609.72280
OQ	7593	730841	224898	2205692	6797	85737798	17.71260	572.05480
AP cost	7593	0.06509	0.05079	0.05494	0.00043	0.79659	2.96094	20.25337
AP sale	7593	0.04473	0.03662	0.03298	0.00039	0.40972	2.35370	15.43739
LP	7593	9.40389	8.41976	4.56885	2.77600	55.59997	2.47929	14.41523
MP cost	7593	0.89349	0.91857	0.21817	0.07172	1.49863	-0.43898	3.19131
MP sale	7593	0.66015	0.66652	0.20627	0.04435	1.29166	-0.10596	2.74545
CP finaexp	7593	0.05465	0.05243	0.02784	0.00001	0.19930	0.99163	5.62648

注：表中变量 TC、OQ 及 LP 的计量单位为万元；其余变量都是相对比率，无计量单位。

固定资产价格和劳动力价格的偏度系数大于 0 的较多（尽管没有总成本和营业收入的偏度系数那么明显），表明我国少数制造业上市公司计提的折旧额和支付的职工工资相对于当期产出量而言较多，而超额计提的折旧额通常来自闲置的固定资产，超额支付的职工工资常与人员富余有关，因此，从一定程度上可以认为我国少数制造业上市公司的产能过剩现象更加明显；而固定资产价格和劳动力价格的峰度系数大于 3 的较多（尽管没有总成本和营业收入的峰度系数那么明显），这又表明我国制造业上市公司中产能利用率处于平均水平的上市公司数量相对较多。概而言之，从固定资产价格和劳动力价格描述性统计情况来看，我国制造业上市公司产能利用率总体情况相近，其中少数企业的产能过剩现象尤为严重。

材料价格的偏度系数和峰度系数均与正态分布的对应系数值（skewness = 0；kurtosis = 3）较为接近，说明我国制造业上市公司在材料采购方面相对理性，从行业整体角度来看，没有出现明显的存货积压现象。

资金价格的偏度系数（0.99163）接近 1，且峰度系数（5.62648）大于 3，表明我国少数制造业上市公司在利用有息债务方面融资成本相对较高，但并不是十分明显。从整体上看，各制造业上市公司的融资成本趋同。这可能与所有上市公司面临的金融政策环境大致相同有关。

（2）变量相关性检测。

①变量进行自然对数转换前的配对相关分析。理论上，样本相关系数 r 的取值范围在 −1 和 1 之间，而且 | r | 越接近 1，则表明这两个变量之间的相关性越强。根据实证经验，一般将两个变量之间的相关程度划分为以下几个等级（杨菊华，2012）：

当 | r | ≥0.8 时，两变量之间呈高度相关关系；

当 0.5≤ | r | <0.8 时，两变量之间呈中度相关关系；

当 0.3≤ | r | <0.5 时，两变量之间呈低度相关关系；

当 | r | <0.3 时，两变量之间的相关程度极低，可以视为不相关。

为了验证各个自变量之间是否存在较强相关性而导致模型存在多重共线性问题，以及验证因变量与自变量之间是否不相关而导致模型变量冗余问题，笔者对模型中各个变量进行了配对相关分析，分析结果如表 2−4 所示。

表 2−4　　成本效率测度模型中变量相关性分析（自然对数转换前）

变量	TC	OQ	AP_cost	AP_sale	LP	MP_cost	MP_sale	CP_finaexp
TC	1.00000							
OQ	0.99910 (0.0000)	1.00000						
AP_cost	−0.11150 (0.0000)	−0.10920 (0.0000)	1.00000					
AP_sale	−0.08430 (0.0000)	−0.08350 (0.0000)	0.89370 (0.0000)	1.00000				
LP	0.19120 (0.0000)	0.19720 (0.0000)	−0.07010 (0.0000)	−0.10450 (0.0000)	1.00000			
MP_cost	0.08080 (0.0000)	0.08230 (0.0000)	−0.23380 (0.0000)	−0.27770 (0.0000)	0.05350 (0.0000)	1.00000		
MP_sale	0.18490 (0.0000)	0.18090 (0.0000)	−0.44170 (0.0000)	−0.29800 (0.0000)	−0.00090 (0.9389)	0.78080 (0.0000)	1.00000	
CP_finaexp	−0.08240 (0.0000)	−0.08470 (0.0000)	0.01010 (0.3805)	0.04720 (0.0000)	−0.06760 (0.0000)	−0.01590 (0.1663)	0.06370 (0.0000)	1.00000

a. 因变量与自变量之间的相关性分析。总成本与产出量之间具有高度相关性（r = 0.9991），且在 1% 水平上统计显著。这与我国大多数制造业企业属于劳动密集型重资产企业以及产品附加值低等特性是一致的，即我国制造业的产品附加值低，产品产量是影响我国制造业企业总成本的主要动因，这也证实了我国制造业存在"大而不强"的客观现实。至于因变量与其余自变量之间呈现出的极低相关程度，笔者认为这可能是因为受到两者之间数量级相差太大的影响①。尽管如此，由于因变量与其余各自变量之间的相关系数均在 1% 水平上统计显著，而且无论是从实践经验来判断，还是从理论分析来判断，固定资产价格、劳动力价格、材料价格和资金价格对企业总成本均存在着显著的影响，因此，本书在成本效率测度模型中仍将保留上述各个自变量。

b. 自变量内部两两变量之间相关性分析。除了 AP_sale 与 AP_cost 之间，以及 MP_sale 与 MP_cost 之间相关系数较高以外，其余两两变量之间的相关系数都比较小。这说明在成本效率测度模型中包含这些低度相关甚至不相关的自变量是合理的，因为它们导致模型出现多重共线性的可能性较小。至于存在高度相关性的两组变量（即 AP_sale 与 AP_cost；MP_sale 与 MP_cost），由于每个模型只会在各组变量中分别二选其一，不会同时将两个变量纳入同一组，因此，上表中高度相关的两组变量中的变量不会导致模型出现多重共线性问题。

②变量进行自然对数转换后的配对相关分析。本书所用软件 Stata 15 中的 xtfrontier 命令要求模型中的各个变量值均为自然对数值，因此，笔者对各个变量的自然对数值也进行了配对相关分析（见表 2 - 5）。

表 2 - 5 显示，与变量进行自然对数转换之前的配对相关系数相比，各变量在进行自然对数转换之后，配对相关系数主要发生了如下变化：一是 CP_finaexp 与 TC、OQ 以及 AP_cost 之间的相关系数正负号发生了转换；二是个别相关系数的显著性有所减弱。笔者认为，上述变化可能是自然对数转换后各变量之间的数值差异发生了变化，从而导致变量之间的相关系数发生

①　总成本和营业收入是"总量"，在本书中其数值高达 8 位整数；而固定资产价格、劳动力价格、材料价格和资金价格均是"单价"，在本书中其数值最多达到 2 位整数。

改变。从整体上讲，对各个变量进行自然对数转换并没有改变各变量之间的相关关系，因此，在模型中以各变量的自然对数值为基础进行成本效率测度也是合适的。

表 2 - 5　　　　成本效率测度模型中变量相关性分析（自然对数转换后）

变量	ln (TC)	ln (OQ)	ln (AP_cost)	ln (AP_sale)	ln (LP)	ln (MP_cost)	ln (MP_sale)	ln (CP_finaexp)
ln (TC)	1.00000							
ln (OQ)	0.99780 (0.0000)	1.00000						
ln (AP_cost)	−0.30370 (0.0000)	−0.28660 (0.0000)	1.00000					
ln (AP_sale)	−0.22060 (0.0000)	−0.21430 (0.0000)	0.95900 (0.0000)	1.00000				
ln (LP)	0.22570 (0.0000)	0.23550 (0.0000)	−0.07470 (0.0000)	−0.10660 (0.0000)	1.00000			
ln (MP_cost)	0.06160 (0.0000)	0.06010 (0.0000)	−0.27460 (0.0000)	−0.29870 (0.0000)	0.02440 (0.0338)	1.00000		
ln (MP_sale)	0.26930 (0.0000)	0.24330 (0.0000)	−0.47450 (0.0000)	−0.32060 (0.0000)	−0.03190 (0.0054)	0.77840 (0.0000)	1.00000	
ln (CP_finaexp)	0.01820 (0.1130)	0.00590 (0.6067)	−0.00300 (0.7928)	0.03890 (0.0007)	−0.09500 (0.0000)	−0.01420 (0.2160)	0.07390 (0.0000)	1.00000

（3）模型相关统计量。表 2 - 6 是笔者运用 Stata 15 统计软件中 xtfrontier 命令对前述预设 CC 模型、CS 模型、SC 模型以及 SS 模型进行回归后得到的各模型回归系数以及相关统计检验指标值。

表 2 - 6　　　　　　　　成本效率测度模型效果比较

变量	模型 CC	模型 CS	模型 SC	模型 SS
lnoq	0.99239 ***	0.97546 ***	0.99312 ***	0.96969 ***
lnap_cost	0.11488 ***	0.14113 ***		
lnlp	0.31750 ***	0.32131 ***	0.31037 ***	0.34181 ***
lnmp_cost	0.51681 ***		0.49796 ***	

续表

变量	模型 CC	模型 CS	模型 SC	模型 SS
lncp_finaexp	0.05082 ***	0.03921 ***	0.04559 ***	0.03845 ***
lnmp_sale		0.49834 ***		0.47413 ***
lnap_sale			0.14609 ***	0.14560 ***
_cons	− 1.83982 ***	− 0.89171 ***	− 1.13923 ***	− 1.07070 ***
lnsigma2：_cons	− 2.96534 ***	− 3.21773 ***	− 3.08937 ***	− 3.17180 ***
lgtgamma：_cons	1.23629 ***	1.12905 ***	1.16636 ***	1.19658 ***
mu：_cons	1.67023 ***	1.14216 ***	1.10320 ***	1.39473 ***
eta：_cons	0.01203 ***	0.01529 ***	0.01768 ***	0.01338 ***
Observations	7593	7593	7593	7593
Chi2	205885	261812	274716	305068
p −	0.00000	0.00000	0.00000	0.00000
gamma	0.77492	0.75566	0.76249	0.76792
Akaike's Crit	− 7950	− 9379	− 8548	− 9335
Bayesian Crit	− 7888	− 9316	− 8485	− 9272

注：*** 表示在1%水平上统计显著。

从表 2 - 6 可以看出，总体而言，笔者在前面预设的四个待检验预设模型的回归效果都比较好。当然，这些模型之间也存在着一定程度上的优劣之分。具体分析如下：

a. 是否适合采用随机前沿分析法。判断成本效率测度方法是否有效的统计量是 γ 值，$\gamma = \sigma_u^2 \div (\sigma_u^2 + \sigma_v^2)$，其含义是指，成本非效率项 U 的方差（$\sigma_u^2$）在总方差（$\sigma_u^2 + \sigma_v^2$）中所占的比例。

γ 值越接近 0，表示实际成本与理论最小成本的差异越是主要来自不可控制因素所造成的噪声误差。在这种情况下估计成本函数的参数，如果仍然采用被检验模型来测算成本效率的话，那么其测算的结果将是无效的。此时，测算成本效率并不需要采用随机前沿分析模型，而是直接采用最小二乘法即可实现。只有当 γ 值接近或者等于 1 时，该被检验模型才适用于估计成本函数的参数，因为此时的实际成本与理论最小成本的差异主要来自成本非效率项 U。

表 2 - 6 显示，本书在前面所预设的四个模型的 γ 值都在 0.75 以上。这说明这些模型所测算出的理论最小成本与实际成本的差异主要来自成本非效率项 U，随机扰动项带来的影响很小，即我国制造业普遍存在成本无效率，采用随机前沿模型比采用普通回归模型能够更好地描绘制造业生产中的成本效率及其变化（孙焱林和温湖炜，2017）。由此可以判断，本书采用随机前沿分析法来评估成本函数的参数是合适的。从这个检验参数来看，前面所预设的模型 CC、模型 CS、模型 SC 以及模型 SS 都可以被用于测算我国传统制造业企业的成本效率。

b. 回归方程显著性检验。笔者运用沃尔德（Wald）检验法，对模型回归方程的显著性进行了检验。检验结果显示，各个模型的卡方（Chi^2）分布概率 p - 值在 1% 统计水平上显著异于 0。这说明模型系数不同时为零。由此可以判断，这四个预设模型的回归方程各自在整体上都是有效的，可以被用于评估成本函数的参数值。

c. 回归系数显著性检验。为了判断模型函数中单个变量对于函数的重要性，笔者运用 t 检验法对各系数是否异于零的显著性进行了 t 检验。检验结果显示，四个预设模型的各变量系数以及常数项均在 1% 的水平上统计显著。这说明各模型变量对成本效率的测度都起着重要作用，因此，将这些自变量纳入成本函数是合适的。从这个指标来看，前面预设的四个待检验模型同样都可以被用于测算我国传统制造业企业的成本效率水平。

d. 基于 AIC 和 BIC 准则的模型优劣比较。经过前面的检验与判断，可以初步认为，这四个预设模型都是可供选择的。那么，比较而言，哪个模型更加有效呢？

根据实证经验，评判模型优劣时，需要考察两个方面的情况：一个是模型的拟合度是否足够高，另一个是模型的未知参数个数是否尽量少。一个好的模型应该是拟合度与未知参数个数之间的综合权衡。

为了以定量标准评判多个可供选择模型的优劣，赤池弘次（1974）创立了赤池信息准则（akaike information criterion，AIC）。该准则建立在熵的概念之上，具体定义如下：

$$AIC = 2K - 2\ln(L)$$

其中，K 代表模型的参数个数，L 代表似然函数。评判的标准是，选择 AIC 值最小的模型作为最佳模型。

一般情况下，根据 AIC 准则选择的模型，可以在保证较高拟合度的同时，仍然能够保持较少的模型参数，它是评判模型优劣的较好指标。但是，当样本容量很大时，AIC 准则提供的拟合误差信息就会受到样本容量放大效应的影响，而基于参数个数的惩罚因子却与样本容量没有关系。因此，在此情况之下，使用 AIC 准则选择的模型并不会收敛于真实模型，而是通常要比真实模型所包含的未知参数的个数要多。

1978 年，施瓦兹（Schwartz）根据贝叶斯理论提出了贝叶斯信息准则（bayesian information criterion，BIC）。该信息准则与 AIC 准则类似，也引入了与模型参数个数相关的惩罚项，但是其惩罚项考虑了样本的数量，因此，它的惩罚项要比 AIC 的惩罚项大。具体定义如下：

$$BIC = K \cdot \ln(N) - 2\ln(L)$$

其中，K 代表模型的参数个数，N 代表样本数量，L 代表似然函数。其评判标准与 AIC 相同，即选择 BIC 值最小的模型作为最佳模型。

从上述关于 AIC 和 BIC 的原理比较中可以看出，当样本的数量比较多时，BIC 准则能够更好地防止过拟合现象的发生，但这也只是相对而言。在实证研究中，两者都经常被使用，不分伯仲。

就本书具体情况而言，表 2 - 6 中数据表明，无论是根据 AIC 准则来判断，还是根据 BIC 准则来判断，模型 CS 均是四个预设模型中的最佳模型。当然，模型 SS 的表现也不差，其 AIC 值和 BIC 值仅略大于模型 CS 的对应值。余下的模型 SC，尤其是模型 CC，则相对较差。

e. 成本效率与利润变化一致性检验。成本是利润的对立面，在收入既定的情况下，两者之间存在着此增彼减的紧密互动关系。但从另一个角度讲，正因为两者之间存在着紧密的此增彼减的互动关系，所以，也可以把成本看作是利润的侧面反映，即高成本也就意味着企业的利润比较低；反之亦然。在将成本效率定义为理论最小成本与实际成本的比值的情况下，成本效率的变化与企业利润的变化将出现同增同减的一致性变化趋势。因此，成本效率作为被抽象化后的成本表征指标，它也常常被看作企业的主要运营能力指标

（Boyer and Lewis，2002），甚至被看作企业的业绩评价指标（lahtinen and toppinen，2008）。通过实证检验，尚敏（2012）和考尔（Kaur，2013）发现，决策单位的成本效率水平与其自身的盈利能力呈同向变动。

从这个意义上讲，成本效率测度模型是否有效，还可以从模型所测成本效率值与利润之间是否存在同向变化趋势进行判断。如果模型有效，那么成本效率与利润之间就应该存在"高成本效率高利润，低成本效率低利润"的互动关系。为此，在前述统计分析基础之上，笔者立足于成本效率与利润一致性视角，运用成本效率与利润之间数据对比分析的方法，进一步检验前面所预设的成本效率测度模型的有效性，检验目标是，按成本效率值的高低不同，将各观测样本归入不同的成本效率组，并检验较高成本效率组的平均利润是否高于较低成本效率组的平均利润。

在现有研究文献中，学术界主要选择营业利润、利润总额和净利润作为企业收益的表征指标。笔者认为，成本效率反映的是企业利用资产创造收益的持续能力，因此，与成本效率匹配的收益指标就应该是不受诸如营业外收入和营业外支出之类偶发因素影响的收益指标，原因是这类偶发因素容易使企业收益造成较大波动，使其偏离企业实际的盈利能力。由于利润总额和净利润都涉及营业外收入和营业外支出等偶发因素，因此本书拟选择营业利润作为衡量企业收益的指标，同时，为了使不同观测样本之间的收益指标具有可比性，本书还将运用同期总资产对营业利润进行标准化处理，即计算出单位资产的营业利润。综上所述，笔者将采用以营业利润为基础计算的资产收益率（营业利润÷资产总额）作为衡量收益的指标。当然，为了与前面的数据处理方式保持一致，笔者在计算资产收益率之前，也同样采用三年移动算术平均计算法对公式中的营业利润和资产总额进行平滑处理。

对于成本效率组的划分，具体方法是：将所有观测样本按照成本效率值的高低进行升序排列，并将这些观测样本按照样本总数平分为两组，将这两组观测样本按照成本效率水平的高低依次命名为 LowCEgroup 和 HighCE-group。

经过数据整理、分析以及汇总，笔者得到如表 2 - 7 所示的各预设模型在不同成本效率组的平均资产收益率（ROA）。

表 2 - 7　　　　　　　不同成本效率组的平均资产收益率（ROA）

	N	ccROAmean	csROAmean	scROAmean	ssROAmean
LowCEgroup	3796	0.0379	0.0427	0.0396	0.0439
HighCEgroup	3797	0.0510	0.0462	0.0494	0.0450

表 2 - 7 中，"N"为各成本效率组对应的观测样本个数，其后的 ccROA-mean、csROAmean、scROAmean 和 ssROAmean 各列数据分别是按照模型 CC、模型 CS、模型 SC 以及模型 SS 测算出的成本效率对观测样本进行升序排列并平分为两组后，各观测样本组的平均资产收益率（营业利润÷资产总额）。

表 2 - 7 中数据显示，依据笔者在前面预设的四个模型测算得出的观测样本成本效率与同期平均资产收益率之间都在整体上存在着较强的一致性特征，即"高成本效率高利润，低成本效率低利润"。

（4）最佳测度模型选择。表 2 - 8 汇总了各预设模型在前面的检验效果。

表 2 - 8　　　　　　　　各预设模型检验效果汇总

检验指标	模型 CC	模型 CS	模型 SC	模型 SS
是否适合采用随机前沿分析法（γ）	是（0.7749）	是（0.7557）	是（0.7625）	是（0.7679）
回归方程是否显著（α）	是（1%）	是（1%）	是（1%）	是（1%）
回归系数是否显著（α）	是（1%）	是（1%）	是（1%）	是（1%）
AIC 准则	最差（-7950）	最优（-9379）	较差（-8548）	较优（-9335）
BIC 准则	最差（-7888）	最优（-9316）	较差（-8485）	较优（-9272）
CE 与 ROA 变化是否一致	是	是	是	是

表 2 - 8 清晰地表明：模型 CC、模型 CS、模型 SC 以及模型 SS 都适合采用随机前沿分析法来测度成本效率（γ 较大）；这些模型的回归方程均在 1% 水平上统计显著；回归方程各系数（包括常数项）都在 1% 水平上统计显著；CE 和 ROA 的变化趋势都具有一致性。

那么，哪个模型更好呢？根据 AIC 和 BIC 信息准则评判标准，模型 CS 对应的 AIC 值和 BIC 值均最小，因此，模型 CS 最优。鉴于此，本书最终选择模型 CS 作为测度我国传统制造业企业成本效率的最佳模型。

第 3 章

中国传统制造业企业成本效率测度
结果及分析

3.1　传统制造业的定义

制造业是人类文明的重要标志，制造业的发展是促进人类社会发展的核心动力。随着科学技术进步，新材料和新技术（包括管理技术）不断融入到产品研发、生产制造、经营管理以及销售与售后服务等环节，使企业产品生产迈入信息化、智能化、柔性化新阶段，有效提升了企业经济效益和市场效果。通常，这些使用新材料和新技术，技术水平处于国民经济技术前沿的企业被称为高技术企业。我国《高技术产业（制造业）分类（2017）》明确规定，高技术产业（制造业）是指国民经济行业中 R&D 投入强度①相对高的制造业行业，包括：医药制造，航空、航天器及设备制造，电子及通信设备制造，计算机及办公设备制造，医疗仪器设备及仪器仪表制造，信息化学品制造 6 大类。

传统制造业是与高技术制造业相对而言的制造业。但是，迄今为止，学术界以及政府部门对传统制造业并未作出明确的定义，一般泛指那些沿用了

---

①　R&D 投入强度是指 R&D 经费支出与企业主营业务收入之比。R&D（即研究与试验发展）是指为增加知识存量（也包括有关人类、文化和社会的知识）以及设计已有知识的新应用而进行的创造性、系统性工作。

传统的生产工艺与技术（至少在工艺与技术上没有发生质的改变），表现出高投入、高能耗、高污染、低质量、低产出、低效益等较弱市场竞争能力特征的制造业企业。这些传统制造业企业所生产的产品往往与国民的低端日常消费需求直接相关，技术含量不高，但市场对其产品的需求量却很大。同时，这些传统制造业企业基本上属于劳动密集型企业或劳动资本密集型企业，因此，它们能容纳大量的低端技术人才以及社会劳动力，是解决社会就业需求的重要途径。传统制造业独有的这些特点决定了其既是国民经济及社会的稳定器，同时又是当下各国高质量发展本国经济不可逾越的重要障碍。这已成为世界各国的共识。为了推动传统制造业的发展，从根本上提升本国制造业的发展质量，德国提出了"工业 4.0 战略"，美国提出了"先进制造业国家战略计划"，英国提出了"英国工业 2050 战略"，法国提出了"未来工业"计划，日本提出了"机器人新战略"，韩国提出了"制造业创新 3.0战略实施方案"，中国提出了"制造强国战略"，印度也将"印度制造"列为国家战略。

　　传统制造业是一个动态的概念，其内涵处于不断发展与变化之中，现在的传统制造业是过去的高技术制造业，而目前的高技术制造业又将是未来的传统制造业。同时，传统制造业在不同国家以及不同经济发展阶段所包含的范围也不同，比如，发达国家的传统制造业可能正是同时期发展中国家的高技术制造业。

　　由于学术界及政府部门还尚未对传统制造业作出明确的定义，因此，为了满足研究的需要，笔者将根据《高技术产业（制造业）分类（2017）》和《上市公司行业分类指引》，并结合中国证券监督管理委员会发布的上市公司行业分类结果，将观测样本区分为高技术制造业、混合制造业和传统制造业。所谓高技术制造业，是指该大类制造业中的所有小类制造业均被《高技术产业（制造业）分类（2017）》列为高技术产业的大类制造业；所谓混合制造业，是指该大类制造业中仅有部分小类制造业被《高技术产业（制造业）分类（2017）》列为高技术产业的大类制造业；而所谓传统制造业，是指《国民经济行业分类》（GB/T 4754 - 2017）中除高技术制造业和混合制造业以外的其他大类制造业。在此分类方法下，我国现有的 31 个大类制造业中，有22个大类制造业属于传统制造业，有8个大类制造业属于混合制造业，有1个大类制造业属于高技术制造业。具体情况如表3-1所示。

表3-1　　　　　　　　　　**中国制造业分类**

大类代码	大类名称	分类结果
C13	农副食品加工业	传统制造业
C14	食品制造业	传统制造业
C15	酒、饮料和精制茶制造业	传统制造业
C16	烟草制品业	传统制造业
C17	纺织业	传统制造业
C18	纺织服装、服饰业	传统制造业
C19	皮革、毛皮、羽毛及其制品和制鞋业	传统制造业
C20	木材加工和木、竹、藤、棕、草制品业	传统制造业
C21	家具制造业	传统制造业
C22	造纸和纸制品业	传统制造业
C23	印刷和记录媒介复制业	传统制造业
C24	文教、工美、体育和娱乐用品制造业	传统制造业
C25	石油、煤炭及其他燃料加工业	传统制造业
C26	化学原料和化学制品制造业	混合制造业
C27	医药制造业	高技术制造业
C28	化学纤维制造业	传统制造业
C29	橡胶和塑料制品业	传统制造业
C30	非金属矿物制品业	传统制造业
C31	黑色金属冶炼和压延加工业	传统制造业
C32	有色金属冶炼和压延加工业	传统制造业
C33	金属制品业	传统制造业
C34	通用设备制造业	混合制造业
C35	专用设备制造业	混合制造业
C36	汽车制造业	传统制造业
C37	铁路、船舶、航空航天和其他运输设备制造业	混合制造业
C38	电气机械和器材制造业	混合制造业

大类代码	大类名称	分类结果
C39	计算机、通信和其他电子设备制造业	混合制造业
C40	仪器仪表制造业	混合制造业
C41	其他制造业	传统制造业
C42	废弃资源综合利用业	传统制造业
C43	金属制品、机械和设备修理业	混合制造业

结合本书观测样本情况，在 7593 个观测样本中有 2943 个观测样本属于来自传统制造业的观测样本，占比为 38.76%。这些观测样本在各年度的分布情况如表 3-2 所示。

表 3-2　　　　　　　　　观测样本年度分布情况

项目	2009 年	2010 年	2011 年	2012 年	2013 年	2014 年	2015 年	2016 年	2017 年	2018 年	合计
样本数量	216	206	238	243	263	278	289	354	402	454	2943

3.2　中国传统制造业企业成本效率测度结果

表 3-3 数据显示，从整体来看，我国传统制造业企业成本效率的均值为 30.91%，即我国传统制造业企业所消耗的成本支出中平均约 69% 属于无效成本支出。该测算结果与汪卉霞（2014）对我国 2007~2012 年钢铁行业上市公司的成本效率水平测算结果是相一致的[①]。

表 3-3　　　　　　　　　中国传统制造业企业成本效率

项目	N	min	Mean	max	skewness	kurtosis
CEcs	2943	0.09728	0.30907	0.65815	0.35828	4.41876

注：CEcs 表示由模型 CS 测算出的成本效率。

---

① 汪卉霞（2014）分析了 2007~2012 年中国钢铁行业上市公司的成本效率变化情况，其研究结果显示，这些上市公司实际成本的近 2/3 属于非效率成本。

如此低效率的成本支出利用水平为人们提供了解释我国当前传统制造业企业盈利能力低下、市场竞争能力弱小的有力证据。如此看来，确实有必要促使传统制造业企业的管理层努力改善经营管理水平，不断提升企业核心竞争力，以增强企业盈利能力。当然，该数据结果也从侧面说明，中国传统制造业企业成本效率还存在着较大的提升空间，有待企业管理层予以充分开发利用。

图 3 - 1 是笔者根据使用模型 CS 测算得到的中国传统制造业企业的成本效率数据绘制而成的传统制造业观测样本在不同成本效率水平上的频数分布情况。

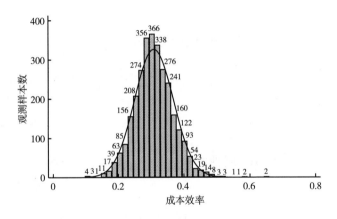

图 3 - 1　中国传统制造业企业成本效率分布

资料来源：作者整理。

图 3 - 1 直观地表明，一方面，我国绝大多数传统制造业企业的成本效率水平还比较低，它们都聚集在样本均值（30.91%）附近，因此，要实现我国经济增长方式由"规模速度型粗放增长"向"质量效率型集约增长"的转变，就必须由政府出台惠及所有制造业企业的相关政策，创造良好的营商环境，助力制造业行业在整体上实现降本增效目标；另一方面，尽管我国传统制造业企业的成本效率水平在整体上还处在比较低的水平上，但是，也仍然有极少数企业的成本效率水平脱颖而出，表现出相对较高的成本效率水平。这说明，微观企业完全有能力通过自身内部挖潜来实现降本增效目标。

需要说明的是，虽然从测算结果来看，本书测算得到的成本效率值偏低，但该测算结果在理论上是与经济实践相吻合的：第一，根据斯朴巴和利托依（Spulbăr and Nitoi，2014）以及阿杰伊等（Adjei et al.，2014）的研究结论，较高的国内生产总值增长率意味着成本非效率水平的增加，因为企业管理层在经济增长时期为了获得更大的市场份额以及获得更多的奖金，他们往往会重视数量而轻视质量，会采取不可持续的决策行为，从而导致企业更低的成本效率水平。就我国制造业具体情况而言，我国国民经济增长率一直处于相对较高的水平，在此经济环境之下，企业管理层追求的并不是成本效率的提高，而是市场份额的扩大和营业收入的增加，这种增长方式属于粗放型增长模式，相应地，企业的成本效率水平就会相对较低。第二，近年来，我国国民经济增速虽然仍然保持了较高的水平，但其增速正在降低，并且处于常态化状态，企业管理层在外部环境约束下，为了获得更多的利润，就不得不将降本增效作为企业的发展策略，这必然导致企业成本效率水平得到提升。事实上，笔者的测算结果显示，无论是传统制造业还是制造业整体，其成本效率水平在近年正呈现出逐年上升的趋势。可见，从成本效率与国民经济发展水平的时序变化关系来看，笔者的测算结果与理论逻辑也是相吻合的。第三，从产能利用率角度来解释，如果企业的产能被大量闲置，则企业的成本效率必然会处于低水平。道理很简单，闲置产能因占用了企业资金而产生资金成本，因耗用了企业人力（比如管理人员）而产生劳动力成本，但是，这些闲置产能对于企业来讲并没有实质性产出，因此，闲置产能的成本效率为 0，当测算企业整体的成本效率时，闲置产能必然会摊薄企业的成本效率水平。董敏杰等（2015）利用中国各省市的数据来测算中国工业行业的产能利用率、技术效率以及设备利用率，其测算结果显示，2001～2011 年中国工业平均产能利用率为 69.3%，并且以 2008 年为分界点，2008 年之前的平均产能利用率基本呈上升趋势，而 2008 年之后的平均产能利用率基本呈波动下滑趋势。贾润崧和胡秋阳（2016）基于中国制造业企业数据并运用数据包络分析方法测算了中国企业层面的微观产能利用率，其测算结果同样显示，中国制造业企业的平均产能利用率不到 70%。唐叶（2020）基于上市企业数据，采用动态松弛变量模型（DSBM 模型）估计了中国制造业企业2007～2016 年的产能利用率，其测算结果显示，样本期内中国制造业平均产能利用率为69.9%。史丹和张成（2017）测算得到的中国制造业2015年产能利用率更低，仅为56.14%。可见，我国制造业产能利用率较低，近1/3的产能处于闲置状态。在如此低水平的产能利用率环境之下，我国传统制造业企业的成本效率处于低水平也就在情理之中了。综上所述，本书测算出的我国传统制造业企业的成本效率值具有较好的可信度。

3.3 中国传统制造业企业成本效率分类统计与分析

3.3.1 基于行业差异的传统制造业企业成本效率统计与分析

不同行业的生产特点并不完全一致，其面临的市场竞争状况也存在着差异，这将在一定程度上影响企业的成本效率水平。笔者根据中国证监会发布的上市公司行业分类结果，统计了传统制造业各大类行业的成本效率平均水平，结果如表3-4所示。

表3-4　　　中国传统制造业（大类行业）成本效率描述统计

大类代码	N	min	mean	max	skewness	kurtosis
C13	153	0.20781	0.29706	0.40483	0.313	2.73046
C14	141	0.24772	0.33785	0.5095	0.68639	2.99116
C15	104	0.20045	0.33552	0.46801	0.20395	2.43559
C17	106	0.22562	0.30773	0.38732	-0.19056	2.4689
C18	92	0.22596	0.2871	0.46521	1.51425	5.85581
C19	21	0.2088	0.26851	0.31903	-0.28679	2.0874
C20	28	0.22841	0.31361	0.416	0.53167	2.47077
C21	27	0.24947	0.30796	0.44728	1.83016	6.39576
C22	121	0.18283	0.31326	0.47174	-0.01025	4.00369
C23	52	0.28823	0.35842	0.48106	1.14967	3.57068
C24	29	0.25337	0.33069	0.43466	0.46702	1.98253
C25	63	0.15948	0.32961	0.44354	-0.51259	3.34553

大类代码	N	min	mean	max	skewness	kurtosis
C28	103	0.17562	0.29517	0.45726	0.10625	3.44466
C29	259	0.17592	0.32232	0.52612	0.34669	3.37813
C30	402	0.15554	0.31867	0.65815	0.98382	6.84647
C31	181	0.10591	0.30703	0.51245	0.18861	3.30605
C32	308	0.12568	0.30791	0.5783	1.1347	6.01212
C33	222	0.15938	0.30741	0.42628	− 0.21807	2.90644
C36	435	0.09728	0.28592	0.4344	− 0.14695	2.67816
C41	69	0.15163	0.26562	0.44383	0.67263	3.50067
C42	27	0.26534	0.35604	0.47161	0.1406	2.75453

注：本表中未出现传统制造业下的大类行业 C16 "烟草制品业"，是因为我国目前还没有该行业下的上市公司。

从大类行业来看，我国传统制造业中成本效率水平最低的是其他制造业（C41），其成本效率水平样本均值为 26.562%，换句话说，其所消耗的成本支出中有近 3/4 被浪费；成本效率水平最高的传统制造业大类行业是印刷和记录媒介复制业（C23），其成本效率水平样本均值为 35.842%。即使如此，印刷和记录媒介复制业（C23）也同样存在着严重的成本浪费情况，无效成本占比达到了近 64%。

3.3.2　基于规模差异的传统制造业企业成本效率统计与分析

人们在很早以前就对规模的经济效应进行了理论研究。亚当·斯密在《国富论》一书中就以制针工场为例，说明了劳动分工可以提高工人的劳动技巧和熟练程度，可以节约由于变换工作而浪费的时间，可以有利于机器的发明和应用，从而揭示了劳动分工可以提高生产效率的内在原因。由于劳动分工的基础是企业必须具备一定规模的批量生产，因此，亚当·斯密的观点常常被学术界看作规模经济的一种古典解释。

真正意义上的规模经济理论则起源于美国。马歇尔、张伯伦、罗宾逊和贝恩等是研究规模经济理论的典型代表人物。他们揭示了大批量生产的规模经济性，并指出该规模经济性源于对专门机构的使用与改革，对采购与销售、专门技术及经营管理工作的进一步划分。就成本效率研究主题来看，孙武斌和常明明（2012）、黄晶（2015）、赵连阁和钟搏（2015）、塞朴兹和迈尔斯（Sapci and Miles，2019）以及姆拉丹卡等（Mladenka et al.，2020）在实证研究中均找到了规模经济性的相关证据，表明大规模批量生产确实能够降低成本，提高成本效率。

但是，大规模批量生产所带来的经济性也是有边界的。虽然随着规模的扩大，企业的生产成本将不断降低，但是，当企业达到一定规模之后，如果再继续扩大规模，企业将会由于管理能力等方面的限制而导致成本支出以更大的幅度增加，从而出现规模不经济。美国哈佛大学教授哈维·莱宾斯坦就对此进行了深入探讨，他认为，大企业内部组织层次比较多，机构比较庞大，制度安排往往也会出现内在的弊端，从而导致企业内部资源配置效率降低，难以实现费用最小化和利润最大化经营目标。哈维·莱宾斯坦将此现象称为 X 非效率。X 非效率正是企业规模不经济的外在体现。李菱等（2016）、阿杰伊等（2014）和汪卉霞（2014）在有关成本效率的研究中也找到了相应的证据，验证了大规模生产非但不会节约成本，反而会浪费成本这一观点。

受限于本书的研究主题，笔者不讨论规模经济性的深层次问题，仅仅展示不同规模传统制造业上市公司各自的成本效率的统计均值，具体如表 3 - 5 所示。

表 3 - 5　　　　不同规模传统制造业上市公司成本效率统计均值（一）

规模类型	2009 年	2010 年	2011 年	2012 年	2013 年	2014 年	2015 年	2016 年	2017 年	2018 年
小型企业	0.2941 (4)	— (0)	0.3302 (4)	— (0)	0.3158 (2)	— (0)	— (0)	0.3166 (1)	0.3068 (5)	0.3842 (4)
中型企业	0.3321 (28)	0.3178 (21)	0.3137 (24)	0.3208 (26)	0.3222 (30)	0.3248 (35)	0.3313 (31)	0.3435 (36)	0.3515 (44)	0.3589 (58)
大型企业	0.2804 (184)	0.2903 (185)	0.2897 (210)	0.2907 (217)	0.2950 (231)	0.2993 (243)	0.3105 (258)	0.3112 (317)	0.3217 (353)	0.3288 (392)

注：企业规模类型根据国家统计局于 2017 年 12 月 28 日印发的《统计上大中小微型企业划分办法（2017）》划分；括号内数值表示该年度属于该类型企业的观测样本数量。

表 3 - 5 中的数据显示：第一，中型传统制造业上市公司成本效率均值稳定地高于当年大型传统制造业上市公司的成本效率均值；第二，小型传统制造业上市公司成本效率均值除 2017 年之外也稳定地高于当年大型传统制造业上市公司的成本效率均值；第三，中型传统制造业上市公司成本效率均值与当年小型传统制造业上市公司的成本效率均值上下交错波动，没有明显规律。

考虑到小型传统制造业上市公司的观测样本数量比较少，而且在 2010 年、2012 年、2014 年和 2015 年四个观测年度内还缺乏观测样本，因此，笔者将中小型传统制造业上市公司合并为一组，再将它们的成本效率均值与当年大型传统制造业上市公司的成本效率均值进行比较，具体如表 3 - 6 所示。

表 3 - 6　　　不同规模传统制造业上市公司成本效率统计均值（二）

年份	中小型企业		大型企业		成本效率均值差异（大—中小）		
	成本效率均值	样本个数（个）	成本效率均值	样本个数（个）	两样本均值差异	两样本方差齐性检验 P - 值	两样本均值差异 t 检验 P - 值
2009	0.3274	32	0.2804	184	- 0.047 ***	0.0105	0.0016
2010	0.3178	21	0.2903	185	- 0.0275 **	0.8014	0.0432
2011	0.3161	28	0.2897	210	- 0.0264 **	0.056	0.0199
2012	0.3208	26	0.2907	217	- 0.0301 ***	0.384	0.0089
2013	0.3218	32	0.295	231	- 0.0268 **	0.8882	0.0103
2014	0.3248	35	0.2993	243	- 0.0255 ***	0.8049	0.0094
2015	0.3313	31	0.3105	258	- 0.0208 **	0.5435	0.0476
2016	0.3427	37	0.3112	317	- 0.0315 **	0.0006	0.0278
2017	0.347	49	0.3217	353	- 0.0253 **	0.0112	0.0253
2018	0.3606	62	0.3288	392	- 0.0318 ***	0.0002	0.0015

注：*** 表示在 1% 水平上统计显著；** 表示在 5% 水平上统计显著。

表 3 - 6 中数据清晰地表明，我国大型传统制造业观测样本的成本效率均值显著地小于中小型传统制造业观测样本的成本效率均值①。可见，大规

①　笔者也测算了全部观测样本（7593 个）中各类制造业（大中小型）的成本效率均值，其结果依然支持上述结论。

模企业并未伴随着高水平的成本效率，而中小型规模企业却拥有相对较高的成本效率水平。对该现象的解释，笔者认为从管理幅度和管理层次理论以及代理成本理论角度进行分析，可以得出较好的答案，即虽然规模化经营会给企业带来诸多好处，但规模化经营也会同时给企业带来很多弊端，因为扩大企业经营规模会降低企业管理层管理企业的有效性，甚至还会增加管理层在规模化经营过程中攫取私人利益的可能性，产生更多的代理成本，从而降低企业成本效率水平。

图3-2是笔者根据表3-6中数据绘制的不同规模传统制造业上市公司成本效率均值比较。

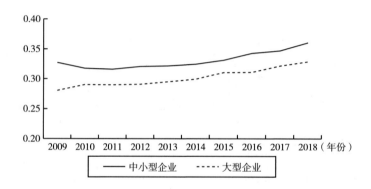

图3-2　不同规模传统制造业上市公司成本效率均值

3.3.3　基于地理区域差异的传统制造业企业成本效率统计与分析

由于地理区域是影响各公司成本效率的重要因素（张盼红，2016），因此，学术界在分析各决策单位之间的成本效率差异时，往往也会对地理区域因素作重点分析。孙武斌和常明明（2012）对2006~2009年中国50家上市汽车制造企业的成本效率进行实证研究，发现东部地区上市汽车制造企业的成本效率高于西部地区上市汽车制造企业的成本效率，而西部地区上市汽车制造企业的成本效率又高于中部地区上市汽车制造企业的成本效率。张盼红（2016）在对中国钢铁行业存在的问题及其未来发展趋势进行研究时发现，沿海地区的钢铁企业比内陆地区的钢铁企业具有相对较高的成本效率水平。赵连阁和钟搏（2015）运用随机前沿分析方法对中国 17 个生猪主产省份 2004～2012 年的生猪养殖的成本效率水平进行测算，其测算结果显示，不同地区的成本效率存在着明显差异，我国东北地区和中部地区生猪养殖的成本效率要高于沿海地区和西南地区生猪养殖的成本效率。

　　制造业是我国国民经济的支柱产业，分布于全国各地。不同地区的制造业，其受到的来自国家产业政策的影响程度也不完全相同。自改革开放以来，随着对外开放政策的实施，东部沿海地区的制造业凭借自身所处地理区域优势，最先得到国外先进技术的支持和受到国外市场的影响；中部内陆地区由于与东部沿海地区紧密相连，当地制造业也间接受到国外先进技术和国外市场的影响；而西部内陆地区尽管在改革开放的前期被冷落，但在后来的西部大开发政策推动下，当地制造业又受到了较大幅度的政策扶持。

　　由于我国政府部门在制订基于地理区域的产业政策时，往往会将全国省级行政单位划分为东部地区、中部地区和西部地区，我国学术界在研究过程中分析地理区域影响因素时，也往往会从这一角度出发，因此，笔者也基于这一角度来分析地理区域对我国传统制造业成本效率的影响。根据国家发展改革委有关文件①，我国东部地区省份包括北京市、天津市、辽宁省、上海市、江苏省、浙江省、福建省、山东省、广东省，共计 9 个省级行政单位；中部地区省份包括河北省、山西省、吉林省、黑龙江省、安徽省、江西省、河南省、湖北省、湖南省、海南省，共计 10 个省级行政单位；西部地区省份包括内蒙古自治区、广西壮族自治区、重庆市、四川省、贵州省、云南省、西藏自治区、陕西省、甘肃省、青海省、宁夏回族自治区、新疆维吾尔自治区，共计 12 个省级行政单位。

　　表 3－7、表 3－8 和表 3－9 是笔者根据观测样本统计出的我国东部地区、中部地区和西部地区传统制造业上市公司成本效率均值差异情况。

---

① 受研究样本限制，本书未将香港特别行政区、澳门特别行政区和台湾地区包括在内。

表3–7　　　　　　　　不同地理区域传统制造业上市公司成本效率
均值差异（一）（东部 VS 中部）

年份	东部地区		中部地区		成本效率均值差异（东–中）		
	成本效率均值	样本个数（个）	成本效率均值	样本个数（个）	两样本均值差异	两样本方差齐性检验 P–值	两样本均值差异 t 检验 P–值
2009	0.2932	116	0.2645	56	0.0287 ***	0.6129	0.0018
2010	0.2973	115	0.271	52	0.0263 ***	0.0912	0.0058
2011	0.2965	145	0.2774	51	0.0192 **	0.0752	0.0320
2012	0.2982	151	0.2815	55	0.0167 *	0.1211	0.0527
2013	0.3038	164	0.2882	58	0.0156 *	0.2539	0.0669
2014	0.3073	184	0.2902	59	0.0171 **	0.3336	0.0387
2015	0.3167	192	0.3023	60	0.0144 *	0.6891	0.0761
2016	0.3161	231	0.308	72	0.0082	0.7497	0.2805
2017	0.3259	267	0.3162	71	0.0097	0.1714	0.2017
2018	0.3353	321	0.3194	74	0.0159 **	0.5772	0.0293

　　注：*** 表示在1%水平上统计显著；** 表示在5%水平上统计显著；* 表示在10%水平上统计显著。

表3–8　　　　　　　　不同地理区域传统制造业上市公司成本效率
均值差异（二）（东部 VS 西部）

年份	东部地区		西部地区		成本效率均值差异（东–西）		
	成本效率均值	样本个数（个）	成本效率均值	样本个数（个）	两样本均值差异	两样本方差齐性检验 P–值	两样本均值差异 t 检验 P–值
2009	0.2932	116	0.3009	44	– 0.0077	0.0577	0.4597
2010	0.2973	115	0.31	39	– 0.0127	0.1356	0.2183
2011	0.2965	145	0.2986	42	– 0.0020	0.0845	0.8315
2012	0.2982	151	0.2946	37	0.0037	0.1796	0.7090
2013	0.3038	164	0.2905	41	0.0133	0.8365	0.1584
2014	0.3073	184	0.2981	35	0.0092	0.5074	0.3449
2015	0.3167	192	0.3094	37	0.0073	0.4547	0.4575

年份	东部地区		西部地区		成本效率均值差异（东－西）		
	成本效率均值	样本个数（个）	成本效率均值	样本个数（个）	两样本均值差异	两样本方差齐性检验P－值	两样本均值差异t检验P－值
2016	0.3161	231	0.3161	51	0.0000	0.0002	0.9976
2017	0.3259	267	0.3297	64	－0.0038	0.0011	0.7052
2018	0.3353	321	0.3388	59	－0.0035	0.9868	0.6539

表3－9　　　　不同地理区域传统制造业上市公司成本效率
均值差异（三）（中部 VS 西部）

年份	中部地区		西部地区		成本效率均值差异（中－西）		
	成本效率均值	样本个数（个）	成本效率均值	样本个数（个）	两样本均值差异	两样本方差齐性检验P－值	两样本均值差异t检验P－值
2009	0.2645	56	0.3009	44	0.0364 ***	0.2244	0.0049
2010	0.271	52	0.31	39	0.0390 ***	0.9755	0.0048
2011	0.2774	51	0.2986	42	0.0212	0.9574	0.1087
2012	0.2815	55	0.2946	37	0.0130	0.9951	0.3188
2013	0.2882	58	0.2905	41	0.0023	0.5132	0.8470
2014	0.2902	59	0.2981	35	0.0079	0.2213	0.5075
2015	0.3023	60	0.3094	37	0.0070	0.7253	0.5575
2016	0.308	72	0.3161	51	0.0081	0.0076	0.5379
2017	0.3162	71	0.3297	64	0.0135	0.1465	0.2562
2018	0.3194	74	0.3388	59	0.0194 *	0.6950	0.0539

注：*** 表示在1%水平上统计显著；* 表示在10%水平上统计显著。

　　表3－7和表3－9中数据显示，我国中部地区传统制造业的成本效率均值最低，低于相应年份东部地区和西部地区传统制造业的成本效率均值，而且其成本效率均值差异在多数年份均通过了统计显著性检验。表3－8中数据则显示，东部地区和西部地区的传统制造业成本效率均值呈上下交错波动，并且在统计上不显著。

　　表3－7至表3－9的数据说明中部地区的传统制造业有待进一步提升自

身成本效率水平。造成这一普遍现象的原因，可能与中部地区的传统制造业受到政策冷落有关。该区域内的企业既未能享受到对外开放初期东部地区优先发展的政策优惠，同时也未能享受到西部大开发政策的支持。

图3－3直观地展示了东部地区、中部地区和西部地区传统制造业成本效率差异情况。

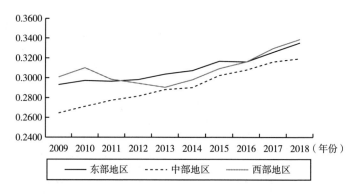

图3－3　不同地理区域传统制造业成本效率比较

3.3.4　基于企业产权性质差异的传统制造业企业成本效率统计与分析

产权性质决定企业的治理行为，进而影响企业的经营决策和管理质量（Farooque et al.，2007）。在现代企业"两权分离"经营模式下，企业产权性质主要体现为终极控股性质，因此，终极控股性质也就成为影响企业经营决策和管理质量的重要因素，并进而影响企业的管理效率（Sun and Tong，2003；曾庆生和陈信元，2006）。由于历史的原因，我国存在大量的国有（控股）企业。与非国有（控股）企业相比，国有（控股）企业在经营行为方面存在着较多的异质特征。学术界将这些经营行为方面的异质特征归因于企业的产权性质差异，并将其与企业绩效相联系。麦金森等（Megginson et al.，1994）、安等（Ang et al.，2000）以及孙和董（Sun and Tong，2003）都认为，国有（控股）性质是造成企业管理效率低下的根源。贺俊（2007）和张杰等（2011）结合中国实际国情，研究发现在中国特殊的制度背景下，产权性质对企业利润率的形成有着直接影响。具体来讲，学术界有关产权性质影响企业效率的研究主要体现在以下几个方面：第一，国有（控股）企业存在监管不到位现象，进而导致管理效率损失（李明辉，2009；刘银国等，2010）。原因是这些国有（控股）企业在行使国有股东的权利时，尤其是行使股东对企业管理层的监督权利时，并没有明确的股东代表，从而常常出现监管不到位现象。第二，国有（控股）企业的"国有"身份，在其获取社会资源时能够享有无形的特殊权益（Kornai et al.，2003；林毅夫和李志赟，2004），进而容易导致国有（控股）企业的管理层发生权力寻租行为（张庆霖和苏启林，2009）。权力寻租行为将在一定程度上导致国有（控股）企业的管理层在经营决策中没有民营企业管理层那么积极进取，并且在个人私利的驱使下，国有（控股）企业的管理层甚至还会发生侵蚀股东利益的败德行为，从而增加国有（控股）企业的管理成本（Megginson et al.，1994；Sun and Tong，2003）。这同样会使得国有（控股）企业的成本效率要低于民营企业的成本效率。第三，国有（控股）企业除了要根据市场规律进行经营决策并参与市场竞争之外，它还需要承担一定的由政府部门指定的社会责任，这将导致国有（控股）企业经营目标非经济化（田利辉，2005）。杨继生和阳建辉（2015）的研究发现，国有（控股）企业对市场环境和宏观经济的变化并不敏感，其管理成本具有刚性特征，管理效率仅为民营控股企业的1/3。张敏等（2013）的研究结论也表明，国有（控股）公司的职工薪酬存在着严重的向下刚性特征，这使得国有（控股）企业难以依据外部经济环境来及时调整资源的配置方式，从而导致国有（控股）企业的价值最大化目标被严重地异化。第四，国有（控股）企业一股独大的股权结构，以及在此股权结构之下的"一纸调令"式的企业管理者产生机制（王红领，2000），容易导致利益集团化和官商垄断行为，这也会加大国有（控股）企业的管理成本（宋小保，2013），进而降低企业的成本效率。总而言之，企业产权性质会影响企业效率，这已是大多数研究文献中的共识。就我国具体情况来讲，学术界甚至认为，但凡是国有（控股）企业，就不可避免地存在着寻租、预算软约束以及所有权与经营权模糊等问题，这些问题会进一步导致企业效率低下（刘瑞明和石磊，2013）。不过，分类统计数据（王罗汉和李刚，2014）显示，近年来研究结论显示国有企业效率转好的文献数目在增多，而研究结论依然为不看好或者为负面的文献数目却在减少。

在有关成本效率的实证研究中，代潇（2012）、考尔（2013）、刘志迎等（2007）以及王静（2016）等学者均找到了相应的证据，支持国有（控股）企业的成本效率要差于民营企业的成本效率这一观点。当然，也有部分文献的研究结论与此相反，比如，陈等（2015）在研究中国台湾地区生物技术和制药行业的成本效率时发现，政府持股的比例越高，越有助于企业改善其成本效率；雷（Ray，2010）在研究印度商业银行1997～2003年的成本效率时，发现印度国有商业银行的成本效率高于私有商业银行的成本效率。

当然，实证结论的差异有可能源自在研究过程中所选择的研究样本不同，也可能与研究过程中所采用的研究方法有关，因此，对基于产权属性的成本效率差异进行评价时就应该将其置于特定的环境中来展开（芦荻，2001）。不管怎样，对基于企业产权属性的成本效率差异展开探讨，不但在理论研究上有其必要性，而且在实践指导上也具有重要的现实意义，尤其在我国当前推进国有企业混合所有制改革时期更是如此。

结合观测样本中的传统制造业上市公司，笔者分组统计了国有股股数占公司总股数的比例与公司成本效率均值之间的对应关系，具体如表3－10所示。

表3－10　　　国有股股数占比与公司成本效率均值（绝对控股）（一）

年份	国有股占比≥50%		国有股占比<50%		成本效率均值差异		
	成本效率均值	样本个数（个）	成本效率均值	样本个数（个）	两样本均值差异	两样本方差齐性检验P－值	两样本均值差异t检验P－值
2009	0.2823	22	0.2885	193	－0.0063	0.5428	0.6405
2010	0.3040	10	0.2933	195	0.0107	0.5966	0.5723
2011	0.3236	3	0.2924	235	0.0312	0.4297	0.3432
2012	0.3212	4	0.2934	239	0.0277	0.1735	0.3242
2013	0.3466	4	0.2977	258	0.0489 *	0.8958	0.0807
2014	0.3683	2	0.3024	275	0.0659 *	0.3650	0.0865

年份	国有股占比≥50%		国有股占比＜50%		成本效率均值差异		
	成本效率均值	样本个数（个）	成本效率均值	样本个数（个）	两样本均值差异	两样本方差齐性检验P-值	两样本均值差异t检验P-值
2015	—	—	—	—	—	—	—
2016	0.3196	6	0.3146	346	0.0050	0.2736	0.8403
2017	0.3789	3	0.3245	397	0.0545	0.8944	0.1186
2018	0.3483	4	0.3330	448	0.0152	0.5244	0.5928

注：* 表示在10%水平上统计显著；传统制造业观测样本数少于全样本中的传统制造业观测样本数，是由于部分观测样本缺少国有股占比数据而被删除；由于2015年的传统制造业样本缺乏本表所要求的相关数据，故以"—"占位。

表3-10中数据显示，在国有资本绝对控股（国有股占比≥50%）的情况下，公司成本效率均值相对较高，尤其在2013年和2014年明显高于非国有（控股）企业成本效率均值（在10%的水平上统计显著），具体如图3-4所示。

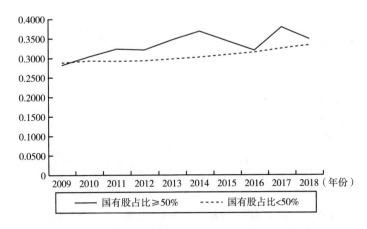

图3-4　国有股股数占比与公司成本效率均值（绝对控股）

考虑到国有资本绝对控股（国有股占比≥50%）组的样本数量偏少，容易对统计结果产生波动影响，为此，笔者也统计了国有股对企业经营决策具有重大影响（国有股占比≥20%）情况下国有股占比与成本效率之间的对应关系，具体如表3-11和图3-5所示。

表 3 – 11　　　国有股股数占比与公司成本效率均值（重要影响）（二）

年份	国有股占比≥20%		国有股占比<20%		成本效率均值差异		
	成本效率均值	样本个数（个）	成本效率均值	样本个数（个）	两样本均值差异	两样本方差齐性检验 P – 值	两样本均值差异 t 检验 P – 值
2009	0.2870	70	0.2883	145	− 0.0014	0.3586	0.8753
2010	0.2951	40	0.2935	165	0.0016	0.3961	0.8760
2011	0.2934	21	0.2927	217	0.0006	0.3136	0.9603
2012	0.2910	18	0.2941	225	− 0.0031	0.4891	0.8194
2013	0.3135	17	0.2974	245	0.0161	0.6989	0.2502
2014	0.3161	12	0.3023	265	0.0138	0.8447	0.3876
2015	0.3294	8	0.3127	279	0.0167	0.8941	0.4002
2016	0.3256	15	0.3142	337	0.0113	0.7769	0.4755
2017	0.3376	18	0.3243	382	0.0133	0.6432	0.3586
2018	0.3344	17	0.3331	435	0.0013	0.5708	0.9260

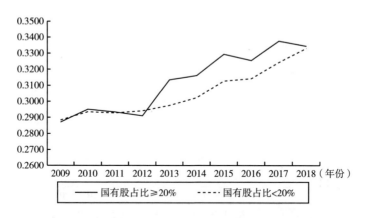

图 3 – 5　国有股股数占比与公司成本效率均值（重要影响）

　　表 3 – 11 和图 3 – 5 同样表明，从整体上看，在国有股对企业经营决策具有重大影响（国有股占比≥20%）的情况下，公司成本效率均值仍然高于国有股对企业经营决策不具有重大影响（国有股占比<20%）情况下的公司成本效率均值，但其显著性与国有（控股）和非国有（控股）分组情况下的显著性相比有所降低。

综上所述，国有股占比对企业成本效率有偏向正面的影响（但在统计检验上并不十分显著），这与陈等（2015）和雷（2010）的研究结论一致，而与多数文献的研究结论不一致。笔者分析认为，该研究结论尽管与多数文献的研究结论不一致，但就我国国有（控股）上市公司而言，该现象也有其存在的实践根源。因为，从理论上看，虽然国有（控股）企业更容易产生代理成本，存在显著的管理效率损失（刘银国等，2010），从而导致其成本效率均值低于其他产权属性类型企业的成本效率均值，但是，这些国有（控股）企业在上市过程中，为了达到证监会关于企业上市交易的条件要求而往往会剥离原有的劣质及冗余资产，仅将优质资产集中于拟上市公司中，而且在内部管理方面也会进行一系列的规范化整改。在此操作之下，国有（控股）上市公司的成本效率均值高于其他产权属性类型企业的成本效率均值也就不难理解了。

3.3.5　基于企业生命周期阶段差异的传统制造业企业成本效率统计与分析

海尔（Haire，1959）最早提出企业在成长过程中存在着"生命周期"现象，认为企业不但是一个社会经济组织，而且还是一个生命有机体，在其发展过程中会经历从生到死、由盛转衰的各个阶段。随后，企业生命周期理论得到了不断发展，主要体现在：第一，关于企业生命周期阶段的定性划分。比如，汉克斯等（Hanks et al.，1993）在详尽梳理企业生命周期理论的基础之上，将企业的生命周期划分为出生阶段、发展阶段、成熟阶段、蜕变阶段和衰退阶段；再比如，伊查克·爱迪思（1997）以企业灵活性和可控性为依据，将企业生命周期划分为孕育期、婴儿期、学步期、青春期、盛年期、稳定期、贵族期、官僚化早期、官僚期与死亡十个阶段；除此之外，还有其他学者的不同划分方法。这些不同的划分方法对应着不同的划分结果，企业生命周期阶段数量也从 3 个到 10 个不等（宋常和刘司慧，2011），但以初创期、成长期、成熟期和衰退期为代表的四阶段划分方法最为常见（Drazin and Kazanjian，1990；王炳成，2011）。第二，关于企业生命周期阶段划分的定量方法。比如，安东尼和拉梅什（Anthony and Ramesh，1992）提出的综合打分法，即对公司营业收入增长率、股利支付率、资本支出率和企业年龄四个指标进行打分，根据总得分来判断公司所属的生命周期阶段；再比如，迪金森（Dickinson，2011）提出的现金流组合法，即根据企业经营活动现金净流量、投资活动现金净流量和筹资活动现金净流量的不同符号组合来划分企业所处的生命周期阶段；此外，还有留存收益率划分法（DeAngelo et al.，2006；罗琦和李辉，2015），产业增长率法（曹裕和万光羽，2010）等多种方法。其中，以现金流组合法的应用最为常见，因为该方法使用现金流而非会计数据对企业的生命周期阶段进行划分，可以有效避免管理者的盈余操纵行为对企业生命周期阶段识别所造成的负面影响（魏群，2018）。第三，关于企业生命周期理论在学术研究中的实践应用。企业在发展过程中存在着生命周期现象，这是客观事实。企业在不同的生命周期阶段存在着不同的经营行为并产生不同的经济后果，这也是客观事实。因此，任何有关企业经营行为和经济后果的研究如果忽略了生命周期因素，其研究结论都将存在着一定程度上的缺陷。近年来，学术界越来越重视生命周期因素对企业经营行为和经济后果的影响，包括但不限于风险承担（王性玉等，2016）、高管激励（王旭，2016）、公司并购（邓可斌和李洁妮，2018）、公司融资（谭燕等，2018）、公司信息披露（贺小刚等，2019）、公司战略（祁顺生和蔡海中，2016）、公司治理（谭庆美等，2021）、股利决策（罗琦和李辉，2015）、管理者行为（侯巧铭等，2017）、宏观政策（陈红等，2019）、盈余管理（陈沉等，2017）、资本结构（魏群，2018）、研发创新（周建庆等，2020）等方面。

成本效率作为企业经济后果表征指标，其数值大小及其变化趋势同样会受到企业生命周期的影响。当企业处于初创期时，由于创立时间不长，内部各项规章制度还不健全，无法避免内部各环节由于不协调而产生的成本费用浪费现象，同时，企业在外部市场上还尚未形成自己的商业网络，商业信誉也未得到市场普遍认可，这些将导致企业不可避免地会在材料采购、货款回收以及对外筹资等方面额外支付部分费用，因此，初创期的企业其成本效率水平往往比较低；进入成长期的企业，其规章制度逐渐完善，内部各环节之间协作逐渐理顺，成本费用浪费现象得到改善，同时，外部市场上的商业网络逐渐成形，商业信誉的市场认可度逐渐得到提高，企业在材料采购、货款回收以及对外筹资等方面额外支付的费用也会有所减少，因此，成长期企业的成本效率水平比初创期企业的成本效率水平有所提高；进入成熟期的企业，无论在规章制度建设以及内部各环节协作方面，还是在外部商业网络建设以及获得市场认可方面，都达到了自己的顶峰水平，其成本浪费最少并且市场竞争力最强，因此，成熟期企业的成本效率水平最高；进入衰退期的企业，其规章制度因缺乏活力而不能有效激励员工工作积极性，生产设备因老化而不能生产有市场竞争力的产品，商业合作伙伴在利益自保的原则下也可能会在进行商业交易时直接或者间接地提升企业的交易成本，比如在企业采购材料时不提供商业信用而要求企业全额付款，因此，衰退期企业的成本效率水平将低于成熟期企业的成本效率水平。可见，如果以初创期、成长期、成熟期和衰退期作为企业在全生命周期过程中顺次经过的四个阶段，那么企业在全生命周期过程中的成本效率变化将呈现倒"U"型分布。

为了检验企业生命周期对我国传统制造业企业成本效率的影响，笔者借鉴迪金森（2011）提出的现金流组合法，根据企业经营活动现金净流量、投资活动现金净流量和筹资活动现金净流量正负符号的不同组合，将企业生命周期划分为初创期、成长期、成熟期和衰退期。

初创期：企业刚刚起步，正处于学习经验和适应环境阶段，其经营活动还未步入正轨，经营活动现金净流量为负；正的边际收益以及"先发制人"的战略思维导致其投资需求很大，投资活动现金净流量为负；由于没有足够的留存收益，其投资及日常开支对资金的需求往往需要依靠外部资金来支持，所以筹资活动现金净流量通常为正。

成长期：这一阶段企业的经营活动开始初见成效，经营活动现金净流量为正；为了维持业务增长势头并扩大市场份额，企业的投资需求通常有增无减，因此投资活动现金净流量继续为负；尽管经营活动可以产生正的现金净流量，但由于企业在整体上仍然处于投资建设期，而留存收益却相对比较少，需要通过外部筹资来满足投资活动对资金的需求，所以筹资活动现金净流量继续为正。

成熟期：这一阶段的企业虽然在盈利能力方面有所下降，但前期树立的市场地位可以保证其经营活动现金净流量能够延续成长期的势头而继续为正；由于拥有较大市场份额，对外投资的机会也就相应地比较多，投资活动现金净流量继续为负；虽然盈利能力有所下降，但积累的利润却在不断地增加，经营活动产生的现金净流量除了可以满足全部投资资金需求外，还可以部分地偿还前期债务，因此，筹资活动现金净流量为负。

衰退期：技术落后、设备陈旧以及产品缺乏市场竞争力是这一阶段企业的主要特征，企业通常会调整部分业务或者停止经营活动，从而在整体上处于下降状态，其经营活动现金净流量为负；由于产品市场需求减少，机器设备等固定资产出现闲置，为了减少固定资产的维护支出，企业会收缩规模，部分处置长期闲置的固定资产，收回投资，因此，投资活动现金净流量为正；这一阶段的企业既可能偿还债务，也可能继续筹资维持经营，因而其筹资活动现金净流量可能为正，也可能为负。

除了以上情况之外的现金流量组合，迪金森（2011）将其全部归入动荡期。企业在动荡期内既可能依靠自身力量进行改革以寻求发展，也可能引进外部投资者以增强活力；既可能在原产业范围内整合业务以增强自身实力，也可能跨界投资以寻求新的利润增长点。总之，企业在动荡期内的经营活动现金净流量、投资活动现金净流量和筹资活动现金净流量的正负符号无法合理预测。表3-12是迪金森（2011）理论推导的企业生命周期各阶段现金流组合情况。

表 3 –12　　　　　　　　企业生命周期划分标准

项目	初创期	成长期	成熟期	动荡期	动荡期	动荡期	衰退期	衰退期
经营活动现金净流量	−	+	+	−	+	+	−	−
投资活动现金净流量	−	−	−	−	+	+	+	+
筹资活动现金净流量	+	+	−	−	−	+	−	+

现有研究在运用现金流组合法划分企业生命周期阶段时，通常将动荡期中与成熟期企业特征接近的样本划入成熟期组，而将与衰退期企业特征接近的样本划入衰退期组（谢佩洪和汪春霞，2017），或者直接将动荡期与衰退期合并为衰退期（胡明霞和干胜道，2018）。笔者认为，职工作为内部人，

更容易获得企业内幕信息，其对企业未来发展作出的判断会更加准确；尤其是高学历职工由于在就业选择上更具主动权，因此他们一旦依据内幕信息认为企业未来前途黯淡，他们就会从企业离职而另谋高就。因此，动荡期内高学历职工的变化情况可以较好地显示企业是动荡向好（偏向成熟期），还是动荡向差（偏向衰退期）。鉴于此，笔者将根据样本企业高学历职工的变化情况将动荡期样本分别划入成熟期组和衰退期组。具体做法如下：如果大专及以上学历总人数增加，则将该动荡期样本划入成熟期组；如果大专及以上学历总人数减少，则将该动荡期样本划入衰退期组。

表 3 - 13 是笔者运用现金流组合法对样本企业所处生命周期阶段进行划分，并运用 Wind 数据库提供的公司人员构成数据对动荡期样本进行再次归类处理后，结合前文所测传统制造业企业成本效率，绘制而成的传统制造业企业在各年度、各生命周期阶段的成本效率均值。

表 3 - 13　　　成本效率均值在各生命周期阶段的分布

年份	样本个数（个）	成本效率均值			
		初创期	成长期	成熟期	衰退期
2009	211	0.2666 (21)	0.2877 (87)	0.2949 (100)	0.2779 (3)
2010	201	0.2878 (35)	0.2995 (85)	0.2936 (78)	0.2925 (3)
2011	233	0.2922 (48)	0.2962 (101)	0.2896 (80)	0.3179 (4)
2012	237	0.2864 (32)	0.2973 (93)	0.2946 (108)	0.2936 (4)
2013	256	0.2911 (32)	0.2953 (104)	0.3028 (113)	0.3241 (7)
2014	269	0.3108 (23)	0.3052 (111)	0.3026 (125)	0.2630 (10)
2015	280	0.3068 (36)	0.3160 (105)	0.3127 (128)	0.3012 (11)
2016	345	0.3169 (30)	0.3271 (126)	0.3062 (165)	0.3029 (24)

续表

年份	样本个数（个）	成本效率均值			
		初创期	成长期	成熟期	衰退期
2017	392	0.3208 (62)	0.3203 (146)	0.3297 (150)	0.3271 (34)
2018	445	0.3150 (43)	0.3355 (149)	0.3350 (222)	0.3241 (31)
全部样本	2869	0.3020 (362)	0.3105 (1107)	0.3103 (1269)	0.3115 (131)
全部样本（排除2011年和2013年异常影响）	2380	0.3049 (282)	0.3139 (902)	0.3126 (1076)	0.3106 (120)

注：表中小数数值为成本效率值；成本效率值下方括号内数值为样本个数。

图3-6是对表3-13数据的直观展示。

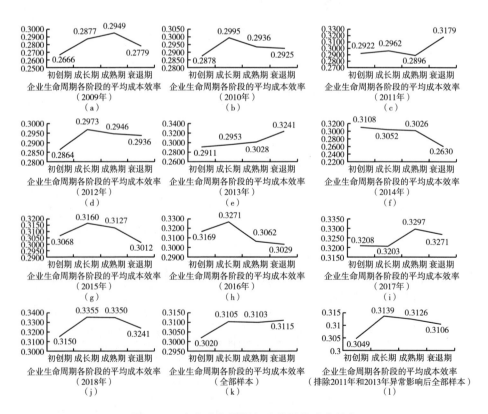

图3-6 企业生命周期各阶段平均成本效率

图 3 - 6 表明,除了 2011 年和 2013 年之外,其他各年度传统制造业企业观测样本的成本效率均值在整体上都随企业生命周期呈现倒 "U" 型分布。这与笔者对成本效率在企业生命周期各阶段的预期分布分析结果一致。但是,成本效率的最高水平并没有出现在企业成熟期,而是在整体上前移到了企业成长期。笔者分析认为,这可能与成熟期的企业在经历创业与成长阶段之后相对缺乏 "斗志" 有关,从而更容易产生代理成本。因此,企业股东如果要实现自己的利益最大化,就必须关注企业生命周期的变化,当企业进入成熟期以后,就需要加强对企业管理层行为的激励与约束,以防范其败德行为的发生。

3.3.6　基于资产结构差异的传统制造业企业成本效率统计与分析

资产结构,即资产的构成,是指企业各项资产之间的比例关系,以及各项资产占全部资产的比重。资产结构是企业资源配置效率的直接体现(高雅翠和金秀苹,2021),能够对企业绩效产生一定程度的影响(刘猛和王婵,2005;倪红霞和许拯声,2003),因此,资产结构存在着优劣之分(魏明海,1994)。吴树畅(2003)的实证发现,资产结构对企业的盈利能力有着显著的影响,并且资产结构对企业盈利能力的影响要大于融资结构对企业盈利能力的影响。

如前所述,成本效率是一种综合效率,反映了厂商利用生产要素进行产品生产的整体效率情况,其值可以被分解为配置效率(即价格效率)与技术效率之积。可见,能够体现配置效率的资产结构也必然会对成本效率产生显著的影响。笔者以固定资产占全部资产的比例(以下简称固定资产占比)作为衡量资产结构的表征指标,以此来分析企业资产结构对成本效率的影响,具体情况如表 3 - 14 所示。

表 3 – 14　不同资产结构的传统制造业上市公司成本效率均值差异检验

年份	固定资产占比≥50%		固定资产占比 <50%		成本效率均值差异		
	成本效率均值	样本个数（个）	成本效率均值	样本个数（个）	两样本均值差异	两样本方差齐性检验 P – 值	两样本均值差异 t 检验 P – 值
2009	0.2953	130	0.2774	84	0.0180	0.0045	0.0214 **
2010	0.3049	114	0.2808	88	0.0241	0.9433	0.0033 ***
2011	0.3086	109	0.2800	126	0.0287	0.2015	0.0001 ***
2012	0.3015	123	0.2870	117	0.0145	0.7529	0.0422 **
2013	0.3039	134	0.2931	125	0.0108	0.4339	0.1175
2014	0.3090	153	0.2948	122	0.0142	0.6615	0.0306 **
2015	0.3184	147	0.3068	138	0.0115	0.1078	0.0771 *
2016	0.3146	164	0.3139	186	0.0007	0.0019	0.9133
2017	0.3305	178	0.3196	220	0.0109	0.007	0.0666 *
2018	0.3372	204	0.3292	246	0.0080	0.7326	0.1362
全部样本	0.3145	1456	0.3041	1452	0.0104	0.0115	0.0000 ***

注：*** 表示在1%水平上统计显著；** 表示在5%水平上统计显著；* 表示在10%水平上统计显著。

表 3 – 14 中数据表明，从传统制造业全部样本来看，固定资产占比较大（固定资产占比≥50%）的样本组的成本效率均值显著地高于固定资产占比较小（固定资产占比 <50%）的样本组的成本效率均值（在 1% 水平上统计显著）。这说明资产结构确实是影响企业成本效率水平高低的重要因素，并且固定资产占比越高，企业成本效率水平在统计上也会相对越高。这给企业管理层的实践启示是，提高固定资产占比是提升企业核心竞争力的有效途径，因此，我国传统制造业企业应该继续大力推进"机器换人"战略，努力实现生产过程的自动化与智能化。

3.3.7　基于总经理与董事长两职分合状态差异的传统制造业企业成本效率统计与分析

总经理是企业中负责日常事务的最高行政官员。有关总经理与董事长是否应该两职合一的问题，学术界始终未能达成一致意见，至今仍然是一个备受争议的公司治理议题（Dalton et al.，2007；陈晓珊和匡贺武，2018）。目前，分析总经理与董事长是否应该两职合一的理论主要有代理理论、管家理论和资源依赖理论。

代理理论认为，人是有限理性并且自利的，人天生就具有机会主义的动机，因此，企业高管在经营决策中很可能会以牺牲股东利益为代价来实现自身利益的追求。为了防止企业高管发生道德风险和逆向选择，就需要由董事会通过监督机制来约束企业高管的决策行为。由于总经理和董事长两职合一的领导权结构削弱了董事会的独立性、监督能力和监督效果（Fizel and Louie，1990），因此，代理理论反对总经理与董事长两职合一，支持两职分离，以维护董事会监督的有效性和独立性（吴淑琨等，1998）。该理论得到了大量学者的支持，比如，法玛和詹森（Fama and Jensen，1983）认为，总经理和董事长两职合一会损害企业经济效率，"两职分离"才有利于提高企业绩效；布里克利等（Brickley et al.，1997）分析了总经理与董事长两职合一与两职分离各自所产生的成本，认为两职分离对企业更有利，并且总经理与董事长两职合一的企业通过两职分离可以提高企业绩效；巴加特和博尔顿（Bhagat and Bolton，2008）以及雷希纳和道尔顿（Rechner and Dalton，1991）在实证分析中发现，总经理与董事长两职分离的企业的业绩要比两职合一的企业的业绩好；陈晓珊和匡贺武（2018）的研究表明，总经理和董事长两职合一显著提高了高管薪酬，没有发挥其真正的治理作用，从而支持了代理理论的观点。

管家理论认为，总经理对自身尊严、信仰、工作满足以及道德情操具有内在追求，这些都将促使他们努力经营企业，最大限度发挥经营能力，从而成为企业资产的好"管家"（Boyd，1995）。总经理与董事长两职合一，可以使企业高管总揽全局，减少决策和管理过程中的矛盾，减少企业内部的竞争性（Donaldson and Davis，1991；Brickley et al.，1997；Galbraith，2002），从而有利于企业适应瞬息万变的市场竞争环境。同时，由于总经理和董事长两职合一，企业业绩的优劣与企业高管的自身能力强弱就具有了更强的关联性，这样也有利于董事会基于企业业绩来监督和考核总经理，促使企业高管更加努力地工作。因此，管家理论支持总经理与董事长两职合一。该理论同样得到大量学者的支持。亚当斯和费雷莉亚（Adams and Ferreria，2007）认为董事会与总经理之间的友好关系有利于公司价值的提升；刘锦红等（2009）实证考察了中国民营上市公司董事会结构与公司绩效之间的关系，发现总经理与董事长"两职合一"可以提升公司绩效；陈守明等（2012）实证研究了股权性质与董事会结构这两种内部治理机制对 R&D 与公司价值之间关系的调节效应，其研究结果支持管家理论，认为"两职合一"的董事会结构存在正向的治理作用。

资源依赖理论在代理理论和管家理论的基础上纳入了环境因素的影响。该理论认为，任何组织的生存和发展都需要从外部环境中获得资源（Pfeffer and Salancik，1978），因此，总经理与董事长是否应该两职合一，并不存在一个统一的标准（Finkelstein and D Aveni，1994），而是需要根据企业外部环境的不确定性来决定。艾沙耶德（Elsayed，2007）对埃及上市公司进行研究后发现，总经理与董事长两职合一与公司业绩的关系因行业类型的不同而不同；饶育蕾和王建新（2010）的研究发现，在总经理过度自信的前提下，总经理与董事长两职分离可以提高企业经营业绩，但在 CEO 非过度自信时则不存在这样的关系；刘振（2015）基于权变理论研究了"两职合一"对研发投资与企业绩效关系的调节效应，研究结果显示"两职合一"的治理作用受到企业产权性质的影响，即在国有控股企业中表现出负向调节作用，而在非国有控股企业中则表现出正向调节作用；王成方等（2020）发现，虽然两职合一公司的投资效率显著低于两职分离公司的投资效率，但其进一步的研究却表明，在股权集中度较低公司中，总经理与董事长两职合一没有显著影响投资效率，而股权集中度较高公司的两职合一却能够降低公司的投资效率。

此外，吴淑琨等（1998）、于东智（2003）以及白重恩等（2005）的研究还显示，总经理与董事长的两职分合状态与公司业绩之间并没有关系。

可见，对于总经理与董事长两职合一与公司绩效之间的关系研究，代理理论、管家理论和资源依赖理论都得到了一定的实证支持，其实证结果显示正相关、负相关和不相关的结论都同时存在（Krause et al.，2014）。

在实践中，由于总经理与董事长两职合一这一领导权结构存在着明显的代理成本嫌疑而受到人为干预。在美国，总经理兼任董事长的情况十分普遍，在 20 世纪 70 ~ 90 年代，两职合一的公司的占比达到 75% ~ 80%（Brickley，1997）。后来，随着公司舞弊案的集中爆发以及 SOX 法案的颁布，美国上市公司迫于社会公众和监管当局的压力而开始分离总经理和董事长的职位。研究表明，2019 年有 53% 的标准普尔 500 强公司选择了总经理与董事长两职分离的领导权结构，而在 2009 年这一数字仅为 37%（Spencer Stuart，2019）。在我国上市公司中，总经理兼任董事长同样是较为常见的一种现象。1998 年以前，我国监管部门并未对总经理和董事长之间的兼任作出规定，因此，这一时期我国上市公司的两职合一率是较高的（朱滔和丁友刚 2016），在 20 世纪 90 年代早期达到 60% 左右，而在 1997 年达到 40.05%（Bai et al. 2004）。1998 年起，受《中国证券监督管理委员会关于对拟发行上市企业改制情况进行调查的通知》《中共中央关于国企改革和发展若干重大问题的决定》《国有大中型企业建立现代企业制度和加强管理的基本规范（试行）》等监管文件的影响，我国上市公司的总经理和董事长两职合一率从 1997 年的 40.05% 下降到 2000 年的 16.91%（于东智和谷立日，2002）。由于在 2002 年正式颁布的《上市公司治理准则》中删除了征求意见稿中有关总经理和董事长两职分离的原则性要求，因此，民营上市公司的两职合一率从 2002 年最低点的 14.10% 上升到 2018 年的 39.24%，对国有上市公司而言，由于监管政策始终存在，原则上要求将总经理和董事长的职位进行分离，因此，国有上市公司的总经理和董事长两职合一率不高，但鉴于这是一项限制性的而非禁止性的规定，因此，仍有大约 10% 的国有上市公司选择了总经理和董事长两职合一的领导权结构（林卉等，2020）。

　　表 3 - 15 是笔者统计得到的我国传统制造业企业 2009 ~ 2018 年总经理与董事长两职合一与两职分离状态下的成本效率均值差异及其显著性检验结果。

表 3 - 15　　总经理与董事长两职合一与两职分离状态下成本效率均值差异检验

年份	两职合一		两职分离		成本效率均值差异		
	成本效率均值	样本个数（个）	成本效率均值	样本个数（个）	两样本均值差异	两样本方差齐性检验 P - 值	两样本均值差异 t 检验 P - 值
2009	0.3039	29	0.2864	182	0.0175	0.2953	0.1410

年份	两职合一		两职分离		成本效率均值差异		
	成本效率均值	样本个数（个）	成本效率均值	样本个数（个）	两样本均值差异	两样本方差齐性检验P-值	两样本均值差异t检验P-值
2010	0.3013	28	0.2941	173	0.0072	0.3373	0.5417
2011	0.3000	50	0.2917	183	0.0083	0.2599	0.3577
2012	0.2951	55	0.2944	182	0.0007	0.3739	0.9339
2013	0.2973	73	0.2995	183	-0.0023	0.9541	0.7714
2014	0.3063	77	0.3016	192	0.0048	0.7843	0.5180
2015	0.3172	78	0.3110	202	0.0062	0.411	0.4032
2016	0.3141	87	0.3146	258	-0.0006	0.4534	0.9404
2017	0.3228	104	0.3252	288	-0.0024	0.1939	0.7240
2018	0.3324	114	0.3325	331	-0.0001	0.4404	0.9835
全部样本	0.3127	695	0.3084	2174	0.0043	0.0041 ***	0.0818 *

注：*** 表示在1%水平上统计显著；* 表示在10%水平上统计显著。

表 3-15 中数据显示，尽管从传统制造业全部样本来看，总经理与董事长两职合一的上市公司的成本效率均值略高于两职分离的上市公司的成本效率均值（在 10% 的水平上统计显著），但从各个年度分别来看，总经理与董事长两职的分合状态并未对传统制造业上市公司的成本效率产生显著影响。该统计结果与吴淑琨等（1998）、于东智（2003）以及白重恩等（2005）的研究结论一致。这说明总经理与董事长的职位两职合一或者两职分离不应该成为企业治理结构设计的关注焦点。这对于当前国有企业改革中的监管制度设计有着较好的参考价值。

3.3.8 基于股权集中度差异的传统制造业企业成本效率统计与分析

股权集中度是两权分离条件下公司治理的重要内容，始于伯利和米恩斯（Berle and Means，1932）的研究。在研究实践中，学术界常常将股权集中度与企业业绩联系起来，通过股权集中度与企业业绩之间的关系来判断股权集中度的优劣。归纳起来，股权集中度与企业业绩之间主要存在以下五种关系。

关系一：股权集中度与企业业绩正相关。持有此观点的学者认为，股权集中可以减少中小股东"搭便车"的现象，增加大股东监督企业管理层的权力，从而降低来自企业管理层的代理成本（Shleifer and Vishny，1986；贺炎林，2004）。同时，股权集中使大股东能够通过控制董事会来挑选优秀的管理者，并且其自身也更有意愿积极参与公司的经营决策（Hosono et al.，2004）。喻凯和徐琴（2010）在实证研究中发现，第一大股东持股比例与企业盈余质量正相关；第一大股东对董事会的控制能力与企业盈余质量正相关。

关系二：股权集中度与企业业绩负相关。持有此观点的学者认为，股权集中容易导致大股东从事侵害中小股东利益的"掏空"行为，引发大股东与中小股东之间的利益冲突和代理成本（谭兴民等，2010）。拉波尔塔等（La Porta et al.，1998）的研究表明控股大股东对中小股东的利益侵占已经成为公司治理中代理成本的核心问题。宋小保（2013）也认为一股独大或股权过度集中，往往导致利益集团化行为，从而加大企业的管理成本。另外，股权集中还会导致大股东过度干预企业管理层的日常经营决策，从而不利于企业管理层创新能力的发挥（刘秀玲，2012）。这些伴随股权集中而产生的负面效应都将导致企业业绩下降。

关系三：股权集中度与企业业绩呈正"U"型关系。持有此观点的学者认为，当大股东持股比例比较低时，大股东侵占中小股东利益的动机和程度会随着持股比例的增加而增大，这会产生"壕沟防御效应"（entrenchment effect），股权集中度与企业业绩负相关；当大股东持股比例达到某一阈值时，大股东从侵占中小股东利益中获得的收益就会低于利益侵占导致企业业绩下降带来的损失，这时会产生"利益协同效应"（alignment effect），股权集中度与公司绩效正相关。孙和何（Su and He，2012）、徐文学和陆希希（2014）以及周赫（2015）等都发现了股权集中度与企业业绩呈正"U"型关系的证据。

关系四：股权集中度与企业业绩呈倒"U"型关系。持有此观点的学者认为，大股东持股比例较低时，大股东没有足够的动力和能力监督企业管理层，此时代理成本比较高，企业业绩比较差；随着大股东持股比例的增加，企业管理层的机会主义行为逐渐减少，企业业绩逐渐提高；当大股东持股比例达到能够有效控制企业时，继续增加大股东持股比例就会使大股东侵占中小股东利益行为变得非常突出，即因大股东持股比例增加而导致的大股东侵占中小股东利益所产生的代理成本增加额超过了因大股东持股比例增加而导致的来自企业管理层的代理成本减少额，此时企业业绩就会由上升转向下降。吴淑琨（2002）和陈等（2014）发现，股权集中度与公司绩效之间存在显著的倒"U"型关系。

关系五：股权集中度与企业业绩不相关。持有此观点的学者认为，股权集中度是股东为实现利润最大化而进行决策的结果，股权无论是集中还是分散，都与股东的利润最大化目标一致，因此，股权集中度与企业业绩之间不相关（Morck et al. 1988）。霍尔德内斯和希恩（Holderness and Sheehan, 1988）发现大股东绝对控股与股权非常分散（最大股东持股占比少于20%）的两类公司的业绩差别不显著。肖淑芳等（2012）在实施股权激励的公司中也发现了两者不相关的证据。

除此之外，也有学者（颜爱民和马箭，2013）从企业生命周期角度对股权集中度与企业业绩之间的关系进行了研究，发现在企业的成长阶段和衰退阶段股权集中度与企业绩效之间具有显著的正向线性关系，而在成熟阶段股权集中度对企业绩效的影响不显著。

可见，截至目前，学术界在股权集中度与企业业绩之间的关系研究方面还尚未形成统一意见，学者们不但在理论解释上各执一词，而且得出的实证结论也不完全一致。为了检验股权集中度与成本效率之间的统计关系，笔者将观测样本划分为两类：一类是大股东能够控制企业，包括大股东能够绝对控制企业（即第一大股东持股比例大于等于50%）和大股东能够相对控制企业（即第一大股东持股比例虽然小于50%，但其持股比例却大于等于第2～第10大股东的持股比例之和）；另一类是大股东没有控制权（即第一大股东持股比例不但小于50%，而且其持股比例还小于第2～第10大股东的持股比例之和）。

表 3 – 16 是笔者对中国传统制造业企业 2009 ~ 2018 年期间股权集中度与成本效率关系的统计结果。

表 3 – 16　　传统制造业上市公司股权集中度与成本效率关系统计（一）

年份	控股		未控股		成本效率均值差异（控股 – 未控股）		
	成本效率均值	样本个数（个）	成本效率均值	样本个数（个）	两样本均值差异	两样本方差齐性检验 P – 值	两样本均值差异 t 检验 P – 值
2009	0.2889	162	0.2839	34	0.0049	0.0857 *	0.6149
2010	0.2946	150	0.2880	35	0.0067	0.9384	0.5476
2011	0.2912	170	0.2966	48	– 0.0053	0.2716	0.5679
2012	0.2927	164	0.2961	59	– 0.0034	0.2204	0.6911
2013	0.2989	175	0.2968	63	0.0021	0.6431	0.8036
2014	0.3030	183	0.2987	72	0.0043	0.7257	0.5727
2015	0.3133	193	0.3095	72	0.0038	0.3763	0.6227
2016	0.3178	221	0.3052	107	0.0126	0.0029 ***	0.0536 *
2017	0.3253	246	0.3197	131	0.0055	0.0074 ***	0.3657
2018	0.3370	265	0.3244	163	0.0126	0.1052	0.0214 **
全部样本	0.3091	1929	0.3078	784	0.0013	0.0000 ***	0.5877

注：*** 表示在 1% 水平上统计显著；** 表示在 5% 水平上统计显著；* 表示在 10% 水平上统计显著。

表 3 – 16 中数据表明，从全部样本来看，大股东控股与否对我国传统制造业上市公司的成本效率没有显著影响，即使分年度来看，成本效率均值除了 2016 年在 10% 的水平上统计显著以及 2018 年在 5% 的水平上统计显著外，其余各年度在统计上均不显著。由此，笔者认为，股权集中度与我国传统制造业企业的成本效率不相关。这与默克等（Morck et al.，1988）、霍尔德内斯和希恩（Holderness and Sheehan，1988）以及肖淑芳等（2012）的研究结论是一致的。

鉴于当前支持股权集中度与企业业绩相关（包括正相关、负相关、正"U"型相关和倒"U"型相关）的学者占有绝大多数比例，因此，为了检验上表中的统计结果是否稳健，笔者删除大股东相对控股样本后，对比分析了大股东能够绝对控制企业和大股东没有控制权两种极端情况下的成本效率水平，结果如表3-17所示。

表3-17 传统制造业上市公司股权集中度与成本效率关系统计（二）

年份	控股		未控股		成本效率均值差异（绝对控股 – 未控股）		
	成本效率均值	样本个数（个）	成本效率均值	样本个数（个）	两样本均值差异	两样本方差齐性检验 P – 值	两样本均值差异 t 检验 P – 值
2009	0.2870	48	0.2839	34	0.0030	0.0939 *	0.8093
2010	0.2940	44	0.2880	35	0.0061	0.5788	0.6678
2011	0.2969	50	0.2966	48	0.0004	0.1782	0.9750
2012	0.2978	50	0.2961	59	0.0018	0.1263	0.8698
2013	0.3076	50	0.2968	63	0.0108	0.6049	0.3085
2014	0.3105	44	0.2987	72	0.0118	0.2973	0.2739
2015	0.3175	44	0.3095	72	0.0079	0.2376	0.4528
2016	0.3168	47	0.3052	107	0.0115	0.0417 **	0.2751
2017	0.3244	54	0.3197	131	0.0047	0.0289 **	0.6426
2018	0.3358	69	0.3244	163	0.0115	0.3426	0.1302
全部样本	0.3101	500	0.3078	784	0.0022	0.0000 ***	0.5092

注：*** 表示在1%水平上统计显著；** 表示在5%水平上统计显著；* 表示在10%水平上统计显著。

表3-17中数据表明，无论是从全部样本来看，还是分年度来看，大股东控股与否对我国传统制造业上市公司的成本效率均没有显著影响，由此，笔者认为股权集中度与我国传统制造业企业的成本效率不相关①。

3.4 中国传统制造业企业成本效率变化趋势分析

随着我国社会经济的发展，人民生活水平不断提高，一方面，导致以劳

---

① 该结论仅由第一大股东持股比例而得出，没有考虑一致行动人情形。

动密集型为主要特征的传统制造业企业的劳动力成本随之而上升，使其成为
挤压传统制造业企业利润空间并且阻碍传统制造业企业进一步发展的重要影
响因素；另一方面，在经济发展的推动之下，社会对各类经济资源的需求量
也在日益增加，而这些经济资源，尤其是不可再生类经济资源的保有量却在
逐年减少，这又会导致我国传统制造业企业的材料成本不断攀升。面对劳动
力和材料等要素成本不断上升和市场竞争日益加剧的双重挤压，我国传统制
造业企业在国家产业政策的引导下，正在大力推进技术创新和产业转型等变
革举措来促进自身发展，比如，通过"机器换人"等措施来缓解劳动力成本
上升所带来的经营成本压力。这些变革举措的实施，也必将在一定程度上对
我国传统制造业企业的成本效率产生重要影响。图 3 - 7 展示了 2009 ~ 2018
年我国传统制造业观测样本成本效率均值的变化情况及其趋势。

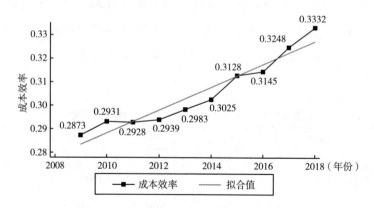

图 3 - 7　中国传统制造业成本效率均值（2009 ~ 2018 年）

资料来源：作者整理。

从图 3 - 7 可以看出，尽管中国传统制造业企业在 2009 ~ 2018 年的平均
成本效率水平在整体上并不高，基本上都处于（0.28，0.34）区间内，但各
年成本效率均值却呈现出逐年上升的变化趋势。成本效率均值的这种逐年上
升的变化趋势，与我国政府近年来推出的各种产业发展政策以及微观企业个
体在国内外竞争压力下进行的自我革新等不懈努力是密不可分的。随着改革
举措的进一步推进，在可预见的今后一段时间内，我国传统制造业企业的平
均成本效率水平仍将继续保持这种逐年上升的良好态势。

3.5 中国传统制造业与高技术制造业 成本效率差异对比分析

成本效率是企业在特定环境下的经营表现。通过成本效率来评价企业的经营表现除了要纵向比较其自身成本效率水平在时间序列上的变化之外，还需要横向比较同一时期不同企业之间的成本效率水平。在前面的分析中，笔者已经通过观测样本的经验数据证实了我国传统制造业在 2009～2018 年，其成本效率在整体上呈现出逐年上升的趋势。这是对企业成本效率在纵向时序上进行的比较。那么，从横向比较来看，在行业特征上存在较大差异的传统制造业与高技术制造业之间在成本效率上又有何差异？对该问题的探讨，对于促进传统制造业降本增效，实现企业高质量发展同样具有重要意义。表 3 – 18 是笔者对传统制造业和高技术制造业成本效率水平进行的分年度比较。

表 3 –18   传统制造业与高技术制造业成本效率均值比较

年份	传统制造业		高技术制造业		成本效率均值差异		
	成本效率均值	样本个数（个）	成本效率均值	样本个数（个）	两样本均值差异	两样本方差齐性检验 P – 值	两样本均值差异 t 检验 P – 值
2009	0.2873	216	0.2626	55	0.0247	0.9393	0.0066 ***
2010	0.2931	206	0.2727	49	0.0203	0.3924	0.0344 **
2011	0.2928	238	0.2669	49	0.0259	0.3295	0.0045 **
2012	0.2939	243	0.2785	60	0.0154	0.2166	0.0632 *
2013	0.2983	263	0.2822	64	0.0161	0.0058 ***	0.098 *
2014	0.3025	278	0.2886	64	0.0139	0.0012 ***	0.1571
2015	0.3128	289	0.2881	70	0.0247	0.0031 ***	0.0085 ***
2016	0.3145	354	0.3012	96	0.0133	0.0888 *	0.0864 *
2017	0.3248	402	0.3009	105	0.0239	0.0034 ***	0.0029 ***

年份	传统制造业		高技术制造业		成本效率均值差异		
	成本效率均值	样本个数（个）	成本效率均值	样本个数（个）	两样本均值差异	两样本方差齐性检验 P - 值	两样本均值差异 t 检验 P - 值
2018	0.3332	454	0.3032	113	0.0300	0.0000 ***	0.0003 ***
全部样本	0.3091	2943	0.2884	725	0.0207	0.0000 ***	0.0000 ***

注：*** 表示在 1% 水平上统计显著；** 表示在 5% 水平上统计显著；* 表示在 10% 水平上统计显著。

表 3 - 18 中数据显示，传统制造业的成本效率年度均值高于对应年度高技术制造业的成本效率均值。结合笔者在前面对传统制造业和高技术制造业的定义，不难发现，技术水平较高的高技术制造业企业的成本效率水平反而比技术水平较低的传统制造业企业的成本效率水平更低。当然，该现象并非我国特有，也不是近年来才出现的。谢雷尔（Scherer，1965）通过收集 365 家美国财富 500 强公司在 1959 年的专利数量，以及 1955 ~ 1960 年的财务数据，并加入行业哑变量，实证发现，尽管被批准的专利数量与公司销售额和公司利润正相关，但被批准的专利数量对公司利润率却没有影响。该研究结论从成本角度来解释，就是高技术可以提高公司的销售额和利润额，但高技术并不意味着能够降低单位销售额的成本，由此导致利润率没有变化。更进一步分析，被批准的专利代表了公司产品的更新与升级，代表了公司产品对市场需求的迎合，代表了产品附加值的增加，因此，使用专利技术所生产的产品的售价往往会高于市场上同类产品的售价，其利润空间会更大，即利润率会更高，但经验数据（Scherer，1965）表明，利润率没有发生变化。究其原因，只能说明使用专利技术所生产的产品的成本也随之提高了，这才导致因产品价格上涨而增加的利润空间被增加的产品成本所侵蚀。在此情况之下，成本效率也必将下降。这种技术水平与成本效率倒挂的反常现象值得学术界深思，尤其在当今寄望于通过技术创新来实现降本增效目标的企业改革进程中更是如此。

笔者分析认为，企业技术水平与成本效率倒挂的反常现象可能与企业重视技术引进而轻视技术消化吸收，以及重视新技术研发而轻视对现有治理机制进行改善的决策行为有关。因为，一旦高技术投入而又未能充分发挥出其应有的技术优势，那么，高额的投入经费将会成为企业难以消化的成本负担，并最终导致企业成本效率降低。刘秉镰等（2013）运用 Metafrontier 和 DEA 模型对我国医药制造业（即本书样本中的高技术制造业）的创新效率进行了定量评价，评价结果显示，中国医药制造业创新效率处于较低水平，其均值仅为 0.511；进一步的效率解构结果表明，中国医药制造业的技术效率（0.825）远高于规模效率（0.592），虽然该行业存在一定程度的技术无效率现象，但是，规模无效率才是导致创新效率偏低的主要因素。鉴于此，我国在加快传统制造业企业转型升级进程中，不能一味地追求高技术引进与研发，必须将技术革新与成本降低相结合，努力实现两者齐头并进，只有这样，才能有效增强我国传统制造业企业的市场竞争能力，并最终成功实现企业转型升级目标。

另外，斯朴巴和利托依（2014）的研究发现，决策行为比较谨慎、风险偏好比较低，以及对盈利能力的平均预期比较低的企业，其成本效率水平往往比较高。反观传统制造业与高技术制造业在风险偏好与盈利预期方面的差异，不难发现，传统制造业管理层长期受固有经营思维的影响，他们普遍具有决策行为谨慎、风险偏好低以及对盈利预期不高的共性特征，因为传统制造业的技术附加值通常不高，其管理层对企业盈利水平的预期也就不会过高，在面临风险选择时，他们也会放弃高风险项目；而高技术制造业则恰恰相反，这类企业技术附加值高，管理层对企业的盈利预期也会随之而提高，在面临风险选择时，他们更愿意承担更大风险而去追求更高的收益。从这个角度讲，斯朴巴和利托依（2014）的研究结论也很好地诠释了我国制造业企业技术水平与成本效率倒挂的反常现象。

企业所处的市场竞争状态也是影响企业成本效率水平高低的重要因素。刘小玄和李双杰（2008）在研究企业之间的效率差异时发现，竞争的市场结构导致较高的企业效率，而垄断的市场结构则产生了较低的企业效率。由于传统制造业的产生年代较早，产品技术相对成熟，市场进入与退出的门槛较低而导致其产品市场属于竞争的市场，在此市场结构之下，产品价格由市场主导，企业为了获得更多利润，就不得不通过"降本"来实现"增效"目标，这将在客观上提升传统制造业企业的成本效率水平。而对于高技术企业来讲，由于其所在行业的技术门槛较高，市场中的现有竞争者较少，潜在竞争者进入市场的难度也较大，其产品市场属于相对垄断的市场，在此市场结构之下，产品价格由企业（或者市场中的少数企业）主导。在此情况下，高技术企业为了实现"增效"目标，最快捷并且最简单的途径就是提高产品价格。由于高技术企业在垄断价格下获得了丰厚的超额利润，形成了较多的自由现金流量（Jensen，1986），企业管理层的随意性支出行为也会随之而增多。这将在客观上降低高技术制造业企业的成本效率水平。

图 3 - 8 直观地展示了我国传统制造业和高技术制造业的成本效率年度均值及其变化情况。

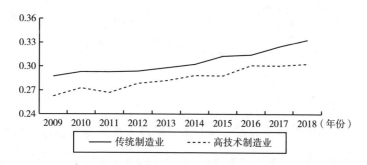

图 3 - 8　传统制造业与高技术制造业成本效率比较（2009～2018 年）

从图 3 - 8 可以看出，在研究期内，我国传统制造业企业的成本效率均值在整体上处于逐年上升的态势，并且其成本效率始终高于同期高技术制造业的成本效率。

根据前面的分析，企业的成本效率由技术效率和配置效率构成，因此，企业成本效率水平的高低会相应地受到这两类效率水平高低的影响。为了更深入地分析我国传统制造业与高技术制造业中存在的技术水平与成本效率倒挂的反常现象，笔者将成本效率分解为技术效率和配置效率，并进行两独立样本均值 T 检验，具体方法如下：

第一步：在已经测算出成本效率的基础上，利用 Stata 软件提供的 predict 命令获取各观测样本的技术效率值；

第二步：利用"成本效率 = 技术效率 × 配置效率"等式倒推出各观测样

本的配置效率值;

第三步:对传统制造业和高技术制造业的成本效率均值、技术效率均值和配置效率均值进行两独立样本均值 T 检验。

表 3-19 是笔者对传统制造业和高技术制造业的成本效率均值、技术效率均值和配置效率均值进行两独立样本均值 T 检验的结果。

表 3-19　　　　传统制造业和高技术制造业成本效率差异分解与检验

效率类别		成本效率	技术效率	配置效率
传统制造业	效率均值	0.3091	3.3485	0.0977
	样本个数(个)	2943	2943	2943
高技术制造业	效率均值	0.2884	3.6372	0.0870
	样本个数(个)	725	725	725
效率均值差异检验	两样本效率均值差异	0.0207 ***	-0.2887 ***	0.0107 ***
	两样本方差齐性检验 P-值	0.0000	0.0000	0.0000
	两样本均值差异 t 检验 P-值	0.0000	0.0000	0.0000

注: *** 表示在1%水平上统计显著。

表 3-19 中数据表明我国传统制造业的技术效率显著地低于高技术制造业的技术效率(在1%的水平上统计显著);同时,我国传统制造业的配置效率显著地高于高技术制造业的配置效率(在1%的水平上统计显著)。可见,配置效率差异是造成我国传统制造业与高技术制造业技术水平与成本效率倒挂的主要原因。对于高技术制造业来讲,该结论意味着高技术制造业企业在追求先进技术的同时,更需要多加关注经营管理方面的能力提升,补齐配置效率短板,否则,企业最终将失去市场竞争优势;而对于传统制造业来讲,其意义则是要坚守"科学技术是第一生产力"的理念,既要充分利用现有资源,又要勇于淘汰落后产能,通过技术创新来推动成本效率水平进一步提升。

第4章

中国传统制造业企业成本效率变迁机理

　　尽管中国传统制造业企业的平均成本效率水平在 2009～2018 年保持了较为平稳的上升趋势，但是，笔者对观测样本作进一步统计分析之后发现，在这些观测样本中有近 1/3 的观测样本的成本效率水平比上一年度各自的成本效率水平有所下降①，由此可见，就具体企业而言，成本效率水平在各年度并非平稳上升，而是呈现出较为频繁的上下波动情形。那么，是什么因素导致了中国传统制造业企业成本效率水平的上下波动呢？目前，学术界主要从以下方面探讨了成本效率的影响因素②：股权集中度、市场势力、企业规模、地理位置、职工薪酬、资产质量、资产稳定性、资产流动性、国有产权比重、盈利能力、产权性质、公司治理机制、公司成立时间、技术效率、资源闲置、配置效率、固定资产占总资产比例、总资产周转率、资产负债率、经营的专业化程度、职工培训、职工学历、风险偏好、资本成本、企业并购、管理费用、研发活动、激励机制、劳动力数量、外资进入程度、战略投资者、市场集中度、市场竞争度、GDP 增长率、通货膨胀率、监管、利率、政府劳动保护机制、环境质量，等等。尽管学术界对成本效率影响因素的研究已经较为丰富，但是，学者们得出的研究结论并不一致，有些研究结论甚

---

　　① 虽然能够计算成本效率水平的传统制造业企业观测样本数量为 2943 个，但其中有 735 个观测样本由于缺乏前期数据而无法进行成本效率升降比较，因此，此处的有效观测样本数量仅为 2208 个，其中，成本效率上升的观测样本数量为 1498 个，成本效率下降的观测样本数量为 710 个。
　　② 详见"成本效率概念、计量及其应用"章节。

至完全相反。因此，学术界仍然有必要继续探讨成本效率的影响因素，为政府部门、企业管理层以及市场投资者的相关决策提供经验借鉴。为此，笔者在本部分研究中仍将致力于探讨成本效率的影响因素。

根据成本效率影响因素与企业之间的关系，成本效率影响因素可以被分为企业外部因素和企业内部因素。根据与企业之间关系的紧密程度，企业外部因素又可以被进一步分为宏观环境因素和行业竞争因素。宏观环境因素属于全局性的影响因素，凡是处于系统（国家）之内的所有经济个体都会受到它的影响，而行业竞争因素则属于局域性的影响因素，它的影响力主要限于处于同一行业之内的经济个体。根据动态特征，企业内部因素同样也可以被分为两类，即企业异质因素（静态因素）和企业行为因素（动态因素）。企业异质因素是企业当前所具有的特征，这些特征在短期内很难被改变，因此具有相对静止的特性，而企业行为因素则是企业为实现成本效率的提升而适时作出的预期判断与方案选择，具有明显的动态特性。笔者认为，从提升成本效率的角度来讲，企业行为因素的作用更为重要，因为这些行为因素能够更好地体现企业为追求成本效率的提升而付出的主观努力。综观现有文献对成本效率影响因素的研究，除了企业并购和研发活动属于企业行为因素之外，其余各影响因素都属于企业外部因素或者企业异质因素。鉴于此，笔者对成本效率影响因素的研究将聚焦于对企业行为因素的研究。

企业行为因素的外在表现就是企业对相关事项作出决策。从成本效率变迁的角度来看，当成本效率水平长期处于停滞不前的静止状态时，或者成本效率水平出现连续下降的趋势时，企业就需要思考造成这一不良现状的原因，以及应该采取什么样的具体措施来改善企业当前的成本效率现状，等等。在具体实施改善措施的过程中，企业又会面临各种各样的次生决策问题，以此类推。可见，以成本效率为核心的企业决策问题数量庞大，种类繁多，不一而足。

受到研究主题的限制，笔者在研读大量文献并结合我国当前传统制造业企业的实践现状基础之上，认为 CEO 变更决策、企业金融化决策以及创新决策是影响企业成本效率变迁的极为重要的企业行为因素，尤其当企业成本效率处于低水平状态而需要进行改善提升时其作用将更为关键。鉴于此，笔者将从 CEO 变更决策、企业金融化决策以及创新决策这三个方面来探讨企业行为对中国传统制造业企业成本效率变迁的影响。在具体研究过程中，笔者将以成本效率作为因变量，以 CEO 变更决策、企业金融化决策以及创新决策作为自变量，分别构建独立模型来探讨企业各行为因素对成本效率变迁的影响。由于大量的研究文献已经证实宏观环境因素、行业竞争因素和企业异质因素对成本效率均存在着显著的影响，因此，为了排除这些宏观环境因素、行业竞争因素和企业异质因素对研究结论的噪声干扰，笔者将在实证模型中对这些影响因素予以控制。

4.1　成本效率变迁的一般性影响因素

本部分主要从理论上分析宏观环境因素、行业竞争因素和企业异质因素对成本效率变迁的影响，为后续实证模型的构建打下理论基础。为了与企业行为因素相区别，笔者将这三类影响因素统称为一般性影响因素。

4.1.1　理论分析

4.1.1.1　宏观环境因素

任何事物总是与一定的环境相联系而产生、存在并发展。企业也不例外。如果脱离了环境，企业就不可能生存，更谈不上发展。由于环境多变，企业受到的来自环境的影响也就非常不确定，并且常常给企业的发展带来困扰，因此，企业管理层只有对环境有了充分的认知，掌握环境的现状，并且合理地预测环境的未来变化，方能确保取得更好的企业发展效果。从目前的研究文献来看，大多数研究都认为环境对企业经营绩效具有显著的正向作用。卡伦和徐（Cull and Xu，2005）的研究发现，产权保护、合同执行和外部融资等环境因素对企业的再投资具有显著的正向作用。霍尔沃德等（Hall-ward et al.，2006）利用中国企业的数据进行研究之后也发现，限制腐败、政府治理、基础设施以及劳动力市场灵活性等环境因素对企业经营绩效具有显著作用。成本效率作为企业绩效的另一衡量指标，笔者认为，环境因素同样会对成本效率产生显著影响。

尽管环境所涉及的范围非常广泛，既包括企业所处的正式制度环境（比如政府治理、管制、法律、政策、税负、融资等），也包括非正式制度环境（比如文化、习俗、传统等），同时还包括企业所处的硬件环境（比如各种基础设施条件），但由于受到研究主题的限制，笔者无法逐一展开论述，因此，本书将借鉴王化成等（2021）对企业财务管理环境因素的筛选及分类方法，仅从经济环境、法律环境、金融环境和社会文化环境四个方面分析环境因素对中国传统制造业企业成本效率变迁的影响。

（1）经济环境。经济环境是指影响企业发展的各种经济因素的总和。从目前的研究文献来看，经济环境对企业成本效率的影响主要体现在以下几个方面。

一是 GDP 增长率。GDP，即国内生产总值，是指一个国家（或地区）在一定时期内生产活动的最终成果。可见，GDP 是衡量一个国家（或地区）经济状况和发展水平的重要指标。对于企业而言，所在国家（或地区）的 GDP 增长率越高，则说明该企业所处的外部经济环境越好，这将越有利于企业的生产经营活动；反之，企业所在国家（或地区）的 GDP 增长率越低，则说明该企业所处的外部经济环境越差，这将越不利于企业的生产经营活动。从这个角度讲，GDP 增长率是影响企业成本效率的重要因素（Alsaleh and Abdul – Rahim，2018）。尚敏（2012）在实证研究中发现，GDP 增长率与成本效率呈现出明显的同增同减关系。当然，也有研究者发现 GDP 增长率对成本效率存在着显著的负面影响（Adjei et al.，2014），并将这一现象解释为企业管理层在经济增长时期为了获得更大的市场份额和更高额的奖金而采取了不可持续的企业管理行为，从而导致了企业成本非效率现象（Spulbǎr and Niţoi，2014）的发生。笔者认为，尽管 GDP 增长率对企业成本效率的影响方向存在争议，但 GDP 增长率对企业成本效率的影响肯定是客观存在的。从一定程度上讲，只有在考虑 GDP 增长率的情况下来研究企业成本效率的变迁规律，其研究结论才会客观、真实且有效。

二是交通运输基础设施。企业运进生产经营所需要的原材料和运出已经生产完工的产成品，都需要借助交通运输系统，因此，交通运输基础设施是企业开展生产经营活动的重要保障。交通运输系统对企业成本效率变迁的影响主要表现在以下两个方面：一方面是降低企业成本。阿热诺尔和艾森曼（Agénor and Aizenman，2006）的研究认为，便捷的公路基础设施可以降低企业修建新厂房和运输大型机器的成本，从而降低了企业成本。张光南等（2010）基于中国 1998～2005 年 27 个制造业行业的面板数据进行实证研究，发现基础设施显著地降低了制造业企业的平均生产成本。另一方面是减少存货。雪莉和温斯顿（Shirley and Winston，2004）利用 20 世纪 80～90 年代美国公路存量和企业存货水平的数据进行研究，发现公路设施投资显著地减少了企业的存货水平。李涵和黎志刚（2009）的研究结论则进一步显示，高等级公路的长度每增加 1%，则将使企业的库存水平降低 0.07%。可见，便捷的交通运输体系能够减少企业后勤运输过程中存在的不确定性，从而可以促使企业减少库存水平，进而降低库存成本。刘秉镰和刘玉海（2011）利用 2004～2008 年中国大中型制造业企业的省域面板数据对交通运输基础设施促进经济增长的微观机制进行了实证检验，其研究结论同样显示，公路基础设施尤其是高等级公路基础设施能够显著地降低制造业企业的库存成本。可见，交通运输基础设施的便捷性与企业的成本水平紧密相关，这必将对企业的成本效率水平及其变迁产生重要影响。

三是产业政策。产业政策是对产业发展有着重大影响的各种制度和安排的总称（周振华，1990）。它是政府干预经济运行的重要手段，其目的是克服市场失灵，优化资源配置，从而促进产业增长和推动经济提质升级，因此，产业政策被世界各国广泛应用。关于产业政策在中国的作用效果，学术界主要有两种观点：一种观点认为政府通过产业政策来干预和克服市场失灵，可以推动产业发展，因此有必要实施产业政策（林毅夫，2012）；另一种观点认为，产业政策不但不能促进产业结构调整，反而会导致不良的政策效果（江飞涛和李晓萍，2010）。王克敏等（2017）在研究产业政策与企业投资效率的关系时发现，受产业政策鼓励的企业享有资源获取优势，其过度投资行为更严重，投资效率也更低。黎文靖和郑曼妮（2016）也发现，受产业政策激励的公司倾向于追求创新"数量"而忽略创新"质量"，从而不利于提高企业的市场价值。笔者在测算中国制造业企业成本效率时也发现，与受政策冷落的传统制造业企业相比，受政策扶持的高技术制造业企业的成本效率水平反而更低。由此可见，产业政策在调整产业结构的同时，也会在一定程度上影响企业的内部经营管理，从而导致企业成本效率水平发生变化。

四是通货膨胀。通货膨胀条件下，市场上的商品价格会普遍上涨，企业生产所需的要素的价格也不例外。为了控制生产要素成本，企业管理层往往会以比正常情况下采购批量更大的原材料以降低采购成本，但这又会增加企业储存原材料的库存成本，导致企业总成本上升。饶品贵等（2016）在研究通货膨胀预期对企业存货调整行为的影响时发现，企业调整存货水平时会考虑预期通货膨胀率的影响，当预期通货膨胀率上升时，企业持有的存货水平将增加，而这种根据预期通货膨胀率的变动来进行存货水平调整的企业，未来的经营业绩将会更好。可见，通货膨胀会导致企业采购成本和储存成本发生明显变化。这必将对企业的成本效率水平产生显著影响。尚敏（2012）在实证研究中就发现通货膨胀率与企业成本效率呈现出负向相关关系。

（2）法律环境。法律环境对社会经济的长期发展起着基础性的保障作用（Acemoglu et al.，2001；La Porta et al.，1998）。它既约束企业的经营行为不违规，也保护企业的合法利益不受侵犯。企业只有在严格遵守国家法律、法规和规章的前提下，其经营行为才能够持续，其经营目标与价值也才能够得以实现。霍尔沃德等（Hallward et al.，2006）的研究发现，政府治理、限制腐败和劳动力市场的灵活性等经营环境对企业经营绩效具有显著的作用。严格地讲，国家所颁布的所有法律、法规和规章都会直接地或者间接地影响到企业的生产经营行为，并最终影响到企业的成本效率水平。但就当前学术界所讨论的热点来看，《中华人民共和国劳动合同法》（以下简称《劳动合同法》）和税法对企业绩效的影响最受关注，因此，笔者也主要从这两个方面来讨论法律环境对企业成本效率变迁的影响。

2007年6月29日第十届全国人大常委会通过了《劳动合同法》，并于2008年1月1日起开始实施。《劳动合同法》虽然加大了对劳动者的保护力度，但同时也降低了企业用工的灵活性（孔东民等，2017），从而增加了企业的人工成本（刘彩凤，2008）。2008 年之后，我国沿海地区发生了大量的劳动密集型企业转移投资和破产倒闭的案例，学术界通常认为该类现象与《劳动合同法》的实施紧密相关。但也有观点认为，对企业而言，人工成本不同于其他物质成本，它是一种"积极成本"（姚先国和曾国华，2012），它既是成本支出，也是激励手段，它能够通过提高劳动者的生产积极性而使企业获得更高的生产效率。布拉德贝里和古普塔（Broadberry and Gupta，2006）的研究也表明，劳动力成本上升，虽然在短期内可能会降低企业利润率，但是从长期来看，这反而可以提高企业的竞争力。《劳动合同法》对企业成本效率的影响还体现在，受劳动力成本上升的影响，企业开始倾向于使用机器设备来代替人工（刘媛媛和刘斌，2014），这将有助于新技术在企业中的应用。由此可见，《劳动合同法》的实施导致的劳动力成本上升，对企业既具有成本效应——劳动力成本上升导致企业的利润空间被压缩，同时又具有收益效应——劳动力成本上升可以激励劳动者提高生产率，从而间接地降低单位产出的劳动成本，进而又扩大企业的利润空间。这说明，《劳动合同法》是影响企业成本效率水平及其变迁的重要因素之一。

　　税法是国家制订的用于调整国家与纳税人在征纳税方面的权利与义务的法律规范总称。税法对企业的影响主要体现在：第一，增加企业成本费用支出，减少企业利润，降低企业价值。这是税法对企业最直接的影响。当前，很多学者和企业家都认为中国的宏观税负率过高，并已显著地拉高了企业的生产成本。杨杨等（2014）在实证研究中进一步发现，企业税负与企业价值之间显著负相关。郑宝红和张兆国（2018）在考察企业所得税税率降低对全要素生产率的影响时，其研究结论也显示，所得税税率降低会提高企业的全要素生产率，换句话说，就是所得税税率与企业全要素生产率负相关。第二，引导企业经营行为，实现国家宏观调控目标。就政府部门而言，依法征税所得是其财政收入的重要来源，依法征税行为是其调控宏观经济运行的重要手段。自 2018 年 1 月 1 日起，《环境保护税法》开始实施，正式开征环境保护税。该法形成了对企业进行甄选与分化的过程，它将促进高效能、低污染的企业从中受益，同时也将把高污染、低效能的企业挤出市场，从而达到"保护和改善环境，减少污染物排放，推进生态文明建设"的宏观目标。当然，也有学者（陈彦斌等，2015）并不赞同这一观点，他们认为税收会导致要素价格发生扭曲，会降低资源的配置效率，从而会在总体上抑制制造业产出的增长。由此可见，税法作为微观个体与宏观政策之间的桥梁，它终将直接或间接地影响企业的战略规划和经营行为，进而会影响企业的成本效率水平及其变迁。

（3）金融环境。金融环境，也称金融市场环境，其对企业成本管理行为的影响主要通过货币政策来完成。当施行紧缩性货币政策时，资金利率将会上升，企业获得外部资金的难度将会提高，企业支付的资金成本也将增加，企业在经营决策中将更加注重成本开支细节，厉行节约；当施行扩张性货币政策时，资金利率将会下降，企业获得外部资金的难度也将降低，企业支付的资金成本将会减少，企业在经营决策中节约成本的意愿将会有所减弱。卡什亚普等（Kashyap et al.，1994）的研究发现，美国在1972年和1982年经济衰退且货币政策处于紧缩状态时，制造业企业的存货水平普遍下降，他们将这一现象的形成原因归结为企业的存货投资受到自有资金限制的影响。卢锐和陈胜蓝（2015）在研究中同样发现，货币政策波动会影响到微观企业的资源配置决策，当货币政策紧缩时，非国有控股公司的劳动力成本黏性将会降低，尤其是那些不属于产业政策重点支持发展的行业以及经营现金流量产生能力比较弱的公司更是如此，其劳动力成本黏性在货币政策紧缩时下降得更明显。班克等（Banker et al.，2013）在考察2008年金融危机对公司成本管理行为的影响时也发现，全球性金融危机给整个经济环境带来了悲观预期，这种悲观预期使得公司削减资源的调整成本降低，持有资源的保留成本增加，从而促使公司管理层改变原有的成本黏性战略，降低企业成本黏性，甚至还出现了反黏性成本现象。由此，笔者认为，金融环境同样会影响到企业的成本效率水平及其变迁。

（4）社会文化环境。王化成等（2021）认为，企业财务活动会不可避免地受到社会文化（比如教育、科学、信念、习俗以及价值观念等）的影响，其中，社会整体的教育水平尤为重要，因为在教育落后的情况下，企业为提高财务管理水平所作的努力往往收效甚微。蔡昉（2013）和利等（Li et al.，2017）在研究中发现，随着劳动力在部门间流动以及重新配置的边际收益递减，人力资本积累及其质量升级对于单位有效劳动产出增长的边际贡献却正在不断提高。程虹（2018）的研究也表明，以受教育程度为代表的认知能力对于劳动生产率的提升具有重要的促进作用。可见，尽管社会文化环境边界模糊，但其对企业经营行为及其绩效的影响却广泛而深远，因为良好的社会文化环境有助于低生产率的企业通过模仿和学习高生产率企业的先进技术和有效管理经验来快速提高自身的生产率水平（杨本建等，2016）。鉴于此，笔者认为，社会文化环境同样是影响企业成本效率水平及其变迁的重要因素之一。

4.1.1.2 行业竞争因素

如果说宏观环境为所有经济个体提供了"共存条件"，那么，行业竞争则为相关经济个体提供了"竞技场所"，因此，行业竞争因素对企业成本效率的影响比宏观环境因素对企业成本效率的影响显得更为直接和具体，也更容易被人们所感知与理解。笔者认为，行业竞争因素对企业成本效率的影响主要体现在以下两个方面：一是行业市场结构，二是企业市场地位。

（1）行业市场结构。现有研究文献（Klette，1996；Klette and Kortum，2004）表明，企业之间生产率的异质性是一种普遍存在的现象，即使在一个口径很小的行业内，这种异质性也是普遍存在的。聂辉华和贾瑞雪（2011）以及罗德明等（2012）运用中国的企业样本，证实了中国制造业企业之间也存在着巨大的生产率差距。那么，企业之间的生产率为什么会存在差异？这个问题一直以来都备受学术界的关注，但至今并未得出统一的研究结论。学术界在早期的研究过程中运用产业组织理论对其进行分析，认为市场结构决定市场行为，市场行为决定市场绩效（Mason，1939；Bain，1968；Scherer，1980），即"市场结构→市场行为→市场绩效"（structure-conduct-performance，SCP）分析框架。在 SCP 分析框架下，行业的市场结构是决定企业绩效的主要因素，它通过影响企业的市场行为进而影响企业的经营绩效，即企业之间的绩效差异主要是由于企业所处的行业不同而造成的。施马伦西（Schmalensee，1985）在研究企业利润率差异的影响因素时，通过对美国1975 年 465 个制造业企业的利润方差进行分解后发现，与行业市场结构相关的产业效应所占比重非常大，大约能够解释75%的企业间利润率差异。陈艳莹和鲍宗客（2013）在分析中国生产性服务企业的利润率差异及其来源时也发现，企业之间的利润率差异在很大程度上归因于其所处的行业不同。随着研究的进一步深入，学术界在后期的研究过程中则更倾向于运用资源基础理论来对企业之间的利润率差异进行分析，他们认为企业由一系列的资源组合而成，企业所拥有的竞争优势和盈利能力虽然与企业所处的行业的差异有关，但更取决于企业所拥有的稀缺而且难以被模仿和替代的异质性资源，即企业效应。麦格汉和波特（Mcgahan and Porter，2002）对1981～1994年美国上市公司中的58132个观测样本进行研究后发现，虽然产业效应和企业效应都能够显著地影响企业之间的利润率差异，但企业效应的解释程度最高，达到了29.57%，而产业效应则居其次，只有17.32%。可见，无论是基于产业组织理论而支持行业效应观的学者，还是基于资源基础理论而支持企业效应观的学者，他们的研究结论都一致表明行业的市场结构是影响企业利润率差异的一个重要因素。笔者在将中国制造业企业划分为传统制造业企业、高技术制造业企业和混合制造业企业之后，对传统制造业企业和高技术制造业企业的成本效率水平均值分年度进行比较，发现传统制造业企业的成本效率年度均值与对应年度高技术制造业企业的成本效率均值存在显著差异。由此，笔者认为行业的市场结构是影响中国传统制造业企业成本效率水平及其变迁的重要因素之一。究其原因，可以归结为以下方面。

一是行业集中度。行业集中度，也称产业集中度，它是刻画行业市场结构性状和大企业对市场控制力的一个概念（戚聿东，1998）。行业集中度越高，表明该行业中前N家企业所占有的市场份额之和越大，这些大企业对该行业的市场控制能力也就越强。行业集中度对企业绩效具有显著影响，这已经被大量的经验研究所证实。但是，关于行业集中度对企业绩效的影响方向问题仍存在着争议。贝恩（Bain，1951）选择美国42个行业为样本，实证研究行业集中度与盈利能力的关系，其研究结果表明高集中度行业（CR8 > 70%）的投资收益率高于低集中度行业的投资收益率。威廉（William，1997）对美国产业中企业的市场份额与利润率进行回归分析后指出，市场份额每增长10个百分点，利润率就可以提高2～3个百分点。魏后凯（2003）

采用中国第三次工业普查的系统数据，考察中国制造业集中度与利润率之间的关系，其研究结果同样表明，行业集中度与行业利润率之间存在着正相关关系。除此之外，克拉克（Clarke，1984）、戚聿东（1999）、郝书辰和马恩涛（2012）以及李晓钟和张小蒂（2011）的研究结论也显示，行业集中度与企业绩效之间存在着正相关关系。当然，在进一步分析行业集中度与企业经济绩效正相关的内在原因时，学术界存在着不同的解释，一种观点认为，这是垄断价格的结果，即行业集中度高，表明市场竞争中排名靠前的少数几家大企业更容易合谋、串通，抬高商品销售价格或者降低商品进货价格，从而获得超额利润，这种观点通常被称为"垄断价格观"；另一种观点却认为，高效率的企业有能力占有更大的市场份额，从而会提高行业集中度，企业也会从进一步提高的市场份额中获得更多的超额利润，这种观点通常被称为"效率观"。

与上述研究结论相反的是，汪本强和江可申（2007）在回归分析中国航空工业上市公司行业集中度与公司绩效的关系时，其研究结果却表明，上市公司行业集中度与公司绩效之间存在着高度负相关的关系，并认为这是中国航空工业上市公司规模经济不足所导致的结果。吴利华等（2008）在分析纵向整合战略主导下中国钢铁上市公司规模、空间布局与企业绩效的关系时，其研究结果同样显示，企业的绩效与行业集中度之间存在着负相关关系，并将其原因解释为由于中国经济快速增长，导致钢铁市场供求失衡，给钢铁行业带来了高利润，这种高利润和低进入壁垒的诱惑吸引了大量资本，从而形成了高利润与低行业集中度的市场结构。

当然，学术界也认识到了行业集中度与企业绩效之间并非简单的线性关系，而是存在明显的非线性特征。德姆塞茨（Demsetz，1973）的实证研究发现，行业集中度与利润率正相关是有条件的，在行业集中度为10%～50%时，利润率不仅不随行业集中度的提高而上升，有时反而会有所下降；只有当行业集中度超过50%时，行业集中度与利润率才呈现正相关关系。戚聿东（1998）在肯定产业集中度和企业绩效之间存在正相关关系时，也明确表示这种关系只存在于一定的范围之内，若超出这一范围，两者之间的关系就变得不规则。魏后凯（2003）也特别说明，中国制造业集中度与行业利润率之间存在的正相关关系并不完全是线性的、连续的和单调的。汪本强和江可申（2007）也强调，中国航空工业上市公司产业集中度与公司绩效之间存在的负相关关系不是线性关系，而是建立在三次函数关系基础之上。

那么，对于中国传统制造业企业而言，其成本效率与行业集中度之间存在怎样的关系呢？就我国企业经营行为惯性来看，当行业集中度提高时，在市场竞争中排名靠前的企业由于拥有更多的市场份额，其所获利润总额较多，在此情况之下，这些排名靠前的企业在日常经营中就不会太注重"节约"，其随意性支出行为将较为常见，成本浪费现象将较为严重。由此可见，行业集中度同样是影响我国传统制造业企业成本效率水平及其变迁的重要因素之一。

二是市场需求扩张。市场需求扩张会导致行业市场结构发生变化，但变化的方向存在不确定性，换句话说，当一个行业的市场需求增大时，该行业的市场集中度有可能会上升，也有可能会下降（侯毅男和纪成君，2009）。这是因为，当市场需求出现增长时，潜在的竞争者将调高进入该行业的盈利预期，其进入该行业的动机也会增强，并且，随着市场规模扩大，该行业能够容纳的企业数量也会增多（于良春和郭恺，2005），新企业进入该行业之后也会更容易存活下来，从而导致行业市场集中度出现下降。当然，市场需求扩张不仅会影响到新企业的进入，也会影响到行业中原有企业的经营行为，因为市场需求的扩张会刺激市场内原有企业扩大生产规模以获取更多的市场份额和利润。在此过程中，原有企业中的大企业由于具有技术及规模经济等优势而更加容易扩大生产规模，从而有能力排挤行业中的原有中小企业。如果这些中小企业在此竞争过程中处于劣势，那么最终它们极有可能会被逐出市场，从而导致行业集中度提高。另外，即使大企业不能无限制地扩大自身经营规模，但只要它的规模扩张速度大于市场需求的增长速度，那么即使没有中小企业被挤出市场，这些大企业的规模扩张行为仍然能够提高行业的市场集中度。普赖尔（Pryor，1972）在对12个国家20个不同行业的集中度与市场规模进行比较后认为，行业的市场规模越大，其集中度也越高。陈艳莹和夏一平（2011）分析后认为，影响市场需求扩张与行业市场结构变化之间关系不确定性的重要因素是行业进入壁垒水平的高低。当行业进入壁垒较高时，新企业很难进入，市场需求扩张将导致行业集中度进一步提高；当行业进入壁垒较低时，市场需求扩张将引起企业数量大幅增加，行业竞争加剧，从而降低行业集中度。

就我国传统制造业而言，行业进入壁垒水平通常较低，因此，当市场需求扩张时，大概率地将引来更多企业参与市场竞争，从而导致行业集中度随之下降。由此，笔者认为我国传统制造业的市场需求扩张将通过行业集中度的下降而间接地影响我国传统制造业企业的成本效率水平及其变迁。

（2）企业市场地位。企业市场地位，也称企业市场竞争地位或者产品市场竞争地位，是指企业（产品）在同行业市场竞争中所形成并且拥有的市场竞争优势，它体现了企业在市场竞争中的能力强弱与大小。商品经济条件下的市场总是充满着竞争，竞争者之间的博弈会使企业在市场竞争中处于不同的竞争地位（傅传锐和杨文辉，2019）。不同的市场竞争地位意味着企业在资源、技术和行业市场份额等方面拥有不同的竞争优势，企业管理层基于这些竞争优势会对企业未来的发展作出不同的预期，并体现到企业的经营决策中。具体来讲，当企业拥有较高的行业市场竞争地位时，它们往往具有较强的谈判能力（邢立全和陈汉文，2013），可以在不影响产品市场需求的情况下，采取各种垄断行为来维持其在行业竞争中的垄断地位并遏制新竞争者的进入冲动（李顺彬，2020），从而获得超额利润并拥有稳定的现金流。这种相对充裕的资源和有利的行业市场竞争地位将诱发具有较高竞争地位的企业将其所拥有的资源尽可能地投入到新项目中，以用于扩大企业生产经营规模，从而很容易引发其过度投资行为，降低企业投资效率，同时，充裕的现金流还容易导致企业管理层在日常支出中的随意性支出等非效率行为的发生，这同样会造成企业经营业绩的下降。与此相对应，处于较低市场竞争地位的企业由于受到资源以及市场份额的限制，不但利润空间较小，而且面临的竞争压力也更大，它们很难有足够的资源用于新的投资机会，在日常经营中对现有资源的利用也会倍加珍惜，因此，处于较低市场竞争地位的企业少有出现投资过度的现象，其日常开支中的随意性支出等非效率行为也会较少发生。由此可见，处于不同市场竞争地位的企业由于拥有的资源优势不同，所承受的竞争压力也不一样，因此其管理层会作出不一样的生产投资决策以及日常开支决策，从而导致不一样的成本效率水平。由此可见，市场竞争地位也是影响中国传统制造业企业成本效率水平及其变迁的重要因素之一。

4.1.1.3 企业异质因素

企业成本效率的影响因素众多，除了宏观环境因素和行业竞争因素之外（陈武朝，2013），还有企业异质因素。在这些众多的影响因素中，学术界对企业异质因素的讨论相对较多（杨继生和黎娇龙，2018）。这或许是因为企业异质因素比企业外部环境因素（包括宏观环境因素和行业竞争因素）具有更重要的战略意义，能够对企业创造竞争优势起到更大的决定性作用（Wenrerlelt，1984）。麦格汉和波特（2002）以美国1981～1994年全部上市公司的58132个观测值为样本对企业间利润率差异进行研究，其研究结果表明企业效应、产业效应与年度效应对企业间利润率差异的影响都很显著，其中，企业效应的解释程度最高，达到29.57%。随后，学术界以其他国家（地区）更广泛的样本，比如，丹麦的企业（Eriksen and Knudsen，2003）、澳大利亚的制造业（Galbreath and Galvin，2008）、英国的制造业（Goddard et al.，2009）、巴基斯坦的上市公司（Syed et al.，2011），等等，对企业间利润率差异问题展开研究。这些经验研究都证实了企业效应是导致企业间利润率差异的主要原因。可见，企业异质因素是影响企业间利润率差异的重要因素。

成本效率作为与企业利润率紧密相连的同类经济指标，其将不可避免地会受到企业异质因素的影响。事实上，笔者在前面已述及现有文献已从多角度探讨了企业异质因素对成本效率的影响，包括股权集中度、企业规模、地理位置、职工薪酬、资产质量、资产稳定性、资产流动性、国有产权比重、盈利能力、产权性质、公司治理机制、公司成立时间、技术效率、资源闲置、配置效率、固定资产占总资产比例、总资产周转率、资产负债率、经营的专业化程度、职工培训、职工学历、风险偏好、资本成本、管理费用、激励机制、劳动力数量、外资进入程度、战略投资者，等等。同时，笔者在对中国传统制造业企业的成本效率水平进行描述性统计分析时，也发现行业分类、企业规模、地理区域、产权性质、生命周期和资产结构对成本效率水平有显著影响。

综合权衡企业异质特征可控性以及本书的总体研究框架设计，笔者选择以企业规模、资产结构、资本结构、员工满意度作为企业异质的构成因素，并以这些因素为基础来探讨企业异质对成本效率水平的影响[①]。由于企业规模和资产结构对成本效率水平的影响在前面已有述及，因此，此处不再赘述。

（1）资本结构。资本结构对企业绩效（价值）存在显著影响，这已是学术界的共识，但对资本结构影响企业绩效（价值）的具体效果却存在争论。在早期的关于资本结构影响企业绩效（价值）的研究文献中，学术界提出了三种观点：第一种是净收益观。该观点认为由于债务资本成本率通常低于股权资本成本率，因此，在公司的资本总额中，债务资本比例越高，公司的净收益（或税后利润）就越多，从而公司的价值就越高。第二种是净营业收益观。该观点认为虽然债务资本的成本率比较低，但是随着债务资本的增多，公司的财务风险会随之升高，从而使得股权资本的成本率也会随之升高；反之，当公司的债务资本减少时，公司的财务风险也会随之下降，从而使得股权资本成本率也下降。由此，经过加权平均计算后，公司的综合资本成本率将保持不变，是一个常数，即资本结构与公司价值无关，决定公司绩效（价值）的真正因素是公司的净营业收益。第三种是传统折中观。该观点对资本结构与公司绩效（价值）关系的认识介于净收益观和净营业收益观之间，即增加债务资本可以提高公司绩效（价值），但债务比率必须适中，因为过高的债务比率会导致公司综合资本成本率升高，从而降低公司绩效（价值）。

1958 年，莫迪利亚尼和米勒（Modigliani and Miller）提出了著名的 MM 资本结构理论，开创了现代资本结构理论研究的先河。该理论认为，在完全

---

① 尽管笔者在有关成本效率水平的描述统计分析部分已经获知行业分类、地理区域、产权性质和生命周期对成本效率水平具有显著影响，但这些因素对企业个体来讲，基本上属于不可控因素，因此，笔者在此部分研究中不把它们纳入讨论范围；另外，由于总经理与董事长两职分合状态以及股权集中度对成本效率水平的影响不显著，这说明公司治理因素不是影响成本效率水平的重要因素，因此，笔者在此部分研究中将不考虑公司治理对成本效率变迁的影响。

有效的资本市场假设下，资本结构与公司绩效（价值）无关。考虑到现实中债务利息可以计入财务费用从而形成节税利益，莫迪利亚尼和米勒（1963）对之前提出的MM理论进行了修正，认为在考虑公司所得税的情况下，公司资本结构与公司绩效（价值）存在相关性，并且公司的最优资本结构位于债务利息节税利益与财务危机破产成本相等之处。随后，学术界对资本结构进行了不断的深入研究，并且提出了一些新的资本结构理论，比如，委托代理理论、信号传递理论、优序融资理论以及控制权理论，等等。这些资本结构理论分别从不同的角度分析了资本结构与企业绩效（价值）之间的关系，确认了最优资本结构的存在性，并且提出了相应的资本结构优化策略。

在实证研究中，学术界同样得出了不同的研究结论。格雷厄姆和利里（Graham and Leary，2011）认为资本结构与公司绩效正相关，而肖作平（2005）、陈德萍和曾智海（2012）、封铁英（2006）以及张兆国等（2007）则认为资本结构与公司绩效负相关，也有学者（Alves and Ferreira，2011；Deangelo et al.，2011）认为资本结构与公司绩效之间无相关性或者关系不显著。除此之外，吕长江等（2007）还研究发现，资本结构与公司绩效之间是倒"U"型关系。董玲和郭凯华（2011）的研究结论进一步表明，资本结构与公司绩效之间存在倒"U"型分布关系，并且当资产负债率超过60%时，资产负债率与经营业绩之间呈现显著的负相关关系。

就资本结构对成本效率的影响来看，不同的资本结构具有不同的综合资本成本率，这会直接影响到公司成本的高低，而且不同的资本结构还会对公司管理层带来不同的偿债压力，从而还会影响到其经营决策的效率和效果，进而会间接影响到企业的成本效率水平及其变迁。由此，笔者认为，资本结构对企业成本效率水平及其变迁具有重要影响。

（2）员工满意度。员工满意度由霍波克（Hoppock，1935）首次提出。霍波克认为员工满意度是指员工心理和生理两方面对环境因素的满足感受，即员工对于工作情境的主观反应，包括员工对工作总体以及各方面的感受。一方面，员工满意度体现了员工对其工作以及工作体验而产生的积极情绪状态（占小军，2017）；另一方面，员工满意度也反映了企业为满足员工需求所做努力的实际结果，它是一种包含员工个人特征的主观价值判断（黄桂，

2007）。管理者从实践经验中总结认为，提高员工满意度可以调动其工作积极性，从而能够提升工作绩效，基于这种认知，许多企业的管理者致力于通过提升员工的满意度来达到提高企业生产力的预期目的（郝金磊和尹萌，2018）。有研究[①]表明，员工满意度与员工流失率之间存在着明显的反向关联关系。哈佛大学的调查结果显示，企业员工满意度每提高 3%，将会使该企业的员工流失率降低 5%，而且，提高员工满意度不但能够起到降低员工流失率的作用，同时还能够有效地降低企业成本并提高工作效率，具体来讲，员工满意度每提高 3%，企业成本就会降低 10%，工作效率将提高 25% ~ 65%，该企业的平均利润增长率将高出同行业其他公司平均利润增长率的20% 左右。还有研究[②]表明，一些美国公司利用"员工—顾客—公司目标"模式，找到了能够使企业起死回生的妙方，即他们的调查研究显示，员工满意度提高 5%，就会连带提升 1.3% 的顾客满意度，进而使企业效益提高0.50%。可见，企业如果要做大做强就必须提高员工满意度，并不断激发其工作积极性（吴雪蕊，2018）。

笔者认为，企业的一切对内活动与对外交易均由员工参与完成，而员工对企业的满意程度又会影响到其工作的积极性、主动性和创造性，并最终影响到包括成本效率水平在内的企业绩效。因此，员工满意度对企业成本效率水平及其变迁具有重要影响。

4.1.2　实证检验

4.1.2.1　样本选择与数据来源

笔者以在前面测算的并且已获得成本效率数据的中国传统制造业企业年度样本作为本部分研究过程中所使用的初始观测样本，并剔除数据不全的观测样本，最终获得 2889 个有效观测样本。

---

① 黄爱兰. 基于新生代员工满意度调查的人力资源激励策略 [J]. 中国商论，2017 (8)：132 – 134.

② 邓雪. 论企业员工满意度的提升 [J]. 商业研究，2003 (3)：115 – 116.

笔者在本部分研究中所使用的数据来源于 Wind 金融数据库、RESSET 数据库以及《中国统计年鉴》等。

笔者在研究过程中所使用的数据分析软件是 Stata 15 和 Excel 2019。

4.1.2.2 变量定义

（1）因变量。笔者选择成本效率作为本部分实证检验中模型的因变量，其取值来自笔者在前面研究中所测算得出的成本效率值（CEcs）。

（2）自变量。根据前面对成本效率变迁一般性影响因素的分析结果，笔者选择如表 4-1 所示的变量作为自变量。

表 4-1　　　　　　　　　　　自变量定义

变量类型	变量名称及符号	度量方法
宏观环境	GDP 增长率（GDP）	根据《中国统计年鉴》（2021 版）公布的（上年 = 100）按不变价格计算的"国内生产总值指数"减去 100 计算
	公路铁路密度（GTMD）	根据《中国统计年鉴》（2021 版）以及交通运输部官网公布的数据进行整理
	通货膨胀率（THPZ）	根据《中国统计年鉴》（2021 版）公布的（上年 = 100）"工业生产者购进价格指数"减去 100 计算
	税负水平（SFSP）	根据 Wind 金融数据库收录的全部 A 股上市公司数据代入"（税金及附加 + 所得税）/营业收入"计算
	利率水平（LLSP）	根据《中国统计年鉴》（2021 版）公布的"金融机构人民币法定贷款基准利率（一年以上至三年）"按天数加权计算
	社会教育水平（SHJYSP）	根据《中国统计年鉴》（2021 版）公布的"文盲人口占 15 岁及以上人口比重"指标代入"1 - 文盲人口比重"计算
行业竞争	行业集中度（HYJZD）	赫芬达尔 - 赫希曼指数，将数据齐全的所有样本均纳入计算
	市场需求扩张（SCXQKZ）	行业营业收入增长率 =（该行业当年营业收入总额 - 该行业上一年营业收入总额）/该行业上一年营业收入总额
	企业市场地位（QYSCDW）	营业毛利率优势 = 企业营业毛利率/行业内所有企业加权平均的营业毛利率
企业异质	资本结构（ZBJG）	资产负债率 = 负债总额/资产总额
	员工满意度（YGMYD）	人均薪酬及福利增长率

变量类型	变量名称及符号	度量方法
企业异质	企业规模（QYGM）	企业规模＝企业资产总额÷全部观测样本中资产总额最大值
	资产结构（ZCJG）	非流动资产占比＝非流动资产/资产总额

注：无论是理论分析，还是经验检验，都显示产业政策和《劳动合同法》对企业绩效具有重要影响，但是笔者在确定自变量时并未选择它们，笔者的理论依据是：本书所认定的传统制造业企业属于受到产业政策冷落的一类企业，因此，产业政策对这类企业的影响不大；《劳动合同法》的颁布属于偶发事件，且其颁布时间早于本书所涉期间的最早年份（2008），在整个研究时期内也未发生变化，因此，《劳动合同法》对所有观测样本的影响均相同，不存在统计上的差异。

为便于读者对研究结论的理解，笔者将非企业异质类数据列示如表 4 - 2 至表 4 - 5 所示。这些数据均由笔者根据相关资料整理而成。

一是宏观环境数据。宏观环境数据汇总如表 4 - 2 所示。

表 4 - 2　　　　　　宏观环境数据汇总（2009 ~ 2018 年）

年份	GDP 增长率（%）	公路铁路密度（千米/平方千米）	通货膨胀率（%）	税负水平（%）	利率水平（%）	社会教育水平（%）
2009	9.4	0.4111	- 7.9	8.00	5.40	92.9
2010	10.6	0.4270	9.6	7.70	5.44	95.92
2011	9.6	0.4374	9.1	7.88	6.41	94.79
2012	7.9	0.4516	- 1.8	8.00	6.39	95.04
2013	7.8	0.4645	- 2	8.06	6.15	95.4
2014	7.4	0.4766	- 2.2	8.35	6.13	95.08
2015	7	0.4894	- 6.1	9.16	5.37	94.58
2016	6.8	0.5021	- 2	7.35	4.75	94.72
2017	6.9	0.5104	8.1	6.10	4.75	95.15
2018	6.7	0.5184	4.1	5.55	4.75	95.06

资料来源：作者整理。

二是行业竞争数据。行业竞争数据包括衡量行业市场集中程度的赫芬达尔 - 赫希曼指数（HHI），衡量行业市场需求扩张程度的行业营业收入增长率，以及衡量企业市场地位的企业营业毛利率优势。赫芬达尔 - 赫希曼指数（HHI）和行业营业收入增长率属于共性指标，相同年度且相同行业的企业具有相同的数据值，而企业营业毛利率优势属于异质指标，需要将企业的营业毛利率与所在大类行业的营业毛利率进行比较，如表4－3、表4－4、表4－5所示。

表4－3　　　中国传统制造业大类行业赫芬达尔－赫希曼指数（HHI）

大类行业	2009 年	2010 年	2011 年	2012 年	2013 年	2014 年	2015 年	2016 年	2017 年	2018 年
C13	0.4401	0.4228	0.3489	0.3870	0.2758	0.2761	0.2463	0.2150	0.1997	0.2006
C14	0.3163	0.2886	0.3176	0.2740	0.2451	0.2371	0.2526	0.2483	0.2642	0.2699
C15	0.0915	0.0892	0.0876	0.0857	0.0928	0.0920	0.0866	0.0808	0.0918	0.0940
C17	0.0793	0.0684	0.0667	0.0638	0.0572	0.0579	0.0570	0.0518	0.0530	0.0543
C18	0.1614	0.1355	0.1457	0.1079	0.0881	0.0837	0.0807	0.0805	0.0711	0.0849
C19	0.6861	0.6919	0.3116	0.3050	0.2931	0.1903	0.1466	0.1245	0.1158	0.1118
C20	0.3944	0.2641	0.2949	0.2870	0.2594	0.2557	0.2484	0.2206	0.2434	0.1936
C21	0.7222	0.5713	0.4002	0.3639	0.3068	0.1825	0.1103	0.0719	0.0704	0.0662
C22	0.1737	0.1385	0.0979	0.1005	0.1045	0.0968	0.0799	0.0750	0.0685	0.0708
C23	0.2750	0.1801	0.1760	0.1891	0.1836	0.1854	0.1487	0.1454	0.1396	0.1388
C24	0.3538	0.2212	0.1747	0.1808	0.1756	0.1948	0.2099	0.1345	0.1276	0.1441
C25	0.5922	0.4183	0.4078	0.4204	0.4595	0.4403	0.4547	0.3540	0.3170	0.3257
C28	0.0827	0.0818	0.0915	0.1028	0.1060	0.1206	0.1121	0.1164	0.1166	0.1314
C29	0.0908	0.0801	0.0741	0.0687	0.0610	0.0537	0.0441	0.0392	0.0407	0.0393
C30	0.0595	0.0578	0.0605	0.0558	0.0474	0.0302	0.0334	0.0395	0.0384	0.0407
C31	0.0849	0.0887	0.0861	0.0767	0.0720	0.0721	0.0755	0.0797	0.0776	0.0714
C32	0.0881	0.0904	0.0826	0.0851	0.0799	0.0768	0.0736	0.0702	0.0604	0.0585
C33	0.2080	0.1890	0.1909	0.1834	0.1189	0.1015	0.0708	0.0666	0.0733	0.0710
C36	0.0882	0.0724	0.0679	0.0640	0.0623	0.0651	0.0758	0.0744	0.0643	0.0660
C41	0.2927	0.4993	0.5360	0.5100	0.4386	0.3347	0.2323	0.1521	0.1322	0.1473
C42	0.7204	0.5930	0.3170	0.3761	0.4136	0.4617	0.7623	0.6920	0.7031	0.3172

资料来源：作者整理。

表4－4　　　　　　中国传统制造业大类行业营业收入增长率

大类行业	2009 年	2010 年	2011 年	2012 年	2013 年	2014 年	2015 年	2016 年	2017 年	2018 年
C13	0.0809	0.3090	0.1533	0.0116	0.0550	− 0.0270	− 0.0421	0.1272	0.0012	0.0640
C14	0.2335	0.2834	0.1424	0.1851	0.1894	0.1545	0.0459	0.0311	0.0845	0.1558

续表

大类行业	2009 年	2010 年	2011 年	2012 年	2013 年	2014 年	2015 年	2016 年	2017 年	2018 年
C15	0.0289	0.2003	0.2450	0.1328	0.0207	0.0182	0.0724	0.2358	0.1335	0.1409
C17	0.0836	0.4061	0.3478	0.0100	0.0492	0.0374	0.0156	0.0501	0.0885	0.0515
C18	0.2727	1.3195	0.1982	0.0538	−0.0146	0.0534	0.1034	0.1028	0.1344	0.1116
C19	0.4429	0.1963	1.1197	0.0636	0.0437	0.5447	0.2590	0.0530	−0.0315	−0.0933
C20	−0.0968	0.3786	−0.0143	0.0154	0.0870	0.0422	−0.1454	−0.0837	0.0645	0.1041
C21	3.9997	0.6162	0.5050	0.0416	0.2590	0.4621	0.5177	1.0631	0.2792	0.1687
C22	0.0025	0.2453	0.0156	−0.0173	0.0374	−0.0423	0.0851	0.1672	0.3152	0.0180
C23	0.1062	0.5982	0.1176	0.0422	0.0243	0.0832	0.1910	0.0027	0.1529	0.2019
C24	0.1215	0.9110	0.6273	0.1263	0.5430	0.1359	−0.0399	0.3293	0.1105	0.0978
C25	−0.2261	0.9030	0.2682	−0.0459	0.2178	−0.1450	−0.2608	−0.0018	0.2722	0.1663
C28	0.1537	0.7953	0.2393	−0.0893	0.1237	0.0155	−0.0248	0.0596	0.2615	0.1557
C29	0.1004	0.7661	0.2231	−0.0117	−0.0705	−0.0808	0.4706	0.1282	0.1551	0.0786
C30	0.0340	0.3570	0.2334	−0.0561	0.0103	0.0009	−0.0113	0.2296	0.2652	0.1611
C31	−0.2159	0.2992	0.1569	−0.1292	0.0282	−0.0693	−0.2627	−0.0160	0.3922	0.1530
C32	−0.1904	0.4190	0.2262	0.0166	0.0138	0.0206	−0.0436	0.0224	0.2149	0.0935
C33	0.3297	0.3866	0.2813	0.0063	0.0328	0.0513	−0.0777	0.1381	0.1784	0.1517
C36	0.3615	0.5496	0.0058	−0.0095	0.1747	0.1090	0.0202	0.2568	0.1655	0.0000
C41	0.1355	2.9089	0.4055	0.1565	0.4021	−0.0525	−0.0336	−0.0875	0.2154	0.0598
C42	0.0783	0.8580	0.5504	−0.1128	−0.0090	−0.0274	−0.3438	−0.1001	−0.1547	2.0519

资料来源：作者整理。

表 4 - 5   中国传统制造业大类行业营业毛利率

大类行业	2009 年	2010 年	2011 年	2012 年	2013 年	2014 年	2015 年	2016 年	2017 年	2018 年
C13	0.0984	0.0976	0.0937	0.1018	0.1129	0.1203	0.1364	0.1242	0.1225	0.1269
C14	0.1980	0.1941	0.1940	0.2031	0.1988	0.2174	0.2354	0.2537	0.2523	0.2541
C15	0.3470	0.3538	0.3747	0.3754	0.3499	0.3371	0.3559	0.3685	0.4151	0.4504
C17	0.1568	0.1682	0.1653	0.1474	0.1746	0.1706	0.1666	0.1887	0.1863	0.1835
C18	0.2945	0.3282	0.3611	0.3576	0.3584	0.3551	0.3492	0.3471	0.3509	0.3433
C19	0.1988	0.2300	0.2210	0.2130	0.2232	0.2876	0.2848	0.2793	0.2893	0.2932

大类行业	2009 年	2010 年	2011 年	2012 年	2013 年	2014 年	2015 年	2016 年	2017 年	2018 年
C20	0.2152	0.2300	0.2085	0.1983	0.1815	0.2088	0.2376	0.2588	0.2860	0.2730
C21	0.1952	0.2248	0.2338	0.2413	0.2442	0.2490	0.2835	0.3067	0.2838	0.2638
C22	0.1410	0.1468	0.1361	0.1348	0.1490	0.1408	0.1602	0.1628	0.1938	0.1722
C23	0.2239	0.2688	0.2841	0.2982	0.2995	0.3047	0.2994	0.2986	0.2777	0.2668
C24	0.2798	0.2661	0.2884	0.2792	0.2623	0.2441	0.2840	0.3136	0.3373	0.2786
C25	0.1808	0.1618	0.1280	0.0916	0.1271	0.1201	0.2493	0.3255	0.2613	0.2159
C28	0.1180	0.1038	0.0806	0.0609	0.0746	0.0869	0.0825	0.0947	0.0964	0.0897
C29	0.1768	0.1504	0.1386	0.1591	0.1766	0.1747	0.1904	0.1920	0.1633	0.1736
C30	0.1875	0.1961	0.1841	0.1785	0.1844	0.2210	0.2025	0.2105	0.2488	0.2481
C31	0.0665	0.0811	0.0598	0.0455	0.0651	0.0741	0.0275	0.1158	0.1302	0.1339
C32	0.0901	0.1000	0.1074	0.0723	0.0543	0.0610	0.0524	0.0819	0.0829	0.0744
C33	0.1436	0.1294	0.1205	0.1182	0.1261	0.1482	0.1777	0.1893	0.1772	0.1722
C36	0.1465	0.1559	0.1405	0.1414	0.1612	0.1557	0.1606	0.1653	0.1526	0.1478
C41	0.2811	0.1532	0.1473	0.1263	0.1083	0.1412	0.1589	0.1772	0.1651	0.1478
C42	0.0955	0.1358	0.1840	0.3101	0.3059	0.3066	0.3881	0.2387	0.2100	0.2027

注：此表中的数据并非衡量企业市场地位的最终数据值。在计算企业市场地位的具体指标值时，需要将企业的营业毛利率与此表中对应的大类行业营业毛利率进行比较。

资料来源：作者整理。

三是企业异质数据。企业异质类数据涉及所有观测样本，篇幅过大，不便于具体列示。笔者将这些异质类数据的计算方法作如下说明。读者可从 Wind 金融数据库、RESSET 数据库下载相关数据，并按如下方法计算获取。

第一，在计算人均薪酬及福利增长率时，人均薪酬及福利 = 支付给职工以及为职工支付的现金÷当年员工总人数。

第二，在基于规模差异对中国传统制造业企业的成本效率进行描述统计时，笔者划分企业规模类型的依据是国家统计局于 2017 年 12 月 28 日印发的《统计上大中小微型企业划分办法（2017）》，即企业规模变量为分类变量。在本部分研究中，为了与其他影响因素保持一致，笔者采用如下方法度量企业规模：

企业规模 = 企业资产总额÷全部观测样本中资产总额最大值

第三，资本结构采用资产负债率指标来表征，即：

$$资产负债率 = 负债总额 \div 资产总额$$

第四，资产结构采用非流动资产占资产总额的比例来表征，即：

$$非流动资产占比 = 非流动资产 \div 资产总额$$

4.1.2.3 模型构建

笔者构建如下模型用于检验一般性影响因素对成本效率变迁的影响：

$$
\begin{aligned}
CEcs = {}& \alpha + \beta_1 \cdot GDP + \beta_2 \cdot GTMD + \beta_3 \cdot THPZ + \beta_4 \cdot SFSP + \beta_5 \cdot LLSP \\
& + \beta_6 \cdot SHJYSP + \beta_7 \cdot HYJZD + \beta_8 \cdot SCXQKZ + \beta_9 \cdot QYSCDW \\
& + \beta_{10} \cdot ZBJG + \beta_{11} \cdot YGMYD + \beta_{12} \cdot QYGM + \beta_{13} \cdot ZCJG + \varepsilon
\end{aligned}
$$

4.1.2.4 实证结果与分析

（1）变量描述性统计分析。表4-6是笔者对各变量进行描述性统计分析的结果。

表4-6 模型变量描述性统计

变量	N	min	Mean	Median	max	t-value
CEcs	2889	0.0973	0.3092	0.3068	0.6582	281.111
GDP	2889	0.0670	0.0774	0.0700	0.1060	340.8056
GTMD	2889	0.4111	0.4774	0.4894	0.5184	742.3837
THPZ	2889	-0.0790	0.0118	-0.0180	0.0960	11.0472
SFSP	2889	0.0555	0.0741	0.0788	0.0916	352.8453
LLSP	2889	0.0475	0.0543	0.0537	0.0641	441.1912
SHJYSP	2889	0.9290	0.9489	0.9506	0.9592	7866.5489
HYJZD	2889	0.0302	0.1134	0.0744	0.7623	60.7448
SCXQKZ	2889	-0.3438	0.1229	0.0935	2.9089	33.4584
QYSCDW	2889	-1.6277	1.3862	1.2635	9.6737	96.2907
ZBJG	2889	0.0071	0.4669	0.4634	0.9881	146.1003

变量	N	min	Mean	Median	max	t - value
ZCJG	2889	0.0199	0.4799	0.4821	0.9511	164.8004
YGMYD	2889	− 0.9930	0.1553	0.1028	16.6661	13.0844
QYGM	2889	0.0001	0.0162	0.0053	1.0000	20.4807

表4－6中数据显示，本书的有效样本量达到了统计研究对样本量的最低数量要求，各变量也不存在极端值，因此，实证结果的有效性能够得到较好保障。

（2）变量相关分析。表4－7是笔者运用配对相关分析法，对各变量进行相关分析的结果。

表4－7　　　　　　　　　　　　**模型变量相关性分析**

变量	(1)	(2)	(3)	(4)	(5)	(6)	(7)	(8)	(9)	(10)	(11)	(12)	(13)	(14)
(1) CEcs	1.000													
(2) GDP	−0.197 (0.000)	1.000												
(3) GTMD	0.238 (0.000)	−0.914 (0.000)	1.000											
(4) THPZ	0.073 (0.000)	0.206 (0.000)	0.155 (0.000)	1.000										
(5) SFSP	−0.191 (0.000)	0.370 (0.000)	−0.597 (0.000)	−0.595 (0.000)	1.000									
(6) LLSP	−0.201 (0.000)	0.507 (0.000)	−0.676 (0.000)	−0.171 (0.000)	0.669 (0.000)	1.000								
(7) SHJYSP	0.060 (0.001)	−0.087 (0.000)	0.306 (0.000)	0.599 (0.000)	−0.222 (0.000)	0.066 (0.000)	1.000							
(8) HYJZD	0.004 (0.840)	0.147 (0.000)	−0.168 (0.000)	−0.044 (0.017)	0.123 (0.000)	0.124 (0.000)	−0.053 (0.005)	1.000						
(9) SCXQKZ	−0.007 (0.701)	0.305 (0.000)	−0.095 (0.000)	0.437 (0.000)	−0.161 (0.000)	−0.140 (0.000)	0.268 (0.000)	0.037 (0.045)	1.000					
(10) QYSCDW	0.153 (0.000)	−0.011 (0.572)	−0.007 (0.690)	−0.034 (0.067)	0.043 (0.020)	0.047 (0.011)	0.013 (0.491)	−0.075 (0.000)	−0.057 (0.002)	1.000				

续表

变量	(1)	(2)	(3)	(4)	(5)	(6)	(7)	(8)	(9)	(10)	(11)	(12)	(13)	(14)
(11) ZBJG	-0.116 (0.000)	0.136 (0.000)	-0.133 (0.000)	0.006 (0.764)	0.042 (0.025)	0.052 (0.005)	-0.048 (0.011)	-0.012 (0.505)	0.021 (0.249)	-0.129 (0.000)	1.000			
(12) ZCJG	0.185 (0.000)	-0.001 (0.973)	-0.010 (0.593)	-0.045 (0.015)	0.015 (0.420)	-0.030 (0.107)	-0.039 (0.037)	0.022 (0.238)	-0.070 (0.000)	0.114 (0.000)	0.044 (0.018)	1.000		
(13) YGMYD	0.021 (0.265)	0.005 (0.785)	0.011 (0.558)	0.062 (0.001)	-0.052 (0.005)	-0.007 (0.705)	0.035 (0.062)	-0.001 (0.936)	0.037 (0.047)	0.017 (0.350)	-0.025 (0.179)	-0.017 (0.349)	1.000	
(14) QYGM	0.075 (0.000)	-0.053 (0.005)	0.069 (0.000)	0.038 (0.040)	-0.069 (0.000)	-0.066 (0.000)	0.022 (0.229)	-0.068 (0.000)	-0.025 (0.172)	-0.027 (0.148)	0.244 (0.000)	0.155 (0.000)	-0.025 (0.175)	1.000

表 4 - 7 中数据显示：

第一，GDP 增长率与企业成本效率在 1% 水平上显著负相关。这说明较高的国内生产总值增长率意味着成本非效率水平的增加（Spulbăr and Niţoi，2014；Adjei et al.，2014），可能是因为企业管理层在经济增长时期为了获得更大的市场份额以及获得更多的奖金，往往会重视数量而轻视质量，会采取不可持续的决策行为，从而导致企业更低的成本效率水平。

第二，公路铁路密度与企业成本效率在 1% 水平上显著正相关。这说明交通运输基础设施建设有助于微观企业提升成本效率水平，可能是因为便捷的公路基础设施可以降低企业修建新厂房和运输大型机器的成本（Agénor and Aizenman，2006；张光南等，2010），以及减少存货库存水平（Shirley and Winston，2004；李涵和黎志刚，2009）。

第三，通货膨胀率与企业成本效率在 1% 水平上显著正相关。这与尚敏（2012）的研究结论相反。究其原因，可能是因为中国传统制造业企业的管理层在预期到通货膨胀率将上升时，他们会根据预期通货膨胀率的变动来适时调整存货水平，降低企业存货成本，从而使企业未来的经营业绩更好（饶品贵等，2016）。

第四，税负水平与企业成本效率在 1% 水平上显著负相关。该结论与社会经济实践是一致的，因为企业缴纳的各项税费是企业成本的增加项目，在等额产出的情况下，企业所缴纳的税费金额的增加势必会减少企业的净收益，从而会降低企业成本效率水平。这也说明我国当前实施的减税降费政策正当其时，可以有效促进我国企业提升成本效率水平。

第五，利率水平与企业成本效率在1%水平上显著负相关。利率对企业具有双重影响：一方面，具有成本效应，即企业支付的借款资金成本与利率水平正相关，利率水平越高，企业支付的利息金额也会越多，在其他条件相同的情况下，这将直接降低企业的成本效率水平；另一方面，具有治理效应，根据前面分析，利率水平升高时，企业存货水平将下降（Kashyap et al.，1994），劳动力成本黏性将降低（卢锐和陈胜蓝，2015），企业在经营决策中将更加注重成本开支细节，厉行节约，从而提升成本效率水平。从变量相关分析的结论来看，当前利率水平的成本效应是主效应，其对企业成本效率的影响强于治理效应对企业成本效率的影响。

第六，社会教育水平与企业成本效率在1%水平上显著正相关。这说明认知能力对于劳动生产率的提升具有重要的促进作用（程虹，2018），尤其是有助于那些低生产率的企业通过模仿和学习高生产率企业的先进技术和有效管理经验来快速提高自身的生产率水平（杨本建等，2016）。

第七，行业集中度与企业成本效率正相关，但相关性不显著。该结论与绝大多数文献（比如，William，1997；郝书辰和马恩涛，2012）的研究结论趋于一致，而与笔者在前面理论分析中的结论存在差异，因此，行业集中度对企业成本效率的影响还需进一步探讨。

第八，市场需求扩张与企业成本效率负相关，但相关性不显著。该结论与笔者在前面的分析逻辑是一致的，即我国传统制造业行业的进入壁垒较低，当市场需求扩张时，大概率地将引来更多企业参与市场竞争，从而导致行业集中度随之下降，而行业集中度与企业成本效率正相关，由此可推导得出，市场需求扩张将导致企业成本效率下降，即市场需求扩张与企业成本效率负相关。

第九，企业市场地位与企业成本效率在1%水平上显著正相关。这说明当企业拥有较高的行业市场竞争地位时，它们将利用较强的谈判能力来维持其在行业竞争中的垄断地位并遏制新竞争者的进入冲动（李顺彬，2020），从而获得超额利润并拥有稳定的现金流。这是企业市场地位对成本效率的正面影响，也是主要影响。而伴随较高市场地位而来的过度投资以及随意性支出现象等负面影响，则属于次要影响。

第十，资本结构与企业成本效率在 1% 水平上显著负相关。资本结构对成本效率的影响属于利率水平对成本效率影响的微观化。资本结构对企业成本效率的影响同样存在着成本效应和治理效率。从变量相关性分析结论来看，成本效应处于主导地位，这与前面利率水平对企业成本效率影响的分析结论是完全一致的。

第十一，资产结构与企业成本效率在 1% 水平上显著正相关。该结论与笔者在基于资产结构差异的传统制造业成本效率描述统计中得出的结论是一致的，即固定资产占比越高，企业成本效率水平在统计上也会相对越高。这说明提高固定资产占比是提升企业成本效率水平的有效途径。

第十二，员工满意度与企业成本效率正相关，但在统计上不显著。这与笔者在前面的理论分析结论及已有文献的研究结论是一致的，即提高员工满意度能够有效降低企业成本并提高企业效益。

第十三，企业规模与企业成本效率在 1% 水平上显著正相关。该结论与笔者在基于规模差异的传统制造业成本效率描述统计中的分析结论不一致，究其原因，可能与企业规模度量方法的改变有关。在基于规模差异的传统制造业成本效率描述统计分析中，笔者对企业规模的划分采用的是国家统计局于 2017 年 12 月 28 日印发的《统计上大中小微型企业划分办法（2017）》，而此处变量相关分析中对企业规模的划分采用的是以企业资产总额为基础的表征变量。

第十四，部分自变量之间存在较强相关性，尤其是 GDP 增长率与公路铁路密度之间的相关性最为明显，其相关系数达到了 -0.914，属于高度相关，并且在 1% 的水平上统计显著。这表明以这些变量作为自变量而建立的回归模型将存在多重共线性问题。另外，按常理讲，GDP 增长率越高，国家将有更多的资金用于公路铁路建设，即 GDP 增长率与公路铁路密度之间应该存在正相关性，然而，笔者的相关系数检验结果却表明，这两个变量之间存在显著的负相关性。究其原因，我国 GDP 在经历了长期的高速增长之后，近些年来已转为中低速增长，凑巧的是，我国公路铁路基础设施建设也正好在近些年来迎来了快速增长时期，由此导致了我国 GDP 增长率与公路铁路密度之间的显著负相关现象。

（3）模型回归结果。前面的变量相关分析结果显示，部分自变量之间存在高度相关性，因此，以这些变量作为自变量而建立的回归模型将可能存在多重共线性问题。为解决多重共线性所带来的参数估计偏误，笔者在回归分析过程中采用逐步回归法（前进法）对预设自变量进行筛选（$\alpha = 0.05$）。回归结果如图 4 - 1 所示。

```
                      begin with empty model
p = 0.0000 <  0.0500  adding   GTMD
p = 0.0000 <  0.0500  adding   ZCJG
p = 0.0000 <  0.0500  adding   QYSCDW
p = 0.0000 <  0.0500  adding   ZBJG
p = 0.0000 <  0.0500  adding   SFSP
p = 0.0017 <  0.0500  adding   QYGM
p = 0.0023 <  0.0500  adding   HYJZD
```

Source	SS	df	MS		
				Number of obs =	2,889
				F(7, 2881) =	59.64
Model	1.27750713	7	0.182501018	Prob > F =	0.0000
Residual	8.81557181	2,881	0.0030599	R-squared =	0.1266
				Adj R-squared =	0.1245
Total	10.0930789	2,888	0.003494833	Root MSE =	0.05532

CEcs	Coef.	Std. Err.	t	P>|t|	[95% Conf. Interval]	
GTMD	0.3064211	0.0378255	8.10	0.000	0.2322533	0.3805889
ZCJG	0.0628423	0.006713	9.36	0.000	0.0496794	0.0760051
QYSCDW	0.0101963	0.0013583	7.51	0.000	0.007533	0.0128596
ZBJG	-0.0318469	0.006314	-5.04	0.000	-0.0442274	-0.0194664
SFSP	-0.4742154	0.1140782	-4.16	0.000	-0.6978985	-0.2505323
QYGM	0.0842406	0.0254915	3.30	0.001	0.0342571	0.1342241
HYJZD	0.0320007	0.0104724	3.06	0.002	0.0114666	0.0525347
_cons	0.1635951	0.0249021	6.57	0.000	0.1147673	0.2124228

图 4 - 1　中国传统制造业企业成本效率一般性影响因素回归结果

由图 4 - 1 可知，该回归模型具有统计显著意义（Prob > F = 0.0000），能够解释成本效率总变异的 12.66%（R - squared = 0.1266）[1]。在采用前进逐步回归法下，最终进入回归模型的变量如下：

第一，公路铁路密度的回归系数为 0.3064 且在 1% 的水平上显著为正，表明公路铁路等基础设施建设对提升企业成本效率水平具有明显的促进作用。该回归结论与变量相关分析所得结论是一致的。

---

[1]　模型对因变量总变异的解释比例较低，这说明除了本部分研究所涉及的一般性影响因素之外，还有其他因素会影响到企业成本效率水平的变迁。鉴于此，笔者将在后续研究中从企业行为的角度对企业成本效率变迁机理作进一步研究。

第二，资产结构的回归系数为 0.0628 且在 1% 的水平上显著为正，表明企业提高固定资产在总资产中所占的比例有助于提升企业成本效率水平。该回归结论与变量相关分析所得结论是一致的。

第三，企业市场地位的回归系数为 0.0102 且在 1% 的水平上显著为正，表明企业营业毛利率的提升，尤其是相较于整个行业加权平均的营业毛利率水平的提升有助于企业提升成本效率水平。该回归结论与变量相关分析中所得结论是一致的。

第四，资本结构的回归系数为 −0.0318 且在 1% 的水平上显著为负，表明资产负债率的提高将降低企业成本效率水平。该回归结论与变量相关分析所得结论是一致的。

第五，税负水平的回归系数为 −0.4742 且在 1% 的水平上显著为负，表明我国企业当前的税收负担偏高，过高的税收负担已成为阻碍我国企业提升成本效率水平的重要因素。该回归结论与变量相关分析中所得结论是一致的。

第六，企业规模的回归系数为 0.0842 且在 1% 的水平上显著为正，表明企业规模越大，越有利于提升企业成本效率水平。该回归结论与变量相关分析中所得结论是一致的。

第七，行业集中度的回归系数为 0.0320 且在 1% 的水平上显著为正，表明大类行业中营业收入排名靠前的企业所占比例越大，越有助于促进企业提升成本效率水平。该回归结论与变量相关分析所得结论相比，既有相同之处，也有不一致的地方。相同之处是这两个结论均显示行业集中度与企业成本效率水平正相关；不同之处是变量相关分析结论显示行业集中度与企业成本效率水平的正相关性不显著，而回归结论则表明行业集中度与企业成本效率水平的正相关性显著。

（4）稳健性检验。

一是变更企业规模表征变量。在实证研究中，学术界常常使用资产总额、从业人员以及营业收入等单项指标来表征企业规模，这类变量属于连续变量。在回归分析中，出于减小各个自变量之间数量级差异的考虑，笔者对企业规模的表征方法进行了改进，即使用以资产总额为基础的相对数来表示企业规模（企业资产总额÷全部观测样本中资产总额最大值），而根据国家统计局于 2017 年 12 月 28 日印发的《统计上大中小微型企业划分办法（2017）》规定，企业规模需要从营业收入和从业人员两个维度进行综合衡量，其对企业规模类型进行划分的结果是类别结果，即大型企业、中型企业、小型企业和微型企业。鉴于此，笔者变更企业规模表征指标，重新进行模型回归。重新回归后，所得回归结果如图 4 - 2 所示。

Source	SS	df	MS		Number of obs	=	2,889
					F(7, 2881)	=	76.94
Model	1.58961818	7	0.227088311		Prob > F	=	0.0000
Residual	8.50346076	2,881	0.002951566		R-squared	=	0.1575
					Adj R-squared	=	0.1554
Total	10.0930789	2,888	0.003494833		Root MSE	=	0.05433

CEcs	Coef.	Std. Err.	t	P>|t|	[95% Conf. Interval]	
GTMD	0.327602	0.0370943	8.83	0.000	0.254868	0.4003361
ZCJG	0.0742001	0.0065581	11.31	0.000	0.061341	0.0870592
QYSCDW	0.009718	0.0013344	7.28	0.000	0.0071015	0.0123345
ZBJG	-0.0120119	0.0061637	-1.95	0.051	-0.0240976	0.0000738
SFSP	-0.4402136	0.1120789	-3.93	0.000	-0.6599765	-0.2204507
2.QYGM_LB	0.0352599	0.0032589	10.82	0.000	0.02887	0.0416498
HYJZD	0.0270676	0.0102741	2.63	0.008	0.0069222	0.047213
_cons	0.1347245	0.0244986	5.50	0.000	0.086688	0.1827611

图 4 - 2　变更企业规模表征变量后稳健性检验结果

图 4 - 2 中数据显示，在变更企业规模的表征变量之后，所得回归结果与主回归结果基本一致，两次回归的最大差异是变更企业规模的表征变量之后，资本结构的回归系数显著性有所降低。尽管如此，该回归系数也仍然在 10% 的水平上统计显著。

二是变更资本结构计量方法。笔者在主回归中，采用了资本结构的常用表征方法，即使用资产负债率来表征资本结构。有研究（李宝仁和张院，2010）表明，在我国上市公司负债融资结构中，短期负债占总负债的大部分，就我国制造业上市公司而言，平均资产负债率是 47.15%，而短期负债率却高达 40.97%，长期负债率仅为 6.18%。鉴于此，笔者变更使用资产短期负债率（流动负债÷资产总额）来表征企业的资本结构，重新进行模型回归。重新回归后，所得回归结果与主回归结果同样基本一致，结果如图 4 - 3 所示。

```
    Source |       SS           df       MS            Number of obs   =     2,889
-----------+----------------------------------        F(7, 2881)      =     61.12
     Model | 1.30504731          7  0.186435329        Prob > F        =    0.0000
  Residual | 8.78803163      2,881  0.003050341        R-squared       =    0.1293
-----------+----------------------------------        Adj R-squared   =    0.1272
     Total | 10.0930789      2,888  0.003494833        Root MSE        =    0.05523

-----------------------------------------------------------------------------------
      CEcs |      Coef.   Std. Err.       t     P>|t|      [95% Conf. Interval]
-----------+-----------------------------------------------------------------------
      GTMD |  0.3054725   0.0376784      8.11    0.000     0.2315932    0.3793518
      ZCJG |  0.0567593   0.0067634      8.39    0.000     0.0434977    0.0700208
    QYSCDW |  0.0098206   0.0013618      7.21    0.000     0.0071504    0.0124908
   ZBJG_DQ | -0.0421535   0.0071717     -5.88    0.000    -0.0562156   -0.0280914
      SFSP | -0.4723366   0.1138747     -4.15    0.000    -0.6956207   -0.2490524
      QYGM |  0.0802119   0.025114       3.19    0.001     0.0309686    0.1294551
    HYJZD  |  0.0314597   0.0104575      3.01    0.003     0.0109547    0.0519647
     _cons |  0.1688066   0.0248731      6.79    0.000     0.1200357    0.2175775
-----------------------------------------------------------------------------------
```

图 4 - 3　变更资本结构计量方法后稳健性检验结果

4.1.3　研究结论及启示

基于中国传统制造业企业成本效率变迁一般性影响因素的理论分析与实证检验，笔者得到如下结论及启示：

（1）中国传统制造业企业成本效率变迁受到众多一般性影响因素的影响。在排除变量之间的多重共线性关系之后，影响企业成本效率变迁的一般性因素主要有公路铁路密度、资产结构、企业市场地位、资本结构、税负水平、企业规模和行业集中度，等等，涉及宏观环境、行业竞争和企业异质方面。这说明企业成本效率变迁是企业内外多种因素共同作用的综合结果，缺少任何一方面的助推因素都将无法实现中国传统制造业企业成本效率水平的有效提升。

（2）交通运输基础设施建设对于中国传统制造业企业成本效率变迁具有显著的正向影响，公路铁路密度每增加 1 个单位，中国传统制造业企业成本效率水平将增加 0.3064 个单位。因此，我国政府部门应该进一步推进交通运输基础设施建设，为企业发展创造更好的交通运输条件。

（3）税负水平是影响中国传统制造业企业成本效率变迁的又一重要因素，税负水平每降低 1 个单位，中国传统制造业企业成本效率水平将增加 0.4742 个单位。因此，国家政府部门应该继续推进企业减税降费工作，为企业创造更好的营商环境。

（4）资产结构、企业市场地位、资本结构、企业规模和行业集中度等因素虽然对中国传统制造业企业成本效率变迁的影响力较小，但是它们都能够在1%的水平上对中国传统制造业企业的成本效率产生显著影响，因此，中国传统制造业企业应该加强自身条件的优化建设，比如，增加固定资产在总资产中的比例以提高企业生产过程的技术水平，降低资产负债率以减轻资金成本对企业构成的压力，适度提高企业规模以获得规模经济效应，等等。同时，政府部门也应该出台相关政策，鼓励传统制造业企业做大做强，提升行业集中度，塑造行业领军龙头企业，带动整个行业的发展。

（5）尽管影响中国传统制造业企业成本效率变迁的一般性因素众多，但这些因素在统计上仅能解释成本效率总变异的12.66%。这说明除了本部分研究所涉及的一般性影响因素之外，还有其他更多的因素或者影响力更强的因素会影响到中国传统制造业企业成本效率水平的变迁。这有待于学术界作出进一步的探讨与研究。鉴于此，笔者将在后续研究中从企业决策行为的角度对中国传统制造业企业成本效率的变迁机理作出进一步的探讨。

4.2　CEO变更决策对中国传统制造业企业成本效率变迁的影响

4.2.1　文献回顾

4.2.1.1　CEO的界定

CEO（chief executive officer），即首席执行官，是企业中负责日常事务的最高行政官员，在企业内部拥有最终的执行权力。在我国学术界，绝大多数文献都将公司总经理看作CEO。但从严格意义上来讲，CEO既不是总经理，也不是董事长，它的出现在某种意义上代表着原来传统的"董事会—董事长—总经理"治理模式下董事长的部分决策权力过渡到了总经理手中，因此，CEO的权力介于董事长与总经理之间。由于我国上市公司对CEO职能缺乏明确的界定，西方国家CEO所承担的决策执行和日常管理职能经常由董事长或者总经理来共同承担（张霁若，2017），因此，笔者将 CEO 界定为董事长和（或）总经理。就 CEO 变更决策而言，只要董事长和（或）总经理发生了任免变更，笔者就认为该企业发生了 CEO 变更。

4.2.1.2　CEO 变更决策的业绩敏感性

考夫兰和施密特（Coughlan and Schmidt，1985）首次研究了公司业绩变化与 CEO 变更之间的关系，他们在控制行业和系统性影响因素之后，发现公司的市场业绩与 CEO 变更概率之间呈现出显著的负相关关系，由此拉开了学术界关于 CEO 变更影响因素研究的序幕。魏斯巴赫（Weisbach，1988）以 1973～1983 年纽约证券交易所 367 家上市公司的数据作为研究样本，研究后发现公司业绩与高管变更存在着显著的负相关关系。詹森和墨菲（Jensen and Murphy，1990）以 1974～1986 年 1295 家上市公司为样本展开研究，其研究结果显示业绩相对较差的上市公司发生高管变更的可能性大于业绩相对较好的上市公司发生高管变更的可能性。吉尔森（Gilson，1989）和丹尼斯（Denis，1995）基于经理人能力假说，研究后认为当公司业绩出现下滑时，公司股东通常会认为这是由于 CEO 的经营能力有限或者他们不够努力所致，于是公司股东将采取变更 CEO 的决策以期改善公司业绩。叶建芳等（2014）对预算考评与 CEO 变更的关系展开研究后发现，CEO 变更的概率与上市公司预算完成的程度显著负相关，与该上市公司能否实现预算目标也显著负相关。此外，范希尔（Vancil，1987）、陈璇和刘卉（2006）和周林洁和邱汛（2013）等的研究也显示，公司业绩的恶化会促使高管变更的发生，因为及时更换经营业绩较差的 CEO 通常被看作一种有效的公司治理机制（Jensen and Warner，1988；王福胜和王摄琰，2012），以及公司实现扭亏为盈的手段（于然和徐瑶，2016）。

当然，也有部分学者并不认同公司业绩与 CEO 变更之间存在负相关关系。赫森等（Huson et al.，2001）以 1971～1994 年美国上市公司为样本进行研究，但没有发现公司业绩与 CEO 变更之间存在明显关系的证据。替罪羊理论（Khanna and Poulsen，1995）从信号传递的角度分析认为，股东作出更换业绩较差的 CEO 的决策并不是因为 CEO 个人能力差或者其工作努力程度不够，而是为了在公司业绩不佳时向外界传递公司及时作出调整的信号，此时的 CEO 只不过是被用来充当了"替罪羊"而已。从现有文献来看，持有此类观点的学者并不占多数，大多数学者都认为业绩较差的公司更容易变更其 CEO（李维安等，2017）。

随着研究的深入，学术界发现，CEO 变更的业绩敏感性会受到其他多种因素的调节影响。

（1）降低 CEO 变更业绩敏感性的因素。游家兴等（2010）以中国 1998～2008 年被特别处理的 388 家公司中 842 位高层管理人员的变更情况作为研究样本进行实证检验，他们研究后发现公司高管的政治关联越密切，其因业绩低劣而被迫离职的可能性会越小。王锟和李伟（2012）以及周林洁和邱汛（2013）的研究还进一步表明，这种政治关联对业绩较差的 CEO 的"保护伞"效用只发生在非国有企业，因为 CEO 的政治背景在非国有企业能够弥补所有权层面政治关联的缺失。陈德球等（2013）的研究发现，差业绩 CEO 与控股股东的特殊关系可以降低其被免职的概率。单蒙蒙和宋运泽（2019）以 2008～2017 年中国 A 股家族企业作为研究样本，实证检验公司业绩、亲缘关系以及 CEO 变更之间的关系，他们的研究结果表明，公司业绩下降会提高 CEO 变更的可能性，但亲缘关系会降低 CEO 变更的业绩敏感性，从而印证了陈德球等（2013）的观点。此外，公司大股东的掏空行为（苏冬蔚和熊家财，2013）、企业多元化经营（欧阳瑞，2010）以及 CEO 权力的增强（Goyal and Park，2002；刘星等，2012）同样会降低 CEO 变更的业绩敏感性。

（2）增强 CEO 变更业绩敏感性的因素。韦斯巴赫（Weisbach，1988）从董事会构成的角度研究了公司经营业绩对高管离职的影响，其研究结果表明，高管离职的概率与公司经营业绩存在着反向相关的关系，并且外部董事比例越高，公司高管离职的业绩敏感性会越强。法律执行力能够提高 CEO 变更的业绩敏感性（Defond and Hung，2004）。冯旭南和李心愉（2012）以 2000～2010 年中国地方国有上市公司作为研究样本，研究高管变更的决定因素，结果发现，上市公司经营业绩越差，则其变更高管的可能性会越大，而且，在市场化程度较高的地区，公司高管变更的业绩敏感性会更高。

4.2.1.3　影响 CEO 变更决策的其他因素

尽管业绩变差是导致 CEO 变更的最为重要的因素，但是 CEO 变更还会受到其他多种因素的影响，包括公司外部因素、公司层面因素和 CEO 个人因素（薛胜昔和李培功，2017）。真特和迦南（Jenter and Kanaan，2015）发现，当行业整体经营业绩较差时，公司高管更有可能被解雇，而且这种现象在经济衰退时更加明显。马丁和麦康奈尔（Martin and McConnell，1991）研究了控股权的转移是否会对公司高级管理人员的变更产生影响，其研究结果表明经营业绩低下的公司更加容易发生控股权转移，而控股权转移又会提升高级管理人员变更的可能性。赵国宇（2017）的研究支持了这一观点，即公司控制权转移一般会同时引起 CEO 变更。此外，学术界还从产品市场竞争（Defond and Park，1999）、外部审计治理（蒋荣等，2007）、制度环境（丁烈云和刘荣英，2008）、资本预算（Hornstein，2013）、财务违规与重述（Kryzanowski and Zhang，2013）、公司文化（Fiordelisi and Ricci，2014）、职业经理人市场机会（Liu，2014）、企业并购（Cesari et al.，2016）等多个角度探讨了 CEO 变更的影响因素。

4.2.1.4　CEO 变更决策的经济后果

从前面可以看出，CEO 变更的原因有很多，甚至可以说是不一而足。无论基于何种原因而更换 CEO，企业所有者总是期望继任 CEO 能够为企业带来更好的经营业绩。那么，继任 CEO 是否真的能够如其所愿呢？

一部分学者认为变更 CEO 将导致公司业绩下降。格鲁斯基（Grusky，1963）认为变更 CEO 会破坏组织的稳定性以及政策的连续性，从而会引发公司业绩的进一步下降和 CEO 变更的再一次发生，进而导致公司处于恶性循环之中。朱红军（2002）的研究也显示，总经理的变更并没有显著提升公司业绩。赵淑芳（2016）基于恶性循环理论进行研究，发现公司业绩在 CEO 变更之后出现了下滑。于然和徐瑶（2016）通过实证研究发现，CEO 的变更频次对民营上市公司绩效有显著的负向影响，即在一定时期内变更 CEO 的频次越多，公司绩效会越差。

另一部分学者的研究结果表明，变更 CEO 将提升公司业绩。奥卡西奥（Ocasio，1994）认为 CEO 变更为公司与环境的再匹配提供了重要契机，这将有助于公司克服在长期发展过程中所形成的组织惰性，进而有助于公司业绩的提升。丹尼斯（Denis，1995）研究后发现强制性变更 CEO 之后公司经营业绩出现了明显的改善。费和哈德洛克（Fee and Hadlock，2004）基于经理人能力假说，认为继任 CEO 的经营管理能力会超越前任 CEO 的经营管理能力，因此变更 CEO 之后公司业绩预期将得到改善。陈健等（2006）以公司控制权的变化作为研究的切入点，研究后发现在公司控制权发生变化之后，高级管理人员发生变更的公司的绩效会显著提高，而且其绩效表现会优于在公司控制权发生变化后未变更高级管理人员的上市公司的绩效。游家兴等（2010）的研究发现董事长和总经理同时离职的公司的未来业绩表现要明显好于两职都未变更的公司的业绩。叶玲和李心合（2011）以中国 A 股2003～2007 年上市公司作为研究样本，研究发现，CEO 变更之后公司业绩得到了改善，但提升的业绩主要来源于线下项目、非经常性损益类项目，而不是公司的主营业务。刘星等（2012）以 2004～2008 年上市公司作为研究样本，实证发现发生了高管变更的公司的未来业绩有明显提高，但这一业绩促进效应仅在权力较小的高管被变更之后出现，而权力较大的高管被变更之后公司业绩并没有得到改进。黄志忠等（2015）基于公司治理视角，研究后发现变更了 CEO 并且拥有女性董事的公司，随着 CEO 的变更，公司业绩得到了显著提升。黄幸娟和严子淳（2015）经过实证检验发现，CEO 变更在整体上能够改善上市公司的业绩，而且业绩效应将在变更 CEO 之后的一定滞后期内逐步显现。

此外，还有部分学者对 CEO 变更之后的公司业绩变化持模糊态度。甘松和思高奇（Gamson and Scotch，1964）提出的"替罪羊假说"认为公司业绩下降之后对 CEO 进行变更仅仅是安抚股东的一种策略，而被变更的 CEO只不过在其中扮演了"替罪羊"的角色而已。关健和段澄梦（2017）认为CEO 变更并没有明显改善公司业绩，只是带来了更显著的盈余管理。

由上可见，从现有文献的研究结论来看，学术界关于 CEO 变更决策的经济后果研究并未得出一致的结论。这可能缘于 CEO 变更的治理效应具有二重性（Murphy and Zimmerman，1993）：一方面，CEO 变更机制能够对 CEO 产生压力，防止其以权谋私，从而能够降低代理成本，提升公司绩效；另一方面，不合适的 CEO 变更决策又会破坏管理团队的稳定性和公司经营政策的持续性，从而影响长期战略目标的执行，并给公司绩效带来负面影响。当然，研究结论的差异也可能源于异质的研究样本。

鉴于 CEO 在提高企业产品市场竞争力以及促进企业改善经营管理效率方面具有巨大的作用（赵国宇，2017），而成本效率不但能够衡量企业绩效，而且能够体现企业的市场竞争力，因此，笔者拟从成本效率的角度来探讨 CEO 变更所导致的中国传统制造业企业的绩效变化。

4.2.2　理论分析与研究假设

4.2.2.1　CEO 变更决策能否改善中国传统制造业企业成本效率水平

笔者认为，无论基于何种原因而更换 CEO，企业所有者总是期望继任 CEO 的经营管理能力能够超过前任 CEO（Fee and Hadlock，2004），能够在未来为企业带来更好的经营业绩，因此，无论继任 CEO 的经营管理能力如何，他们总是企业所有者在当时条件下作出的最优任免决策。同时，CEO 变更也为公司与环境的再匹配提供了重要契机（Ocasio，1994），有助于公司克服在长期发展过程中所形成的组织惰性，进而会有助于公司业绩的提升。从 CEO 个人角度来讲，继任 CEO 获得新的更高职位，这既是对其个人能力的肯定，同时也为其施展个人才能提供了机会，因此，无论是为了回报相关部门或组织的"识才用才"之恩，还是为了展现个人才能以实现自身价值，继任 CEO 都会倍加努力工作，尤其是在刚上任初期更是如此。因此，笔者提出：

假设 4－1：CEO 变更决策将改善中国传统制造业企业的成本效率。

4.2.2.2　投资业务调整是否有助于继任 CEO 改善中国传统制造业企业成本效率水平

投资业务既是企业实现收入的载体，同时也是企业成本费用支出的重要方面，它关系着企业的经营绩效。从一定程度上讲，企业经营的成败取决于企业在投资业务上的成败。企业所有者更换 CEO 之后，继任 CEO 为了实现更好的企业绩效水平，他们通常会对前任的历史决策行为进行评价，直接表现就是对企业当前的投资业务进行调整。继任 CEO 对企业当前投资业务进行调整的具体情形包括因认为企业原有投资过度而撤回投资，或者因认为企业原有投资不足而增加投资，或者因认为企业原有投资业务单一而进行多元化投资，或者因认为企业原有投资业务过度多元化而缩减投资范围，等等。无论何种形式的投资业务调整，这都将引起企业投资活动产生的现金流量发生变化。笔者以检验中国传统制造业企业成本效率变迁一般性影响因素时使用的样本作为初始研究样本，以经过资产总额标准化处理后的企业投资活动产生的现金流量（投资活动现金流入的绝对值 + 投资活动现金流出的绝对值）作为企业投资业务调整行为的表征变量，统计分析中国传统制造业企业在变更 CEO 前 1 年、变更 CEO 当年以及变更 CEO 后 1 年在投资业务调整上是否存在差异。统计结果如表 4-8 所示。

表 4-8　　　　　　CEO 变更前后投资业务调整强度比较

时期	投资业务调整均值			均值差异及显著性
	CEO 变更前 1 年	CEO 变更当年	CEO 变更后 1 年	
CEO 变更当年与前 1 年	0.2118	0.2450	—	0.0332 * （1.8235）
CEO 变更当年与后 1 年	—	0.2450	0.2662	0.0212 （1.1340）
CEO 变更后 1 年与前 1 年	0.2118	—	0.2662	0.0545 *** （3.1949）

注：括号内数字为 t 值；*** 表示在 1% 水平上统计显著；* 表示在 10% 水平上统计显著。

可见，中国传统制造业企业在变更 CEO 当年以及后 1 年的投资业务调整行为强度都比前 1 年的要大。那么，这些投资业务调整行为是否能够改善中国传统制造业企业的成本效率水平呢？笔者分析后认为，继任 CEO 的投资业务调整行为都是在对前任 CEO 投资决策及其效果的分析基础之上所作出的完善与创新，这些完善与创新措施在理论上预期都会产生积极的影响，并最终体现为公司业绩的提升。因此，笔者提出：

假设 4-2：投资业务调整有助于继任 CEO 改善中国传统制造业企业的成本效率水平。

4.2.3　研究设计

4.2.3.1　样本选择及数据来源

本部分的初始研究样本为前文检验中国传统制造业企业成本效率变迁一般性影响因素时所使用的观测样本，观测样本中所补充的数据来源于 Wind 数据库和 RESSET 数据库。

4.2.3.2　变量定义

（1）因变量。在本部分研究中，笔者探讨的是成本效率变迁机理，因此，以成本效率作为因变量。成本效率的具体取值来自笔者在前面研究中所测算得出的成本效率值（CEcs）。

（2）自变量。笔者在本部分探讨成本效率变迁机理时，具体探讨两方面内容：一是企业更换 CEO 将给企业成本效率变迁带来什么样的影响，因此，CEO 变更是自变量，当企业发生 CEO 变更，即总经理和（或）董事长发生变更时，该变量取值为1，否则，变量取值为0。二是投资业务调整是否有助于继任 CEO 改善中国传统制造业企业的成本效率水平，因此，投资业务调整也是自变量。由于调整投资业务将引起企业投资活动产生的现金流量发生变化，因此，笔者采用如下计算公式定量确定投资业务调整变量大小：

$$投资业务调整 = \frac{投资活动现金流入的绝对值 + 投资活动现金流出的绝对值}{资产总额}$$

（3）控制变量。笔者以前面理论分析并经逐步回归得出的对中国传统制造业企业成本效率变迁具有显著影响的一般性影响因素作为控制变量，具体包括公路铁路密度、资产结构、企业市场地位、资本结构、税负水平、企业规模和行业集中度，共计7个控制变量。

笔者将本部分研究中所使用的变量情况汇总如表4-9所示。

表 4 – 9 变量定义

变量类型	变量名称	变量代码	变量定义
因变量	成本效率	CE	根据前面测算结果取值
自变量	CEO 变更	CEO	总经理和（或）董事长发生变更时，自变量取值为1；否则，自变量取值为0
	投资业务调整	YWTZ	投资业务调整＝（投资活动现金流入的绝对值＋投资活动现金流出的绝对值）÷资产总额
控制变量	公路铁路密度	GTMD	根据《中国统计年鉴》（2021 版）以及交通运输部官网公布的数据进行整理
	资产结构	ZCJG	非流动资产占比＝非流动资产额÷资产总额
	企业市场地位	QYSCDW	营业毛利率优势＝企业营业毛利率÷行业内所有企业加权平均的营业毛利率
	资本结构	ZBJG	资产负债率＝负债总额÷资产总额
	税负水平	SFSP	将 Wind 金融数据库收录的全部 A 股上市公司数据代入"（税金及附加＋所得税）÷营业收入"计算
	企业规模	QYGM	企业规模＝企业资产总额÷全部观测样本中资产总额最大值
	行业集中度	HYJZD	赫芬达尔—赫希曼指数，将数据齐全的所有样本均纳入计算

4.2.3.3 模型设计

（1）为检验假设 4 – 1，笔者设计如下检验模型：

$$CE_{i,t} = \beta_0 + \beta_1 \cdot CEO_{i,t} + \beta_2 \cdot GTMD_t + \beta_3 \cdot ZCJG_{i,t} + \beta_4 \cdot QYSCDW_{i,t}$$
$$+ \beta_5 \cdot ZBJG_{i,t} + \beta_6 \cdot SFSP_t + \beta_7 \cdot QYGM_{i,t} + \beta_8 \cdot HYJZD_t + \varepsilon_{i,t}$$

$$(4 - 1)$$

其中，β_0 为回归常数项，$\beta_1 \sim \beta_8$ 为变量回归系数，$\varepsilon_{i,t}$ 为随机扰动项，其余各代码的含义见自变量定义见表 4 – 1。如果假设 4 – 1 成立，那么 β_1 将显著为正。

（2）为检验假设 4 - 2，笔者设计如下检验模型：

$$CE_{i,t} = \alpha_0 + \alpha_1 \cdot CEO_{i,t} + \alpha_2 \cdot YWTZ_{i,t} + \alpha_3 \cdot CEO_{i,t} \cdot YWTZ_{i,t} + \alpha_4 \cdot GTMD_i$$
$$+ \alpha_5 \cdot ZCJG_{i,t} + \alpha_6 \cdot QYSCDW_{i,t} + \alpha_7 \cdot ZBJG_{i,t} + \alpha_8 \cdot SFSP_i$$
$$+ \alpha_9 \cdot QYGM_{i,t} + \alpha_1 0 \cdot HYJZD_i + \sigma_{i,t} \qquad (4 - 2)$$

其中，α_0 为回归常数项，$\alpha_1 \sim \alpha_{10}$ 为变量回归系数，$\sigma_{i,t}$ 为随机扰动项，其余各代码的含义见变量定义表。如果假设 4 - 2 成立，那么 α_3 将显著为正。

4.2.4　实证结果与稳健性检验

4.2.4.1　实证结果

（1）关于假设 4 - 1 的实证结果。笔者运用模型（4 - 1）对该问题进行了实证检验，检验结果如图 4 - 4 所示。

Source	SS	df	MS		Number of obs	=	2,888
					F(8, 2879)	=	52.43
Model	1.28271455	8	0.160339319		Prob > F	=	0.0000
Residual	8.80429369	2,879	0.003058108		R-squared	=	0.1272
					Adj R-squared	=	0.1247
Total	10.0870082	2,887	0.003493941		Root MSE	=	0.0553

CEcs	Coef.	Std. Err.	t	P>|t|	[95% Conf. Interval]	
CEO	0.0017029	0.0024395	0.70	0.485	-0.0030803	0.0064862
GTMD	0.3078351	0.0378232	8.14	0.000	0.2336717	0.3819984
ZCJG	0.0628391	0.0067118	9.36	0.000	0.0496786	0.0759995
QYSCDW	0.0101873	0.0013579	7.50	0.000	0.0075247	0.0128498
ZBJG	-0.0321254	0.0063218	-5.08	0.000	-0.044521	-0.0197297
SFSP	-0.4726727	0.1140477	-4.14	0.000	-0.6962961	-0.2490493
QYGM	0.0836308	0.0255141	3.28	0.001	0.033603	0.1336587
HYJZD	0.0318825	0.0104815	3.04	0.002	0.0113306	0.0524344
_cons	0.162539	0.0249011	6.53	0.000	0.1137133	0.2113647

图 4 - 4　CEO 变更决策对中国传统制造业企业成本效率的影响

图 4 - 4 中数据显示，模型（4 - 1）的线性关系是显著的（Prob > F = 0.0000），它可以解释成本效率水平变异的 12.72%（R - squared = 0.1272），但就 CEO 变更决策来讲，虽然 CEO 变更的回归系数为 0.0017，与企业成本效率水平的变化方向相同，但该变量并未通过显著性检验（p > | t | = 0.485），因此，笔者认为，假设 4 - 1 不成立，即 CEO 变更决策不能改善中国传统制造业企业的成本效率水平，至少其改善成本效率水平的效果不明显。该实证结果对人们最直观的启示就是，尽管 CEO 对企业绩效变差负有

很大的责任，但是当企业所有者期望提升企业绩效时，却不能将更换 CEO（董事长或总经理）作为提升企业绩效的关键因素，因为更换 CEO 并不能使企业绩效得到明显的改善。

（2）关于假设 4 - 2 的实证结果。笔者运用模型（4 - 2）对该问题进行了实证检验，检验结果如图 4 - 5 所示。

Source	SS	df	MS			
				Number of obs	=	2,888
				F(10, 2877)	=	42.75
Model	1.30483443	10	0.130483443	Prob > F	=	0.0000
Residual	8.78217381	2,877	0.003052546	R-squared	=	0.1294
				Adj R-squared	=	0.1263
Total	10.0870082	2,887	0.003493941	Root MSE	=	0.05525

CEcs	Coef.	Std. Err.	t	P>|t|	[95% Conf. Interval]	
CEO	0.0016065	0.0026794	0.60	0.549	-0.0036472	0.0068602
YWTZ	0.0053915	0.0024545	2.20	0.028	0.0005787	0.0102042
CEOYWTZ	0.0007276	0.0043676	0.17	0.868	-0.0078363	0.0092914
GTMD	0.2943848	0.0381275	7.72	0.000	0.2196249	0.3691447
ZCJG	0.0636309	0.0067132	9.48	0.000	0.0504678	0.076794
QYSCDW	0.0102737	0.001358	7.57	0.000	0.007611	0.0129364
ZBJG	-0.0281464	0.0064909	-4.34	0.000	-0.0408737	-0.015419
SFSP	-0.4579695	0.1141569	-4.01	0.000	-0.6818071	-0.2341319
QYGM	0.0822884	0.0254981	3.23	0.001	0.032292	0.1322848
HYJZD	0.0306636	0.0104832	2.93	0.003	0.0101083	0.0512189
_cons	0.1641913	0.0248888	6.60	0.000	0.1153896	0.2129929

图 4 - 5　投资业务调整对继任 CEO 改善中国传统制造业企业成本效率的影响

图 4 - 5 中数据显示，模型（4 - 2）的线性关系是显著的（Prob > F = 0.0000），它可以解释成本效率水平变异的 12.94%（R - squared = 0.1294），但就投资业务调整行为来讲，虽然其自身能够在 5% 的水平上对成本效率产生显著的正向影响，但它并不能在 CEO 变更改善企业成本效率过程中起到显著的助推作用，因为 CEO 变更和投资业务调整的交叉项系数虽然为正，但未能通过显著性检验（p > | t | = 0.868）。因此，笔者认为，假设 4 - 2 不成立，即投资业务调整未能在继任 CEO 改善中国传统制造业企业成本效率的过程中起到助推作用。该实证结果虽然与笔者的研究假设不一致，但笔者还是可以从中得到有益的启示，即尽管投资业务调整决策未在继任 CEO 改善中国传统制造业企业成本效率的过程中起到助推作用，但调整投资业务却能够显著地改善企业成本效率水平，因此，在任 CEO 应该积极主动地对现有业务进行再评价与再决策，及时纠错，以实现更好的企业绩效。

4.2.4.2　稳健性检验

（1）成本效率滞后 1 期：检验 CEO 变更决策能否改善下一年度的成本效率水平。

根据经验与常识，继任 CEO 对企业绩效的影响总是存在着一定的滞后期，因此，CEO 变更当年的企业绩效水平并不能完全体现继任 CEO 的经营能力，同时，CEO 变更当年的企业绩效不但要受到继任 CEO 的决策影响，同时也会受到前任 CEO 的影响，鉴于此，笔者改用 CEO 变更之后下一年度的成本效率水平作为模型（4－1）中的因变量，以用于检验 CEO 变更决策能否改善下一年度的成本效率水平，检验结果如图 4－6 所示。

Source	SS	df	MS			
				Number of obs	=	2,159
				F(8, 2150)	=	38.41
Model	.930395709	8	0.116299464	Prob > F	=	0.0000
Residual	6.50919085	2,150	0.003027531	R-squared	=	0.1251
				Adj R-squared	=	0.1218
Total	7.43958656	2,158	0.003447445	Root MSE	=	0.05502

CEcs_ZH1Q	Coef.	Std. Err.	t	P>|t|	[95% Conf. Interval]	
CEO	-0.001223	0.0028069	-0.44	0.663	-0.0067276	0.0042816
GTMD	0.3643037	0.040786	8.93	0.000	0.2843196	0.4442877
ZCJG	0.0668292	0.0077611	8.61	0.000	0.0516093	0.0820492
QYSCDW	0.0078752	0.0015454	5.10	0.000	0.0048447	0.0109058
ZBJG	-0.0365451	0.0074049	-4.94	0.000	-0.0510666	-0.0220236
SFSP	-.3841215	0.1469485	-2.61	0.009	-0.6722975	-0.0959455
QYGM	-0.1223798	0.0324232	3.77	0.000	0.0587957	0.1859638
HYJZD	-0.0328461	0.0115541	2.84	0.005	0.0101877	0.0555045
_cons	-0.1392119	0.02681	5.19	0.000	0.0866356	0.1917882

图 4－6　成本效率滞后 1 期稳健性检验结果

图 4－6 中数据显示，当在模型（4－1）中改用 CEO 变更之后下一年度的成本效率（CEcs_ZH1Q）作为因变量时，CEO 变更决策对企业成本效率水平的影响不但不显著（$p > |t| = 0.663$），而且其影响方向还发生了改变，即 CEO 变更与下一年度的成本效率水平负相关。这再次表明，更换 CEO 不是提升中国传统制造业企业成本效率水平的关键因素。

（2）改变投资业务调整变量的计量方法：以投资活动现金流入量作为继任 CEO 进行投资业务调整的表征变量，检验投资业务调整是否有助于继任 CEO 改善中国传统制造业企业的成本效率水平。

尽管前任 CEO 在投资决策上既可能存在投资过度问题，也可能存在投资不足问题，但是继任 CEO 在评价前任 CEO 投资决策的合理性时，更多的是从是否存在投资过度的角度进行评价，因为投资过度不但不能实现企业价值最大化，而且还浪费了企业资金，占用了企业有限的资源。因此，笔者在模型（4-2）中使用经资产总额标准化处理之后的投资活动现金流入量来表征继任 CEO 对投资业务的调整，以此检验投资业务调整是否有助于继任 CEO 改善中国传统制造业企业的成本效率水平。检验结果如图 4-7 所示。

```
  Source |       SS          df       MS            Number of obs   =    2,888
---------+------------------------------             F(10, 2877)     =    42.54
   Model | 1.29927139        10 0.129927139          Prob > F        =    0.0000
Residual | 8.78773685     2,877 0.003054479          R-squared       =    0.1288
---------+------------------------------             Adj R-squared   =    0.1258
   Total | 10.0870082     2,887 0.003493941          Root MSE        =    0.05527

-------------------------------------------------------------------------------
      CEcs |      Coef.   Std. Err.      t    P>|t|     [95% Conf. Interval]
-----------+-------------------------------------------------------------------
       CEO |   0.0014774  0.0025747     0.57   0.566    -0.0035711    0.0065259
   YWTZ_in |   0.0090055  0.004956      1.82   0.069    -0.000712     0.0187231
CEOYWTZ_in |   0.0023532  0.0087279     0.27   0.787    -0.0147603    0.0194667
      GTMD |   0.2955383  0.0381818     7.74   0.000     0.2206719    0.3704047
      ZCJG |   0.0638931  0.0067256     9.50   0.000     0.0507057    0.0770805
    QYSCDW |   0.0103371  0.001359      7.61   0.000     0.0076723    0.0130019
      ZBJG |  -0.0289015  0.0064765    -4.46   0.000    -0.0416006   -0.0162024
      SFSP |  -0.4604136  0.1141835    -4.03   0.000    -0.6843034   -0.2365239
      QYGM |   0.0822345  0.0255096     3.22   0.001     0.0322155    0.1322535
     HYJZD |   0.030927   0.0104844     2.95   0.003     0.0103693    0.0514847
     _cons |   0.1645217  0.0249028     6.61   0.000     0.1156926    0.2133509
-------------------------------------------------------------------------------
```

图 4-7　改变投资业务调整变量的计量方法后的稳健性检验结果

图 4-7 中数据显示，在改变投资业务调整变量的计量方法情况下，模型（4-2）的回归结果并未发生质的变化，CEO 变更与业务调整的交叉项回归系数虽然为正，但在统计上仍然不显著（$p > |t| = 0.787$）。该检验结果再次表明，投资业务调整并没有在继任 CEO 改善中国传统制造业企业的成本效率过程中起到助推作用。

4.2.5　研究结论及启示

企业所有者更换 CEO 的动因有很多，但业绩敏感性是其中最主要的影响因素之一。那么，企业所有者在更换 CEO 之后，继任 CEO 是否真能如其所愿地改善企业绩效呢？笔者以成本效率作为企业绩效表征变量，以中国传统制造业企业作为研究对象，实证检验了 CEO 变更对企业绩效的影响，以及投资业务调整决策在其中所起的助推作用。经过实证检验，笔者得到如下实证结论：第一，CEO 变更决策不能改善中国传统制造业企业的成本效率水平，至少其改善成本效率水平的效果不明显；第二，投资业务调整未在继任 CEO 改善中国传统制造业企业的成本效率过程中起到助推作用。

上述实证结果带给笔者的启示是：第一，尽管 CEO 对企业绩效变差负有很大的责任，但是当企业所有者期望提升企业绩效时，却不能将更换 CEO （董事长或总经理）作为提升企业绩效的关键考量因素，因为更换 CEO 并不能使企业绩效得到明显的改善。第二，尽管投资业务调整决策未在继任 CEO 改善中国传统制造业企业的成本效率过程中起到助推作用，但是调整投资业务本身却能够显著地改善企业的成本效率水平，因此，在任 CEO 应该积极主动地对现有业务进行再评价与再决策，及时纠错，以实现更好的企业绩效水平。

4.3 企业金融化决策对中国传统制造业企业成本效率变迁的影响

4.3.1 文献回顾

有数据显示[①]，2007 ~ 2018 年中国实体企业的平均总资产报酬率为 5. 17%，而金融资产的平均报酬率却高达 28. 47%。资产报酬率上的巨大差异诱使实体企业倾向于"弃实投虚"，将大量资金投入到金融和房地产等领域中去。CSMAR 数据库的统计数据显示，2008 年中国实体上市公司平均金融资产持有规模约为 10. 4 亿元，而 2020 年则达到 32. 8 亿元，比 2008 年持有量的三倍还要多（彭龙和詹惠蓉，2022）。可见，实体企业参与金融资产投资活动已经成为中国资本市场上不容忽视的现象（黄娟和刘韫瑜，2022）。学术界将资本市场上的这种现象称为企业金融化，并将其具体定义为企业将资源投资于金融资产的行为（Demir，2009）。当然，也有学者从金融化的结果来定义企业金融化，比如，克里普纳（Krippner，2005）认为企业金融化

---

① 吴一丁，郭启明，罗翔，等. 实体企业金融化对企业效率的影响研究［J］. 会计之友，2021（19）：78 - 85.

是指企业利润越来越多地通过金融资产投资而非通过生产与贸易渠道来获得。此外，还有部分学者同时从行为和收益两个角度来定义企业金融化，比如，斯托克哈墨（Stockhammer，2004）将企业金融化解释为非金融企业的金融交易活动增加，以及金融利润占总利润的份额上升。张成思等（2020）认为企业金融化是指实业部门持有更多的金融资产以及更多地从金融领域获取利益。考虑到本书致力于探讨企业决策行为对中国传统制造业企业成本效率水平的影响，因此，笔者支持德米尔（Demir，2009）的观点，仅从投资行为角度来定义企业金融化，因为这将更能够体现企业金融化的实质（俞鸿琳，2022），同时，这也是当前学术界对企业金融化的主流定义（李震林和易世威，2021）。

从企业金融化的理论逻辑来分析，非金融企业进行金融化的主要驱动因素在于金融投资的收益要比固定资产投资的收益高（Tori and Onaran，2018），从而在资本逐利本性的驱使下，企业将更多的资源投向了金融资产，以期获取更高的收益。那么，企业金融化之后是否真的就能够提升企业的绩效水平呢？从目前的研究文献来看，学者们得出的研究结论并不统一，大致存在以下三类结论。

第一种结论是企业金融化有助于提升企业绩效。支持该类观点的理论依据主要有：一是金融资产的收益率相对比较高，企业将闲置的资金用于购买金融资产将有助于优化企业的资金配置（徐珊，2019），为企业闲置资金提供新的投资机会（王红建等，2017），从而提高资金使用效率，同时，这还可以在一定程度上缓解企业由于经济利润下滑而导致的财务困境。二是金融资产具有"蓄水池"效应，能够在企业经营活动受到阻碍时，拓宽企业的融资渠道，提高企业融资能力和融资效率，缓解企业融资困境（Demir，2009；Gehringer，2013；Naeem and Li，2019），从而促进企业主营业务的发展。三是企业购买金融资产可以减少企业的现金持有量，降低企业代理成本，从而实现企业价值增值（Naeem and Li，2019）。苏达莫洛等（Soedarmono et al.，2018）在研究印度尼西亚公司的金融化情况时发现，金融化程度较深省份的企业绩效在总体上表现得更好。张明和罗灵（2017）分析了中国民营企业金融化对生产率的影响，其研究结果表明，企业金融化通过降低融资成本、扩大企业规模等渠道显著地提升了企业生产率。

第二种结论是企业金融化对企业绩效产生了负面影响。支持该类观点的学者认为，企业金融化不仅会对实业投资造成"挤占"效应，使企业投资规模偏离最优规模（Orhangazi，2008），而且还会挤占企业的研发投资（李震林和易世威，2021），抑制企业技术创新能力（谢家智等，2014），从而降低企业核心业务的增长潜力和绩效水平。陈赤平和孔莉霞（2020）基于 2007～2017 年中国 1763 家制造业上市公司的面板数据，分析制造业上市公司金融化、技术创新与全要素生产率之间的关系，他们的研究发现，企业金融化通过"挤出"技术创新导致企业全要素生产率降低。刘笃池等（2016）以 2008～2014 年中国 A 股非金融上市公司作为研究对象，研究发现，企业金融化对经营性业务的全要素生产率存在抑制效应，并且这种抑制效应在国有企业与非国有企业中都存在。杜勇等（2017）以 2008～2014 年中国 A 股上市公司作为研究样本，研究后发现企业金融化的"挤出"效应大于"蓄水池"效应，企业金融化降低了企业的创新投资和实物资本投资，损害了实体企业的未来主业业绩。徐和萱（Xu and Xuan，2021）认为金融投资取代或者"挤出"固定资产投资，将会拖累企业未来的核心经营业绩。郝凤霞和杨鸣（2022）以及雷新途等（2020）的实证结果都验证了企业金融化对公司绩效的负面影响。

第三种结论是企业金融化对企业绩效的影响呈现出倒"U"型关系。企业金融化的"蓄水池"效应和"挤占"效应在理论上都有各自的合理性，在实证检验中也都找到了相应的支持证据。这种完全对立的研究结论之间的争论引起了另一部分学者的思考，即企业金融化与企业绩效之间是否存在一种非线性的变动关系，当企业金融化水平超过某一阈值时，企业金融化与企业绩效之间的关系就会发生逆转。肖明和崔超（2016）以及郭丽丽和徐珊（2021）研究了企业金融化对企业经营绩效的影响，他们发现金融化程度与企业经营绩效之间存在倒"U"型关系。蔡艳萍和陈浩琦（2019）以及刘立夫和杜金岷（2021）研究了企业金融化对企业价值的影响，他们的研究结果都表明，企业金融化与企业价值之间呈现倒"U"型关系。胡海峰等（2020）则围绕企业金融投资行为与其生产效率的关系展开研究，研究结果显示，企业金融化与生产效率之间存在显著的倒"U"型关系，适度金融化能够提升企业生产效率，而过度金融化则会阻碍企业生产效率的提升。

4.3.2　理论分析与研究假设

金融资产是企业资金的一种存在形式。在自身条件的约束下，企业如何分配实物资产和金融资产的比例，在一定程度上取决于这两者投资回报率之间的相对大小（Fiebiger，2016），因此，企业金融化行为在本质上属于企业为追求高回报而实施的投资组合优化问题（Stockhammer，2004）。与实物资产相比，金融资产具有交易灵活、易变现、流动性强等诸多优点，而且，随着网络技术的发展和资本市场交易制度的完善，企业持有金融资产的优越性还将更加凸显。近年来，受到实业投资报酬率偏低以及金融投资报酬率高涨的双重叠加影响，越来越多的实体企业开始倾向于将资金投入到金融和房地产等领域中去，以追求更高的投资回报。笔者以 2008～2021 年中国非金融类上市公司作为统计对象①，统计中国非金融类上市公司在此期间的金融资产②持有水平，结果如表 4-10 所示。

表 4-10　中国非金融类上市公司平均持有金融资产（2008～2021 年）

年份	金融资产总额（亿元）	资产总计（亿元）	样本量（个）	平均持有金融资产（亿元）	金融化程度（%）
2008	5947	109191	1474	4.03	5.45
2009	7895	139650	1567	5.04	5.65
2010	10079	177179	1902	5.30	5.69
2011	11581	219253	2174	5.33	5.28
2012	14324	256031	2325	6.16	5.59
2013	16931	290180	2327	7.28	5.83
2014	20223	327257	2448	8.26	6.18

---

① 即剔除货币金融服务业（J66）、资本市场服务业（J67）、保险业（J68）和其他金融业（J69）。

② 关于金融资产的统计口径，见后面实证部分的具体界定。

续表

年份	金融资产总额 （亿元）	资产总计 （亿元）	样本量 （个）	平均持有金融资产 （亿元）	金融化程度 （％）
2015	25689	385266	2665	9.64	6.67
2016	33734	452664	2882	11.71	7.45
2017	43523	530340	3314	13.13	8.21
2018	52160	598103	3409	15.30	8.72
2019	68995	671930	3599	19.17	10.27
2020	80451	756691	4030	19.96	10.63
2021	92931	864213	4543	20.46	10.75

资料来源：作者整理。

表 4－10 中数据表明，我国非金融类上市公司平均持有的金融资产自 2008 年以来一直处于上升态势，由 2008 年的 4.03 亿元上升至 2021 年的 20.46 亿元，上升幅度高达 407％。从金融资产占资产总额的相对比例，即金融化程度来看，由 2008 年的 5.45％上升到 2021 年的 10.75％，13 年间上升了 5.3 个百分点，平均每年上升 0.41 个百分点。图 4－8 清晰地展示了中国非金融类上市公司在 2008～2021 年平均持有金融资产的情况及其变化趋势。

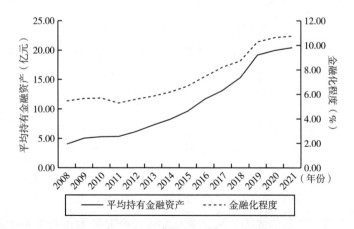

图 4－8 中国非金融类上市公司平均持有金融资产（2008～2021 年）

由此可见，我国非金融类上市公司近年来确实热衷于金融资产投资，实体企业虚拟化行为日益增多。那么，非金融类企业金融化之后是否真的就有助于提升其绩效水平呢？如前所述，当前的研究结论并不统一，有学者认为企业金融化有助于提升企业绩效，也有学者认为企业金融化对企业绩效产生了负面影响，还有学者认为企业金融化对企业绩效的影响呈现出倒"U"型的关系。

如果以成本效率作为企业绩效的表征指标，那么企业金融化与企业绩效之间又会呈现出怎样的关系？从目前的文献来看，还未有文献对此展开研究。鉴于此，笔者将以中国传统制造业企业作为观测样本，以笔者在前面所测算得出的成本效率作为企业绩效表征指标，探讨企业金融化决策对企业绩效的影响。

根据笔者在前面的定义，成本效率是指企业最小可能成本与实际成本之比，其实质就是企业的综合效率，并且成本效率可以被进一步分解为配置效率和技术效率。可见，企业金融化对企业成本效率的影响就直接体现为企业金融化对企业配置效率的影响，以及企业金融化对企业技术效率的影响。

就企业金融化对企业配置效率的影响而言，企业金融化可以为企业闲置资金提供新的投资机会（王红建等，2017），可以减少企业现金持有量，进而降低企业代理成本（Naeem and Li，2019），可以降低企业实业投资超过最优投资的程度，进而减缓企业过度投资行为（张昭等，2018），此外，企业金融化还可以帮助投资不足的公司缓解融资约束，拓宽资本来源，提高融资能力和融资效率，为企业快速发展提供资金支持（Gehringer，2013）。从这个角度讲，企业金融化能够有效发挥"蓄水池"效应，有助于提高企业资源配置效率，进而有助于提升企业成本效率水平。

就企业金融化对企业技术效率的影响而言，企业金融化会对企业实业投资造成"挤占"效应（Orhangazi，2008），尤其是挤占企业固定资产更新改造资金（Xu and Xuan，2021），以及能够影响企业长期业绩的技术创新资金（杜勇等，2017；陈赤平和孔莉霞，2020），这将不可避免地导致企业长期业绩变差，失去市场竞争优势。从这个角度讲，企业金融化将给企业绩效带来负面影响，不利于企业提升成本效率水平。

笔者认为，企业金融化是企业对自身资产结构的一种管理行为，是企业为追求高回报而实施的投资组合调整。当企业金融化程度不高，未影响到企业其他生产投入要素的资金需求时，企业金融化可以在一定程度上减少资金闲置，提高资金效率，进而提升企业成本效率水平；而当企业持有过多的金融资产，影响到其他生产投入要素的资金需求时，企业金融化则会挤出实体投资，破坏各生产要素之间的协调性，导致企业产能闲置，进而降低企业成本效率水平。由此，笔者提出如下假设：

假设 4-3：企业金融化对中国传统制造业企业成本效率水平的影响表现为倒"U"型关系。

4.3.3　研究设计

4.3.3.1　样本选择及数据来源

本部分的初始研究样本为前文检验中国传统制造业企业成本效率变迁一般性影响因素时所使用的观测样本，观测样本中所补充的数据来源于 Wind 数据库和 RESSET 数据库。

4.3.3.2　变量定义

（1）因变量。在本部分研究中，笔者探讨的是成本效率变迁机理，因此，以成本效率作为因变量。成本效率的具体取值来自笔者在前面研究中所测算得出的成本效率值。

（2）自变量。在本部分研究中，笔者关注的是企业金融化对中国传统制造业企业成本效率水平变迁的影响，因此，企业金融化程度是本部分实证研究中的自变量。进一步地，有学者（Demir，2009）认为企业金融化是企业将资源投资于金融资产的行为，即从投资行为的角度来定义企业金融化；也有学者（Krippner，2005）认为企业金融化是指企业利润越来越多地通过金融资产投资而非通过生产与贸易渠道来获得，即从行为结果的角度来定义企业金融化；还有学者（Stockhammer，2004）同时从投资行为和行为结果两个角度来定义企业金融化，即企业金融化是指非金融企业的金融交易活动增加，以及金融利润占总利润的份额上升。尽管当前学术界对企业金融化的定义存在不同的观点，但由于笔者在本部分研究中重点关注的是企业金融化行为对中国传统制造业企业成本效率水平的影响，因此，笔者仅从投资行为角度来定义企业金融化。

由于缺乏政府部门在制度层面对非金融企业持有金融资产进行明确的界定，因此，尽管都是立足于投资行为角度来度量企业金融化程度，但是不同学者对企业金融资产的统计口径也并不完全一致。从笔者所收集的文献来看，目前学术界在统计企业金融资产时涉及以下资产项目：交易性金融资产、衍生金融资产、买入返售金融资产、可供出售金融资产、持有至到期投资、投资性房地产、长期股权投资、发放贷款及垫款、委托贷款、理财产品及信托产品投资、持有金融机构股权、货币资金、应收股利、应收利息、其他权益工具投资、债权投资、其他债权投资、以摊余成本计量的金融资产、以公允价值计量且其变动计入其他综合收益的金融资产、长期应收款、短期投资和应收及预付款项，等等。其中，绝大多数文献中都将交易性金融资产、衍生金融资产、可供出售金融资产、持有至到期投资和投资性房地产项目纳入企业金融资产的统计范围，而其他项目被纳入企业金融资产统计范围的概率相对较小。

结合已有文献的研究情况，并同时考虑各资产项目的金融投资特性以及研究数据的可获得性，笔者选择以下项目作为本书中企业金融资产的统计范围：交易性金融资产、衍生金融资产、买入返售金融资产、可供出售金融资产、持有至到期投资、投资性房地产、长期股权投资、发放贷款及垫款、其他权益工具投资、债权投资、其他债权投资、以摊余成本计量的金融资产、以公允价值计量且其变动计入其他综合收益的金融资产和其他非流动金融资产①。需要说明的是，当前对货币资金和长期股权投资是否应该被纳入企业金融资产的统计范围存在着较大争议。关于货币资金，笔者赞同俞鸿琳（2002）的观点，即企业持有货币资金主要是为了保证企业的流动性安全，而非投资获利，因此，笔者在界定企业金融资产的统计范围时未将其纳入。而对于长期股权投资，虽然存在着企业基于实际业务合作的需要而对其他企

---

① 笔者未查阅到将"其他非流动金融资产"纳入企业金融资产统计范围的文献，但鉴于该项目名称具有鲜明的"金融资产"特征，因此，笔者将其增列入企业金融资产统计范围。

业进行实业投资（李震林和易世威，2021）的可能性，但这并不会减弱其作为金融资产的特性，因为随着证券交易市场的发展与完善，企业完全能够在需要资金时及时售出长期股权投资以换回资金，或者在恰当时机更换股权投资对象而获取更大利益，因此，笔者将长期股权投资纳入企业金融资产的统计范围。

由此，企业金融化程度的具体计量公式如下：

$$企业金融化程度 = \frac{\sum 企业金融资产}{资产总额}$$

（3）控制变量。笔者以前面理论分析并经过逐步回归得出的对中国传统制造业企业成本效率变迁具有显著影响的一般性影响因素作为控制变量，具体包括：公路铁路密度、资产结构、企业市场地位、资本结构、税负水平、企业规模和行业集中度，共计 7 个控制变量。

4.3.3.3　模型设计

笔者设计以下实证模型用于检验企业金融化对中国传统制造业企业成本效率水平的影响是否显著地表现为倒"U"型关系。

$$\begin{aligned}
CE_{i,t} = {} & \alpha_0 + \alpha_1 \cdot JRHCD_{i,t-1} + \alpha_2 \cdot JRHCD_{i,t-1}^2 + \alpha_3 \cdot GTMD_t + \alpha_4 \cdot ZCJG_{i,t} \\
& + \alpha_5 \cdot QYSCDW_{i,t} + \alpha_6 \cdot ZBJG_{i,t} + \alpha_7 \cdot SFSP_t + \alpha_8 \cdot QYGM_{i,t} \\
& + \alpha_9 \cdot HYJZD_t + \varepsilon_{i,t}
\end{aligned} \tag{4-3}$$

其中，α_0 为回归常数项，$\alpha_1 \sim \alpha_9$ 为变量回归系数，$JRHCD_{i,t}$ 为 i 公司在第 t 年的金融化程度，$\varepsilon_{i,t}$ 为随机扰动项。其余变量的定义与前面相同。如果假设 4-3 成立，那么 α_2 将显著为负。

值得一提的是，笔者在模型中将企业金融化程度（JRHCD）相较于成本效率而言提前一期，是出于行为结果存在时滞性的考虑。

4.3.4　实证结果与稳健性检验

4.3.4.1　实证结果

笔者运用前述实证模型（4-3）进行回归运算后，得到如图 4-9 所示的检验结果。

Source	SS	df	MS		Number of obs	=	2,838
					F(9, 2828)	=	48.58
Model	1.331602	9	0.147955778		Prob > F	=	0.0000
Residual	8.61306691	2,828	0.003045639		R-squared	=	0.1339
					Adj R-squared	=	0.1311
Total	9.94466891	2,837	0.003505347		Root MSE	=	0.05519

CEcs	Coef.	Std. Err.	t	P>|t|	[95% Conf.	Interval]
JRHCD	0.0905274	0.0352964	2.56	0.010	0.0213181	0.1597367
JRHCD_PF	-.4172687	0.1088017	-3.84	0.000	-0.6306074	-0.20393
GTMD	0.2974194	0.0381476	7.80	0.000	0.2226194	0.3722195
ZCJG	0.0658553	0.0068913	9.56	0.000	0.0523428	0.0793678
QYSCDW	0.0099406	0.0013755	7.23	0.000	0.0072434	0.0126377
ZBJG	-0.0354807	0.0064347	-5.51	0.000	-0.0480979	-0.0228635
SFSP	-0.4905955	0.1150468	-4.26	0.000	-0.7161797	-0.2650114
QYGM	0.0842677	0.0255807	3.29	0.001	0.034109	0.1344265
HYJZD	0.0297806	0.010571	2.82	0.005	0.009053	0.0505082
_cons	0.1689566	0.0250948	6.73	0.000	0.1197507	0.2181626

图 4 - 9　企业金融化程度对成本效率的影响

图 4 - 9 中数据显示，模型（4 - 3）在 1% 的水平上统计显著（Prob > F = 0.0000），它可以解释成本效率水平变异的 13.39%（R - squared = 0.1339）。金融化程度的平方项（JRHCD_PF）系数为 - 0.4172687 且在 1% 的水平上统计显著，而金融化程度的系数为 0.0905274 且在 5% 的水平上统计显著，这说明企业金融化与企业成本效率水平之间存在显著的倒"U"型曲线关系。

将上表回归系数代入实证模型（4 - 3），得到如下所示二次曲线方程：

$$CE = -0.4172687 \times JRHCD\_PF + 0.0905274 \times JRHCD + \sum \qquad (4 - 4)$$

其中，$\sum$ 表示未列出的余项之和。

对上述二次曲线方程作进一步化简，得到如下二次曲线方程：

$$CE = -0.4172687 \times (JRHCD - 0.10847614)^2 + \sum \qquad (4 - 5)$$

该二次曲线方程的顶点坐标为（0.10847614，$\sum$），其横坐标落在（0，1）区间内，符合企业金融化（企业金融资产之和 ÷ 资产总额）指标的现实经济意义。这表明笔者提出的研究假设 4 - 3 是成立的，即企业金融化对中国传统制造业企业成本效率水平的影响表现为倒"U"型关系。

同时，该回归结果还表明，从提升企业成本效率水平的角度来看，中国传统制造业企业的最优金融化程度为 10.85%。当企业金融资产占总资产的比例低于 10.85% 时，可以通过增加持有金融资产来提升企业的成本效率水平；当企业金融资产占总资产的比例高于 10.85% 时，则应避免增持金融资产，甚至可以考虑通过减少持有金融资产来提升企业的成本效率水平。

4.3.4.2 稳健性检验

（1）加入年份虚拟变量。事物总会随着时间的推移而发生变化。企业金融化对成本效率的影响也可能会在时间的推移过程中发生改变。如果是这样，那么回归模型的稳健性将会受到质疑。为此，笔者在基准回归模型中增加了年份（YEAR）虚拟变量，并重新进行回归检验。回归结果如表 4-11 中列（2）所示，与列（1）中基准回归结果相比，除了回归系数的大小发生了变化之外，回归系数的符号方向、回归系数的显著性以及模型的显著性都未发生变化。这说明基准回归结果是稳健可靠的。

表 4-11　　　　　　　稳健性检验结果汇总

项目	（1）CEcs	（2）CEcs	（3）CEcs	（4）CEcs
JRHCD	0.0905 ** (2.5648)	0.088 ** (2.4919)	0.111 *** (3.2378)	0.0822 ** (2.3263)
JRHCD_PF	− 0.4173 ***	− 0.4125 ***	− 0.3954 ***	− 0.3998 ***
一般性影响因素	控制	控制	控制	控制
YEAR		控制		
INDUSTRY			控制	
ZJXZL				0.0135 *** (3.3873)
_cons	0.169 *** (6.7327)	0.3229 * (1.8662)	0.1528 *** (5.2619)	0.1652 *** (6.587)
Observations	2838	2838	2838	2838
R − squared	0.1339	0.1378	0.2202	0.1374
F − stat	48.5796 ***	28.1777 ***	27.3377 ***	45.0309 ***

注：*** 代表 $p < 0.01$，* 代表 $p < 0.1$，括号内数字为 t 值。

（2）加入行业虚拟变量。尽管笔者在实证检验过程中所使用的观测样本均来自制造业门类，但是在制造业门类下还存在着众多的大类行业，而不同大类行业之间的行业特性也非常明显。为了检验回归模型是否受到行业差异的影响，笔者在基准回归模型中增加了大类行业（INDUSTRY）虚拟变量，并重新进行回归检验。回归结果如表4－11中列（3）所示，与列（1）中基准回归结果相比，除了回归系数的大小发生了变化之外，回归系数的符号方向、回归系数的显著性以及模型的显著性都未发生变化。这再次说明基准回归结果是稳健可靠的。

（3）加入资金闲置率变量。闲置资金是企业金融化所需资金的主要来源，它将在一定程度上影响企业金融化对企业绩效的影响效果。为此，笔者使用下式计算企业的资金闲置率（ZJXZL），并将其添加到基准回归模型，重新进行回归检验。

$$\begin{array}{l}资金闲\\置率\end{array}=\left(\begin{array}{l}期初货\\币资金\end{array}+\begin{array}{l}经营活动产生\\的现金净流量\end{array}+\begin{array}{l}筹资活动产生\\的现金净流量\end{array}+\begin{array}{l}投资活动产生\\的现金流入量\end{array}\right)\div\begin{array}{l}资产\\总额\end{array}$$

重新回归后所得结果如表4－11中列（4）所示，与列（1）中基准回归结果相比，除了回归系数的大小发生了变化之外，回归系数的符号方向、回归系数的显著性以及模型的显著性都未发生变化。这同样再次表明基准回归结果是稳健可靠的。

4.3.5 研究结论及启示

企业金融化是当前资本市场上的普遍现象，已引起政府部门的高度关注和学术界的热烈讨论。从当前学术界对企业金融化现象的研究结论来看，褒贬不一，有学者认为企业金融化有助于提升企业绩效，也有学者认为企业金融化对企业绩效产生了负面影响，还有学者认为企业金融化对企业绩效的影响呈现出倒"U"型的关系。

笔者以成本效率作为企业绩效表征指标，以中国传统制造业企业作为研究对象，通过构建回归模型，实证检验企业金融化与企业绩效之间的关系。实证结果表明，中国传统制造业企业金融化与企业绩效（即成本效率）之间存在着显著的倒"U"型非线性关系。笔者在回归模型中分别加入年份虚拟变量、行业虚拟变量和资金闲置率变量进行稳健性检验后发现，中国传统制造业企业金融化与企业绩效（即成本效率）之间的倒"U"型非线性关系并不发生改变。由此，笔者认为，中国传统制造业企业金融化与企业绩效（即成本效率）之间确实存在着显著的倒"U"型非线性关系。

基于实证结果，笔者得到如下启示：企业金融化对中国传统制造业企业成本效率的影响随着企业金融化程度的提高而发生改变。当企业金融化程度未达到特定阈值（即倒"U"型曲线顶点）时，企业金融化程度的提高有助于改善企业成本效率水平，只有当企业金融化程度超过该特定阈值（即倒"U"型曲线顶点）时，企业金融化才会对企业成本效率水平带来负面影响，因此，企业管理者应该正确认识企业金融化行为，既不能盲目跟风进行企业金融化，也不能排斥企业金融化，而应该将企业金融化看作一种正常的企业投资行为，并在环境条件发生改变时对企业金融资产作出适时调整，即在企业金融化程度较低时利用闲置资金买入金融资产以减少资源浪费，提高企业成本效率水平；而在企业金融化程度较高时则应该避免进一步购入金融资产，甚至可以考虑卖出现有金融资产，以满足企业主营业务发展对资金的需求。

4.4　创新决策对中国传统制造业企业成本效率变迁的影响

4.4.1　文献回顾

4.4.1.1　创新的定义

创新是社会经济增长的持久源泉（Solow，1956），是社会生产力发展的重要标志。对于企业而言，创新则是企业提升核心竞争力的第一动力（孟庆斌等，2019），是企业建立和维系长期竞争优势（Liao and Rice，2010），确保自身在市场竞争中得以生存和发展的关键经济活动。"创新"这一概念由熊彼特（Schumpeter，1912）首次提出，并被认为是"构造新的生产函数"，即在生产过程中引进新的生产要素或者将生产要素进行重新组合。熊彼特指出"创新"存在五种情况：生产一种新的产品；采用一种新的产品生产方法；开辟一个新的产品市场；控制原材料或者半成品的新的供应来源；实现一种新的组织。学术界将这五个方面的创新依次归纳为产品创新、技术创新、市场创新、资源配置创新和组织创新。澳大利亚商业委员会（Business Council of Australia，1993）将创新定义为企业为创造增加值而实施的某些革新改进活动。周亚虹等（2012）认为创新是指企业为制造新产品、提供新技术和提高现有产品质量与生产效率所进行的研发活动。董晓芳和袁燕（2014）将创新定义为企业在产品、生产技术和管理方法方面的变革。联合国教科文组织对创新的定义是，组织或者个人为了不断地积累知识总量而持续进行的理论研究、试验活动以及应用研究等。可见，学术界关于创新的内涵并没有达成一致意见。尽管如此，就企业来讲，学术界所定义的创新通常都至少包括了产品创新和生产技术创新两方面的内容。

4.4.1.2　创新投入对企业绩效的影响

创新可以带来新的产品、新的生产技术以及新的管理思维与模式，是企业获取市场地位并保持市场竞争优势的重要途径。通过创新，企业可以实现利润的长期最大化。但是，创新也存在着较高的风险性，投资失败率很高（Holmstrom，1989），究其原因，企业创新要受到企业内外部多种因素的影响，比如，企业组织结构、组织战略、组织学习、管理层特征和企业规模等企业内部因素的影响，以及市场结构、产业特征和竞争环境等企业外部因素的影响，因此，关于企业创新投入对企业绩效的影响一直备受学术界的关注，学术界在这方面也展开了较为丰富的研究。

（1）创新投入对企业绩效具有正向影响。从目前研究文献来看，多数研究结论都表明创新投入对企业绩效具有显著的正向影响，即创新投入越大，企业的绩效水平会越高（许照成和侯经川，2019）。罗德里戈等（Rodrigo et al.，2011）以西班牙高科技企业为研究样本，研究后发现创新投入与企业绩效之间存在着显著的正相关关系。周煊等（2012）对中国制药行业的技术创新与企业绩效之间的关系进行了研究，发现技术创新数量多的企业能够显著地提高企业销售收入和盈利水平。塞斯哈仁等（Sasidharan et al.，2014）基于欧拉方程的实证研究表明，研发支出同企业盈利能力存在着显著的正相关关系。唐文秀等（2018）通过分析中国 A 股上市公司的面板数据，研究发现中国企业的研发投入对企业财务绩效具有显著的正向影响。杨武等（2019）检验了资本投入和人员投入对企业技术创新绩效的影响，其检验结果表明资本投入、人员投入和研发机构数量对企业技术创新绩效具有促进作用。中国企业家调查系统（2015）对企业经营者群体进行调查分析后发现，企业创新投入与经营绩效和创新产出显著正相关。朱月仙和方曙（2007）、陆国庆（2011）、冯（Feng，2013）以及李琳和田思雨（2021）等学者也得出了同样的研究结论，即创新投入与企业绩效正相关。

（2）创新投入会抑制企业的绩效水平。少数文献认为，创新投入并非一定会提升企业绩效水平，甚至还可能会降低企业的绩效水平。希特等（Hitt et al.，1991）对美国 1970～1986 年具有代表性的 29 个行业的 191 个企业数据进行研究后，发现 R&D 费用投入与企业业绩呈现出负相关关系。肖文和林高榜（2014）的研究结果表明，中国高速增长的 R&D 投入并没有带来企业技术水平的显著提升，由此他们认为中国企业的技术创新效率较低。塞拉克丝（Tahinakis，2014）的研究结果也表明创新投入会抑制企业绩效水平的提升。

（3）创新投入与企业绩效之间存在倒"U"型关系。还有部分文献的研究结果表明，创新投入与企业绩效之间存在倒"U"型关系。许照成和侯经川（2019）以中国制造业上市公司 2012～2016 年的数据作为研究样本，对创新投入与企业绩效水平之间的关系进行检验，其检验结果表明，相比于线性关系，倒"U"型假设能更好地解释中国制造业上市公司创新投入与绩效水平之间的关系，即随着创新投入的提高，企业绩效水平会呈现出先升后降的倒"U"型趋势。杨震宁和赵红（2020）的研究结论则进一步表明，开放式创新的广度和深度对创新绩效的影响均存在着倒"U"型关系。

由上可见，从现有文献的研究结论来看，学术界在创新投入将对企业绩效水平产生何种效果的问题上尚未达成一致意见。这将有待于学术界作出进一步的分析与检验。

4.4.1.3　其他相关研究

针对中国企业 R&D 投资"高投入、低产出"的现状，部分学者开始怀疑中国企业已经陷入了 R&D 投资"加速化陷阱"（Acceleration Trap）。但刘胜强等（2015）的研究结果却显示，中国企业目前并没有陷入 R&D 投资的"加速化陷阱"，因为尽管代理成本使企业 R&D 投资的绝对值（相对值）在整体上比最优 R&D 投资水平高 22.48%（21.73%），但是融资约束又使企业 R&D 投资的绝对值（相对值）在整体上比最优 R&D 投资水平低 42.41%（43.27%），两者相抵后，最终表现为企业 R&D 投资的现有水平比最优 R&D 投资水平净低 19.93%（21.54%）。

学术界在研究实践中也认识到，创新是一个漫长而且复杂的过程，它需要利用企业既有的知识与物质，通过改进旧事物或者创造新事物来满足社会的需求。成功的创新除了需要具备充足的研发资金之外，还需要具备足够的创新能力（解维敏和方红星，2011；张杰，2015），比如，管理层能力（姚立杰和周颖，2018）、管理团队特征（Jones and Weinberg，2011）和员工教育水平（Howitt，1999；程虹，2018），等等，因此，关于创新的研究不能仅仅停留在创新投入与创新产出的表面关系上，而是应该更多地关注创新过程，注重企业创新能力的挖掘与培养。

值得一提的是，我国当前面临的劳动力成本上升压力并不是造成我国企业创新绩效处于低水平状态的根本原因，因为生产要素价格的相对变化会促进创新发明，而发明的方向就是节约变得相对昂贵的要素的使用（Hicks，1932）。罗默（Romer，1986）就认为，高工资是促使企业加大研发投入，推动企业技术创新的一种动力机制。戴维（David，1975）在研究美国工业发展情况时也发现，在面对高劳动力成本时，美国企业往往会倾向于依靠技术创新来降低单位劳动成本。林炜（2013）利用中国工业企业数据库中数据，测算劳动力成本对中国制造业企业创新能力的激励弹性系数，研究发现企业的创新能力随着劳动力成本的上升而上升。赵西亮和李建强（2016）考察劳动力成本上升对中国制造业企业创新行为的影响后发现，劳动力成本上升尽管对中国制造业企业造成了很大的生存压力，但是在总体上却促进了中国制造业企业的创新水平，企业申请的专利数量和新产品的产值均有显著增加。

4.4.2　理论分析与研究假设

4.4.2.1　创新投入与中国传统制造业企业成本效率变迁

制造业是我国国民经济的主体，是立国之本、兴国之器、强国之基，但我国制造业大而不强，在自主创新能力等方面与世界先进水平存在明显差距，应把创新摆在制造业发展全局的核心位置，走创新驱动的发展道路。

2016 年中央经济工作会议提出，要鼓励创新，坚持创新驱动发展，用新技术新业态全面改造提升传统产业。

2017 年中央经济工作会议强调，要培育一批具有创新能力的排头兵企业，推进中国制造向中国创造转变，推动传统产业优化升级。

2018 年中央经济工作会议强调，要加大制造业技术改造和设备更新，推动制造业高质量发展，坚定不移建设制造强国。

2019 年中央经济工作会议强调，要提升制造业水平，促进大众创业万众创新，推进传统制造业优化升级。

2020 年中央经济工作会议强调，要更大力度推进改革创新，依靠创新提升实体经济发展水平，促进制造业高质量发展。

2021 年中央经济工作会议强调，要激发涌现一大批"专精特新"企业，加快数字化改造，促进传统产业升级。

2022 年中央经济工作会议强调，要着力发展实体经济，依靠创新培育壮大发展新动能，推动传统产业改造升级，促进大众创业万众创新纵深发展。

由上可见，创新发展是我国近年来社会经济工作，尤其是制造业企业提质增效的重要内容。表 4-12 是笔者根据《中国统计年鉴》相关数据整理出的 2008~2020 年我国规模以上工业企业创新投入及产出情况。

表 4 - 12　中国规模以上工业企业创新投入及产出情况（2008～2020 年）

年份	R&D 经费 （亿元）①	有效发明专利数 （件）②	新产品开发经费 支出（亿元）③	新产品销售收入 （亿元）④	发明专利产出率 （件/亿元）⑤	新产品投入 产出比⑥
2008	3073	55723	3096	51292	18	17
2009	3777	81625	3655	57980	22	16
2010	4015	145589	4421	72864	36	16
2011	5994	232158	6846	100583	39	15
2012	7201	277196	7999	110530	38	14
2013	8318	335401	9247	128461	40	14
2014	9254	448885	10123	142895	49	14
2015	10014	573765	10271	150857	57	15
2016	10945	769847	11766	174604	70	15
2017	12013	933990	13498	191569	78	14
2018	12955	1094200	14987	197094	84	13
2019	13971	1218074	16986	212060	87	12
2020	15271	1447950	18624	238074	95	13

注：⑤＝②÷①；⑥＝④÷③。

资料来源：作者整理。

表 4 - 12 中数据显示，自 2008 年以来，我国规模以上工业企业 R&D 经费增长了近 4 倍，有效发明专利数增长了近 25 倍，每亿元创新投入的有效发明专利产出量从 2008 年的 18 件上升到 2020 年的 95 件。可见，从有效发明专利的角度来看，我国企业创新投入的边际产出能力较强，因为随着创新投入的增加，企业有效发明专利数量以更快的速度增加。

表 4 - 12 中数据还显示，自 2008 年以来，我国规模以上工业企业新产品开发经费支出也同样增长了近 4 倍，但新产品销售收入却仅仅增长了近 2.5 倍，单位新产品开发经费支出所带来的新产品销售收入（即新产品投入产出比）更是从 2008 年的 17 下降为 2020 年的 13，即使考虑新产品开发经费支出的经济效益滞后性，单位新产品开发经费支出所带来的新产品销售收入也同样呈现出明显的下降趋势，具体情况如表 4 - 13 所示。

表 4 - 13　　　中国规模以上工业企业新产品投入产出比滞后分析

年份	销售收入滞后1期	销售收入滞后2期	销售收入滞后3期	销售收入滞后4期	销售收入滞后5期
2008	19	24	32	36	41
2009	20	28	30	35	39
2010	23	25	29	32	34
2011	16	19	21	22	26
2012	16	18	19	22	24
2013	15	16	19	21	21
2014	15	17	19	19	21
2015	17	19	19	21	23
2016	16	17	18	20	—
2017	15	16	18	—	—
2018	14	16	—	—	—
2019	14	—	—	—	—
2020	—	—	—	—	—

可见，从新产品投入产出比的角度来看，我国企业创新投入的边际产出能力逐年下降，因为随着新产品开发经费支出的增加，单位新产品开发经费支出所带来的新产品销售收入逐年下降。

那么，就我国传统制造业企业而言，其创新投入又会对企业绩效产生怎样的影响呢？受限于研究主题及数据可获得性，笔者从创新投入强度（研发支出÷营业收入）、资产报酬率（息税前利润÷资产总额）和销售利润率（利润总额÷营业收入）三个方面进行了统计分析，统计结果如表4-14所示。

表 4 - 14　　　中国传统制造业企业创新投入对企业绩效的影响　　　　单位：%

年份	创新投入强度	资产报酬率	销售利润率
2008	0.43	4.94	3.24
2009	0.65	5.71	5.53
2010	0.77	7.71	6.94
2011	0.92	7.77	6.65

年份	创新投入强度	资产报酬率	销售利润率
2012	1.64	5.86	4.94
2013	1.66	6.34	5.67
2014	1.76	5.75	5.21
2015	1.92	4.73	4.67
2016	1.93	6.14	6.88
2017	1.90	7.46	7.98
2018	2.20	7.45	7.89
2019	2.31	6.24	6.71
2020	2.38	6.75	7.65
2021	2.39	7.39	7.82

资料来源：作者整理。

表 4 - 14 中数据显示，自 2008 年以来，我国传统制造业企业创新投入的强度整体上呈现出逐年平稳上升的趋势，从 2008 年的 0.43% 上升至 2021 年的 2.39%；而体现企业绩效水平的资产报酬率和销售利润率也分别从 2008 年的 4.94% 和 3.24% 波动上升至 2021 年的 7.39% 和 7.82%。这说明随着企业创新投入强度的提升，我国传统制造业企业绩效水平也随之得到改善。

鉴于成本效率与资产报酬率和销售利润率同属于企业绩效评价指标，三者在一定程度上具有共性之处，因此，笔者提出如下假设：

假设 4 - 4：中国传统制造业企业加大创新投入强度有助于改善成本效率水平，即随着创新投入强度的提高，中国传统制造业企业的成本效率水平将得到改善。

4.4.2.2 学习能力对中国传统制造业企业成本效率变迁的调节作用

目前，学术界对企业的学习能力还没有一个统一和权威的概念。伦纳德（Leonard，1992）认为，学习能力是指企业通过构建组织和规范程序，从事管理实践以促进并鼓励学习的能力。苏和方（Hsu and Fang，2008）将学习能力定义为企业吸收、转化新知识，并把该新知识应用到企业新产品开发中的能力。谢洪明等（2012）则认为，学习能力是企业在生产经营过程中体现出来的一种组织活动能力，是企业创造、获取、传输和整合知识，并修改自身行为以反映新的认知情况，以期提高其性能的过程。虽然学术界对企业学习能力的具体定义各不相同，但是他们都认识到了学习能力对于企业提升绩效水平并保持竞争优势的重要性。鲍威尔和科普特（Powell and Koput，1999）认为，企业竞争优势来自对知识的整合，知识整合能够促进产品创新并提供产品创新所需要的技术，因此，较高的学习倾向将促进较高的创新绩效。马宁（2002）对 213 家制造业企业的调查数据进行分析后发现，企业学习能力与竞争力之间存在着显著的正相关性，并且企业学习能力显著地作用于企业竞争力，由此认为企业学习能力是构筑竞争力的重要内部基础。普列托和雷维利亚（Prieto and Revilla，2006）研究西班牙 111 家企业的学习能力与绩效之间的关系后发现，学习能力对企业的财务绩效与非财务绩效都有着积极的影响。阿雷格里和芝瓦（Alegre and Chiva，2008）通过对意大利和西班牙陶瓷制造业企业的调研和研究，发现企业的学习能力对于产品创新绩效有着重要贡献。高和瑞安（Goh and Ryan，2008）在比较学习型组织与其竞争对手的财务绩效后发现，学习型组织具有较强的财务绩效表现，由此说明企业的学习能力可以提高企业的财务绩效并进而取得市场竞争优势。

　　笔者认为，在当前"大众创业，万众创新"的竞争环境下，保持并提高学习能力对于企业提升成本效率水平显得尤其重要。一般来讲，成本效率水平低的企业通过模仿成本效率水平高的企业的产品技术和管理经验，就能够快速地提高自身的成本效率水平，从而缩小与高成本效率水平企业之间的成本效率差距。但成本效率水平提升的效果会受到企业内外因素的影响，其中，企业的学习能力就是一个非常重要的影响因素，因为学习能力会影响企业应对市场变化以及把握市场机会的能力，从而会影响企业竞争优势的构建（谢洪明等，2013）。即使对于成本效率水平已经处于领先地位的企业来讲，学习能力同样不可或缺，因为它是企业应对技术变化并保持长久竞争优势的重要元素（Jiang et al.，2010）。萨拉和乔治（Zahra and George，2002）认为学习能力是创新能力的关键，只有具备较高学习能力的企业才能够有效获取并利用新知识，才能拓展公司现有的知识储备，并最终增强公司创新绩效。谢洪明等（2012）的研究结论进一步表明，企业学习能力对技术创新存在着重要影响，这种影响不仅存在于企业创新的初始阶段，也存在于企业创新的执行阶段，因此，学习能力是企业维持市场竞争优势并不断创新进取的主要因素。曾萍（2011）和陈劲等（2011）的研究同样支持了企业学习能力对创新活动的正向影响。

综上所述，学习能力不但可以帮助成本效率水平较低的企业通过模仿成本效率水平较高的企业的先进技术与管理经验而提升成本效率水平，而且也可以帮助成本效率水平已经处于领先地位的企业通过创新而继续保持市场领先地位，因此，学习能力对企业成本效率变迁具有重要的影响。由此，笔者提出如下假设：

假设4-5：学习能力在中国传统制造业企业通过创新投入改善成本效率水平过程中起着正向的调节作用，即企业学习能力越强，创新投入对成本效率水平的改善效果越明显。

4.4.3　研究设计

4.4.3.1　样本选择及数据来源

本部分的初始研究样本为前面检验中国传统制造业企业成本效率变迁一般性影响因素时所使用的观测样本，观测样本中所补充的数据来源于 Wind 数据库、RESSET 数据库以及《中国统计年鉴》（2008～2021 年）。

4.4.3.2　变量定义

（1）因变量。在本部分研究中，笔者探讨的是成本效率变迁机理，因此，以成本效率作为因变量。成本效率的具体取值来自笔者在前面研究中所测算得出的成本效率值（CEcs）。

（2）自变量。在本部分研究中，笔者关注的是创新投入对中国传统制造业企业成本效率变迁的影响，因此，创新投入是本部分实证研究中的自变量。鉴于创新投入强度是当前学术界衡量企业创新投入时最为常用的指标（许照成和侯经川，2019），为了使本书结论与已有文献的研究结论具有可比性，笔者亦采用创新投入强度指标来表征中国传统制造业企业的创新投入，具体计算公式如下：

$$创新投入强度 = 研发支出 \div 营业收入$$

（3）调节变量。笔者以学习能力作为调节变量，探讨在中国传统制造业企业通过创新投入改善成本效率过程中，企业学习能力是否起到了显著的调节作用。由于研发人员不但具有高学历，理论知识扎实，又直接从事研发实践工作，易于将理论与实践相结合，在学习和使用新技术方面具有比较优势（Goldin and Katz，1996），因此，笔者采用研发人员占比作为企业学习能力的表征指标，具体计算公式如下：

$$研发人员占比 = 研发人员数量 \div 员工总数$$

（4）控制变量。笔者以前文理论分析并经过逐步回归得出的对中国传统制造业企业成本效率变迁具有显著影响的一般性影响因素作为控制变量，具体包括：公路铁路密度、资产结构、企业市场地位、资本结构、税负水平、企业规模和行业集中度，共计7个控制变量。

4.4.3.3　模型设计

（1）为了检验中国传统制造业企业加大创新投入强度是否有助于改善成本效率水平，笔者设计如下实证模型：

$$
\begin{aligned}
CE_{i,t} = {}& \alpha_0 + \alpha_1 \cdot CXTRQD_{i,t} + \alpha_2 \cdot GTMD_t + \alpha_3 \cdot ZCJG_{i,t} + \alpha_4 \cdot QYSCDW_{i,t} \\
& + \alpha_5 \cdot ZBJG_{i,t} + \alpha_6 \cdot SFSP_t + \alpha_7 \cdot QYGM_{i,t} + \alpha_8 \cdot HYJZD_t + \varepsilon_{i,t} \quad (4-6)
\end{aligned}
$$

其中，α_0 为回归常数项，$\alpha_1 \sim \alpha_8$ 为变量回归系数，$CXTRQD_{i,t}$ 为 i 公司在第 t 年的创新投入强度，$\varepsilon_{i,t}$ 为随机扰动项。其余变量的定义与前面相同。如果假设 4-4 成立，那么 α_1 将显著为正。

（2）为了检验学习能力在中国传统制造业企业通过创新投入改善成本效率过程中是否起到正向调节作用，笔者设计如下实证模型：

$$
\begin{aligned}
CE_{i,t} = {}& \beta_0 + \beta_1 \cdot CXTRQD_{i,t} + \beta_2 \cdot CXTRQD_{i,t} \cdot YFRYZB_{i,t} + \beta_3 \cdot GTMD_t \\
& + \beta_4 \cdot ZCJG_{i,t} + \beta_5 \cdot QYSCDW_{i,t} + \beta_6 \cdot ZBJG_{i,t} + \beta_7 \cdot SFSP_t \\
& + \beta_8 \cdot QYGM_{i,t} + \beta_9 \cdot HYJZD_t + \epsilon_{i,t} \quad\quad\quad (4-7)
\end{aligned}
$$

其中，β_0 为回归常数项，$\beta_1 \sim \beta_9$ 为变量回归系数，$CXTRQD_{i,t} \cdot YFRYZB_{i,t}$ 为企业创新投入强度与研发人员占比的交乘项，用于检验学习能力在企业通过创新投入改善成本效率过程中是否起到正向调节作用。如果假设 4 − 5 成立，那么交乘项系数 β_2 将显著为正。$\epsilon_{i,t}$ 为随机扰动项，其余变量的定义与前面相同。

4.4.4　实证结果与稳健性检验

4.4.4.1　实证结果

（1）关于创新投入强度与成本效率变迁的实证结果。笔者运用模型（4 − 6）对中国传统制造业企业加大创新投入强度是否有助于改善成本效率水平进行了实证检验，实证结果如图 4 − 10 所示。

Source	SS	df	MS		Number of obs	=	2,887
					F(8, 2878)	=	53.42
Model	1.30462341	8	0.163077926		Prob > F	=	0.0000
Residual	8.78580069	2,878	0.003052745		R-squared	=	0.1293
					Adj R-squared	=	0.1269
Total	10.0904241	2,886	0.003496335		Root MSE	=	0.05525

CEcs	Coef.	Std. Err.	t	P>|t|	[95% Conf. Interval]	
CXTRQD	−0.1769054	0.0628469	−2.81	0.005	−0.3001349	−0.053676
GTMD	0.3346845	0.039195	8.54	0.000	0.2578314	0.4115377
ZCJG	0.0615397	0.006724	9.15	0.000	0.0483553	0.0747241
QYSCDW	0.0108441	0.0013771	7.87	0.000	0.0081438	0.0135444
ZBJG	−0.0350707	0.006408	−5.47	0.000	−0.0476354	−0.0225061
SFSP	−0.4568788	0.114136	−4.00	0.000	−0.6806753	−0.2330823
QYGM	0.0790441	0.025527	3.10	0.002	0.0289911	0.1290971
HYJZD	0.0276503	0.0105685	2.62	0.009	0.0069277	0.048373
_cons	0.1546148	0.0251041	6.16	0.000	0.1053909	0.2038387

图 4 − 10　创新投入强度对成本效率的影响

图 4 − 10 中数据表明，该实证模型在 1% 的水平上统计显著（Prob > F = 0.0000），它可以解释成本效率水平变异的 12.93%（R − squared = 0.1293）。在控制了成本效率变迁一般性影响因素之后，中国传统制造业企业的成本效率水平随着创新投入强度的提升反而下降，并且在 1% 的水平上统计显著。该实证结果与笔者在前文中的理论分析结论并不一致，即是说，"假设 4 − 4：中国传统制造业企业加大创新投入强度有助于改善成本效率水平"没有得到验证。但是，该实证结果与希特等（1991）以及塞拉克丝（2014）等学者

的研究结论一致。

按照常理，增加创新投入，通常意味着企业能够使用更多的新技术，能够更大幅度地提高生产效率以及降低更多的成本损耗，因此，创新投入应该与企业绩效正相关（中国企业家调查系统，2015；许照成和侯经川，2019）。但是，笔者的实证结论却与此相反，究其原因，可能是：第一，中国企业在技术创新活动中存在着"量大质低"和"策略性迎合"等特征（黎文靖和郑曼妮，2016），导致企业技术创新的效率较低（肖文和林高榜，2014）。第二，成本效率指标与会计业绩指标尽管都可以用于评价企业绩效水平，但是，两者之间还是存在着一定的差异，前者是最优成本与实际成本的比值，与企业利润之间不存在直接关系，而后者是产出（利润）与投入（资产或营业收入）的比值，与企业利润直接相关，因此，笔者使用成本效率指标得出的实证结果与其他文献中使用会计业绩指标得出的实证结果之间确有可能存在一定的差异。

为了进一步探究中国传统制造业企业成本效率与创新投入之间负相关的深层原因，笔者对成本效率测算模型中受创新投入影响最大且对总成本影响最大的产出变量（营业收入）① 进行了统计分析，统计结果如图 4-11 所示。

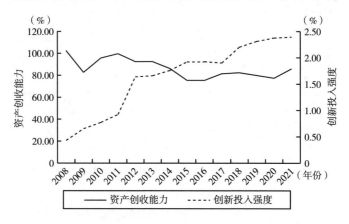

图 4-11　中国传统制造业企业创新投入强度与资产创收能力比较

① 在测算成本效率时，笔者在模型中以营业收入的绝对值作为变量值，但在此处为了与创新投入强度在量级上保持一致，笔者使用资产总额对营业收入进行标准化处理，并将经过标准化处理后的营业收入称为资产创收能力（营业收入÷资产总额）。

图 4-11 表明，自 2008 年以来，中国传统制造业企业的创新投入强度逐年提高，而资产创收能力不但没有随之提高，反而呈现出波动下降的趋势。资产创收能力减弱，意味着越来越多的资产被闲置，或者资产整体利用效率越来越低，这必然会导致成本支出的相对增加，进而导致成本效率水平降低。

由此可见，中国传统制造业企业增加创新投入虽然可以提升企业的利润水平，但却无助于提升企业的成本效率水平，造成该现象的主要原因是企业资产的创收能力并未随着创新投入强度的提高而提高，导致更多的资产被闲置，降低了企业的成本效率水平。鉴于此，笔者建议中国传统制造业企业在加大创新投入的同时，要及时调整资产结构，消除闲置资产，提高资产利用率，以提升成本效率水平。

（2）关于学习能力对成本效率变迁是否起到调节作用的检验结果。笔者运用模型（4-7）对学习能力在中国传统制造业企业通过创新投入改善成本效率过程中是否起到调节作用进行了实证检验，实证结果如图 4-12 所示。

Source	SS	df	MS		Number of obs	=	2,887
					F(9, 2877)	=	48.01
Model	1.31755873	9	0.146395414		Prob > F	=	0.0000
Residual	8.77286538	2,877	0.00304931		R-squared	=	0.1306
					Adj R-squared	=	0.1279
Total	10.0904241	2,886	0.003496335		Root MSE	=	0.05522

CEcs	Coef.	Std. Err.	t	P>|t|	[95% Conf. Interval]	
CXTRQD	-0.1902715	0.0631459	-3.01	0.003	-0.3140872	-0.0664558
CXTRQDYFRYZB	1.567199	0.7609154	2.06	0.040	0.0752044	3.059194
GTMD	0.3321638	0.0391921	8.48	0.000	0.2553164	0.4090112
ZCJG	0.0610743	0.006724	9.08	0.000	0.0478899	0.0742587
QYSCDW	0.0108487	0.0013764	7.88	0.000	0.0081499	0.0135475
ZBJG	-0.0354472	0.006407	-5.53	0.000	-0.04801	-0.0228845
SFSP	-0.4300617	0.1148124	-3.75	0.000	-0.6551846	-0.2049387
QYGM	0.0808504	0.0255277	3.17	0.002	0.030796	0.1309048
HYJZD	0.0272038	0.0105648	2.57	0.010	0.0064884	0.0479191
_cons	0.1536997	0.0250939	6.12	0.000	0.1044957	0.2029036

图 4-12　学习能力对创新投入影响成本效率的调节作用

图 4-12 中数据表明，该实证模型在 1% 的水平上统计显著（Prob > F = 0.0000），它可以解释成本效率水平变异的 13.06%（R-squared = 0.1306）。创新投入强度和研发人员占比交乘项系数为 1.5672，远大于其他各变量的回归系数，且在 5% 的水平上统计显著。这说明研发人员占比是调节创新投入强度与成本效率水平关系的重要因素，即研发人员占比越大，创新投入强度

对成本效率水平的促进作用就越明显。"假设4-5：学习能力在中国传统制造业企业通过创新投入改善成本效率水平过程中起着正向的调节作用"得到验证。

进一步分析，当研发人员占比达到12.14%时，创新投入强度对成本效率水平的负面影响与来自研发人员占比的正向调节影响将大致相当（1.567199×12.14%≈0.1902580），此后，随着研发人员占比的继续提高，来自研发人员占比的正向调节影响将占据主导地位，从而促使创新投入强度与成本效率水平之间的关系在整体上呈现出正相关性。笔者对回归模型的有效观测样本（N=2887）进行统计分析后发现，中国传统制造业企业研发人员占比的最大值为0.5445，最小值为0，均值为0.0483，中位数为0，研发人员占比达到或者超过12.14%的观测样本量为452个，占全部有效观测样本量的15.66%。可见，研发人员占比偏低是造成中国传统制造业企业创新投入强度与成本效率水平负相关的重要因素。由此，该实证结果对笔者的启示是，中国传统制造业企业不能单纯地仅从增加创新资金投入角度来提升企业成本效率水平，而是应该将增加创新资金投入与外部引进或内部培养研发人员相结合，在增加创新资金投入的同时提高研发人员占比，这样才能取得更好的创新投入效果。

4.4.4.2 稳健性检验

（1）将创新投入强度计量方法变更为：创新投入强度=研发支出÷销售毛利。笔者改变创新投入强度的计量方法，以研发支出相对于销售毛利的比值作为创新投入强度的大小，并将按新方法测算得到的创新投入强度作为变量值代入实证模型（4-6）和模型（4-7）再次进行检验。检验结果表明，改变创新投入强度的计量方法后，回归结果显著，创新投入强度依然与企业成本效率水平显著负相关（α=1%），研发人员占比对创新投入强度影响成本效率变迁的效果具有显著的正向调节作用（α=1%），当研发人员占比达到12.11%（0.0384÷0.3171×100%）及以上水平时，创新投入强度与成本效率水平之间的关系在整体上将呈现出正相关性。该回归结果与前面的基准回归结果基本一致，这说明基准回归结果是稳健可靠的。

（2）将创新投入强度计量方法变更为：创新投入强度 = 研发支出÷资产总额。为了进一步检验基准回归结果是否稳健可靠，笔者再次对创新投入强度的计量方法进行了变更，即采用资产总额对研发支出进行标准化处理。检验结果再次表明，变更创新投入强度计量方法后，模型（4－6）和模型（4－7）的回归结果仍然显著，创新投入强度与企业成本效率水平之间仍然存在着显著的负相关性（α＝1%），研发人员占比对创新投入强度影响成本效率变迁的效果同样具有显著的正向调节作用（α＝5%），当研发人员占比达到 16.56%（0.4144÷2.5031×100%）及以上水平时，创新投入强度与成本效率水平之间的关系在整体上将呈现出正相关性。该回归结果与前面的基准回归结果仍然基本一致，这再次表明基准回归结果是稳健可靠的。

创新决策影响成本效率变迁的稳健性检验结果如表4－15所示。

表4－15   创新决策影响成本效率变迁的稳健性检验结果

项目	创新投入强度 = 研发投入÷销售毛利		创新投入强度 = 研发投入÷资产总额	
	CEcs	CEcs	CEcs	CEcs
CXTRQD	－0.0369 *** （－3.6953）	－0.0384 *** （－3.8483）	－0.4157 *** （－5.2171）	－0.4144 *** （－5.2044）
CXTRQDYFRYZB		0.3171 *** （2.623）		2.5031 ** （2.451）
GTMD	0.3353 *** （8.6828）	0.3326 *** （8.6165）	0.3415 *** （8.9144）	0.3376 *** （8.8124）
ZCJG	0.0609 *** （9.0588）	0.0614 *** （9.1377）	0.0578 *** （8.549）	0.0583 *** （8.6259）
QYSCDW	0.0097 *** （7.0319）	0.0098 *** （7.1517）	0.0102 *** （7.4695）	0.0103 *** （7.5529）
ZBJG	－0.0327 *** （－5.1827）	－0.0334 *** （－5.2921）	－0.0363 *** （－5.7259）	－0.0366 *** （－5.7699）
SFSP	－0.4393 *** （－3.8452）	－0.4101 *** （－3.5759）	－0.456 *** （－4.0129）	－0.4268 *** （－3.738）
QYGM	0.0852 *** （3.3497）	0.0867 *** （3.4089）	0.0809 *** （3.1851）	0.0812 *** （3.1999）

项目	创新投入强度 = 研发投入 ÷ 销售毛利		创新投入强度 = 研发投入 ÷ 资产总额	
	CEcs	CEcs	CEcs	CEcs
HYJZD	0. 0266 **	0. 0265 **	0. 0273 ***	0. 027 ***
	(2. 5199)	(2. 5187)	(2. 6086)	(2. 5831)
_cons	0. 1542 ***	0. 1526 ***	0. 1572 ***	0. 1559 ***
	(6. 1671)	(6. 1083)	(6. 3306)	(6. 2817)
Observations	2887	2887	2887	2887
R – squared	0. 131	0. 1331	0. 1351	0. 1369
F – stat	54. 2407	49. 0769	56. 1824	50. 6943

注：***表示在1%水平上统计显著；**表示在5%水平上统计显著；括号中数字为t值。

4.4.5　研究结论及启示

创新是宏观经济增长的持久源泉，是微观企业提升核心竞争力的第一动力。这已是政府部门和企业界的共识。近些年来，我国中央经济工作会议一以贯之地强调创新精神，鼓励并支持"大众创业，万众创新"，这极大地激励了企业界的创新热情。据笔者统计，2008 ~ 2020 年我国规模以上工业企业R&D 经费增长了近 4 倍，有效发明专利数增长了近 25 倍，表明我国企业界发明专利成果显著，随着创新投入的增加，企业有效发明专利数量以更快的速度增加。

但从企业对发明专利的应用情况来看，效果并不理想，至少有待提升。依据是，自 2008 年以来，我国规模以上工业企业新产品开发经费支出增长了近 4 倍，但新产品销售收入却仅仅增长了近 2.5 倍，表明随着新产品开发经费支出的增加，单位新产品开发经费支出所带来的新产品销售收入在逐年下降。

笔者以中国传统制造业企业为研究对象，通过构建实证模型，回归分析创新投入强度对成本效率变迁的影响。实证结果表明，在控制了成本效率变迁一般性影响因素之后，中国传统制造业企业的成本效率水平随着创新投入强度的提升反而下降，并且在 1% 的水平上统计显著。为探究其内在原因，笔者从两个方面展开了进一步研究：一方面，统计分析资产创收能力①（营业收入÷资产总额）在此期间的变化。统计结果显示，自 2008 年以来，中国传统制造业企业的创新投入强度逐年提高，而资产创收能力不但没有随之提高，反而呈现出波动下降的趋势。笔者分析认为，资产创收能力减弱，意味着越来越多的资产被闲置，或者资产整体利用效率越来越低，这必然会导致成本支出的相对增加，进而导致成本效率水平降低。另一方面，分析企业学习能力对成本效率变迁是否起到调节作用。回归结果显示，企业学习能力（以研发人员占比作为表征变量）是调节创新投入强度与成本效率水平关系的重要因素，即企业学习能力越强，创新投入强度对成本效率水平的促进作用就越明显。当研发人员占比达到 12.14% 及以上水平时②，创新投入强度与成本效率水平之间的关系在整体上将呈现出正相关性。而从观测样本来看，中国传统制造业企业的研发人员占比均值为 4.83%，中位数为 0，研发人员占比达到或者超过 12.14% 的观测样本量为 452 个，仅占全部有效观测样本量的 15.66%。

　　基于实证结果，笔者得到如下启示：第一，中国传统制造业企业在加大创新投入的同时，要及时调整资产结构，消除闲置资产，提高资产利用率，以提升成本效率水平；第二，加大从外部引进或者内部培养研发人员的力度，在增加创新资金投入的同时提高研发人员占比，这样才能取得更好的创新投入效果。

---

　　① 之所以选择统计分析该指标，是因为该指标受到的来自创新投入的影响最大，而且其对总成本的影响也最大，对成本效率变迁有着重要影响。

　　② 不同的创新投入强度计量方法下，该比值存在一定差异，比如，当创新投入强度 = 研发支出÷销售毛利时，该比值为 12.11%；当创新投入强度 = 研发支出÷资产总额时，该比值为 16.56%。

| 第5章 |

中国传统制造业企业成本非效率影响因素
——成本结构视角

成本非效率是相对于成本效率而言的一个概念，它是对决策单元成本浪费程度的定量测度。在数值关系上，同一观测样本的成本非效率值与成本效率值之和等于1。如果某观测样本的成本非效率值越低，那么该观测样本的成本效率值就会越高；反之，如果某观测样本的成本非效率值越高，那么该观测样本的成本效率值就会越低。可见，提升决策单元的成本效率水平其实质就是降低决策单元的成本非效率水平，因此，人们在经济实践中可以通过降低决策单元的成本非效率水平来达到提升决策单元成本效率水平的目的。赵永亮和徐勇（2007）测算了我国制造业上市公司的成本效率，研究发现技术效率的相对低下是造成我国制造业企业成本非效率的主要因素，他们由此提出，我国制造业成本效率的提升需要依靠前沿技术的长期推进来实现。卜振兴和陈欣（2014）研究了中国主要商业银行的成本效率，研究结果显示，人员投入冗余是造成商业银行成本非效率的主要原因。李和黄（Lee and Huang，2017）比较了西欧国家银行业之间的成本效率水平，其研究结果显示，管理缺陷是各银行成本非效率的主要来源，同时，由于环境因素将影响到银行管理者对资源配置进行的优化决策，因此，环境因素也会对银行的成本非效率造成重要影响。

为了有效降低成本非效率水平（或提升成本效率水平），目前学术界已对成本非效率（或成本效率）的影响因素作了大量研究，归纳起来，包括但不限于以下方面：股权集中度、市场势力、企业规模、地理位置、职工薪酬、资产质量、资产稳定性、资产流动性、国有产权比重、盈利能力、产权性质、公司治理机制、公司成立时间、技术效率、资源闲置、配置效率、固定资产占总资产比例、总资产周转率、资产负债率、经营的专业化程度、职工培训、职工学历、风险偏好、资本成本、企业并购、管理费用、研发活动、激励机制、劳动力数量、外资进入程度、战略投资者、市场集中度、市场竞争度、GDP 增长率、通货膨胀率、监管、利率、政府劳动保护机制、环境质量，等等。可见，学术界关于成本非效率（或成本效率）影响因素的研究已经相当广泛而且深入，既包括来自决策单元外部的宏观环境因素和行业竞争因素，也包括来自决策单元内部的自身异质因素和决策行为因素。当然，学者们得出的研究结论并非一致，有些研究结论甚至完全相反，因此，学术界仍然有必要继续探讨成本非效率（或成本效率）的影响因素，以进一步丰富并完善相关研究结论。

笔者在前面的研究过程中，在借鉴现有文献研究成果的基础之上，结合本项目的研究主题，重点从以下三个方面对中国传统制造业企业成本效率的影响因素进行了探讨。

一是在对中国传统制造业企业成本效率水平进行测度的基础之上，分别从行业类别、企业规模、地理区域、产权性质、生命周期、资产结构、股权集中度及总经理与董事长两职分合状态等方面对中国传统制造业企业的成本效率水平进行了描述统计，以展示在这些因素分组之下，不同类别的传统制造业企业的成本效率水平是否存在着显著差异，统计结果显示：从大类行业来看，中国传统制造业企业的成本效率水平存在显著差异；从规模差异来看，大型传统制造业企业的成本效率均值显著地小于中小型传统制造业企业的成本效率均值；从企业所处地理区域来看，中部地区传统制造业企业的成本效率均值最低；从企业的产权性质来看，国有股占比对传统制造业企业的成本效率水平有偏向正面的影响，但在统计检验上并不十分显著；从企业所处生命周期阶段来看，传统制造业企业的成本效率均值在整体上随企业生命周期呈现倒"U"型分布；从资产结构来看，固定资产占比越高，传统制造业企业的成本效率水平在统计上会相对越高；从总经理与董事长两职分合状态来看，总经理与董事长两职合一的传统制造业企业成本效率均值略高于两职分离企业的成本效率均值（在 10% 的水平上统计显著），但从各个年度来看，总经理与董事长的两职分合状态并未对传统制造业企业的成本效率水平产生显著影响；从股权集中度来看，大股东控股与否对传统制造业企业的成本效率水平没有显著影响。

二是在分析中国传统制造业企业成本效率变迁机理时，从经济环境、法律环境、金融环境、社会文化环境、行业市场结构、企业市场地位、资本结构、员工满意度、企业规模和资产结构等方面对中国传统制造业企业成本效率变迁的一般性影响因素进行了理论分析，并通过构建实证模型对这些一般性影响因素进行了回归检验。在采用逐步回归法（前进法）对模型中各自变量进行筛选（$\alpha = 0.05$）的情况下，最终得到如下结论：第一，公路铁路等基础设施建设对于提升中国传统制造业企业成本效率水平具有明显的促进作用，并且在 1% 的水平上统计显著；第二，提高固定资产在总资产中所占的比例有助于提升中国传统制造业企业成本效率水平，并且在 1% 的水平上统计显著；第三，提高营业毛利率，尤其是相较于整个行业加权平均的营业毛利率水平的提升有助于中国传统制造业企业提升成本效率水平，并且在 1% 的水平上统计显著；第四，资产负债率的提高将降低中国传统制造业企业成本效率水平，并且在 1% 的水平上统计显著；第五，税负水平是阻碍中国传统制造业企业提升成本效率水平的重要因素，并且在 1% 的水平上统计显著；第六，企业规模越大，越有利于中国传统制造业企业提升成本效率水平[①]，并且在 1% 的水平上统计显著；第七，行业集中度越高，越有助于促进中国传统制造业企业提升成本效率水平，并且在 1% 的水平上统计显著。

三是在分析中国传统制造业企业成本效率变迁机理时，分别从 CEO 变更决策、企业金融化决策以及创新决策三个方面分析了企业决策行为对中国传统制造业企业成本效率变迁的影响，并分别运用回归模型进行了实证检验，研究结果显示：第一，CEO 变更决策不能改善中国传统制造业企业的成

---

① 　该回归结论与前面以企业规模为分组标志所进行的描述统计结论相反，笔者认为可能的原因是描述统计和模型回归是两个不同的研究方法，前者未控制其他因素的影响，而后者则控制了其他因素的影响，因此，这两类方法所得出的结论会存在一定的差异。

本效率水平，至少其改善成本效率水平的效果不明显；第二，企业金融化对中国传统制造业企业成本效率水平的影响表现为倒"U"型，具体来讲，中国传统制造业企业的最优金融化程度为10.85%，当企业金融资产占总资产的比例低于10.85%时，可以通过增加持有金融资产来提升企业的成本效率水平，而当企业金融资产占总资产的比例高于10.85%时，则应该避免增持金融资产，甚至可以考虑通过减少持有金融资产来提升企业的成本效率水平；第三，中国传统制造业企业的成本效率水平随着创新投入强度的提升反而下降，并且在1%的水平上统计显著，究其原因，可能与中国传统制造业企业自2008年以来资产创收能力逐年波动下降有关，因为资产创收能力的减弱，意味着越来越多的资产被闲置，或者资产的整体利用效率越来越低，这必然会导致成本支出的相对增加，进而导致成本效率水平降低。

由于成本非效率与成本效率之间存在着此增彼减的紧密互动关系，因此，前述关于成本效率的影响因素同时也是成本非效率的影响因素。为了避免研究上的重复性，笔者在本部分研究中将不再讨论这些因素对中国传统制造业企业成本非效率的影响，而是选择目前尚未被学术界论及的因素——成本结构进行讨论，理论依据是：第一，成本结构是决策单元对成本资源的配置结果，在理论逻辑上对成本非效率（或成本效率）具有重要的影响，但是目前却尚未有学者从这个角度对成本非效率（或成本效率）展开研究；第二，成本结构属于微观可控因素，在这一视角下得出的研究结论易于被企业借鉴与实际应用，在当前"降本增效"的大环境下，其实践意义更为显著；第三，如前所述，目前学术界在探讨成本非效率（或成本效率）影响因素时尚未涉及成本结构因素，因此，该部分研究还将具有较好的理论价值。

值得一提的是，尽管从概念上讲，成本结构是指总成本中各类成本占总成本的比例及各类成本之间的比例关系，但是由于成本具有多种分类方法①，而不同的成本分类方法下的成本结构的内涵又不完全相同，因此，在开展研究之前，笔者有必要先对成本分类方法作出说明。

---

① 比如，按成本与决策之间的关系，可将成本区分为相关成本与非相关成本；按成本是否可以被控制，可将成本区分为可控成本与不可控成本；按成本的不同经济用途，可将成本区分为生产成本与期间费用；按成本的不同性态特征，可将成本区分为变动成本与固定成本；等等。

　　鉴于当前财务报表对企业成本主要是按照经济用途分类结果进行披露，因此，笔者在研究过程中将以经济用途作为分类标准对成本进行分类，将成本区分为生产成本与期间费用，进而探讨在此分类标准下各类成本占比对中国传统制造业企业成本非效率水平的影响。同时，从目前的研究文献来看，成本性态是学术界关于成本研究的主要内容，尤其是在论及成本结构时往往都是从成本性态的角度展开讨论，因此，笔者还将以成本性态作为分类标准对成本进行分类，将成本区分为变动成本与固定成本，进而探讨在此分类标准下各类成本占比对中国传统制造业企业成本非效率的影响。

5.1　经济用途分类下成本结构对中国传统制造业企业成本非效率的影响

　　成本经济用途，是指成本资源在经济活动中的使用方向与途径。成本资源在制造业企业经济活动中的使用方向与途径可以被区分为生产活动领域和非生产活动领域两个方面，前者主要从事产品生产，所发生的成本被称为生产成本，其活动主体为车间等生产部门，而后者则主要从事企业的经营管理，所发生的成本被称为期间费用，其活动主体是企业的各行政管理部门。

　　进一步地，生产成本根据其形成来源不同，又可以被区分为直接材料、直接人工和制造费用，其中，直接材料是指构成产品实体的原材料，以及有助于形成产品的主要材料和辅助性材料；直接人工是指支付给直接从事产品生产的工人的职工薪酬；制造费用是指企业为生产产品和提供劳务所发生的各项间接性费用，具体包括生产部门计提的固定资产折旧、摊销的无形资产、支付给生产管理人员的职工薪酬，以及生产部门发生的水电费、劳动保护费、国家规定的有关环保费用、季节性和修理期间的停工损失，等等。对于制造业企业而言，生产部门计提的固定资产折旧是制造费用的主体。期间费用根据具体使用部门不同，又可进一步被区分为销售费用、管理费用和财务费用。销售费用主要发生于销售部门，是指企业在销售商品或者提供劳务过程中所发生的各种费用，包括销售人员薪酬、商品维修费用、运输费用、装卸费用、包装费用、保险费用、广告费用、业务宣传费用及展览费用，等等。管理费用主要发生于企业综合管理部门，是指企业为组织和管理生产经营而发生的其他费用，包括企业在筹建期间所发生的开办费用（比如，相关人员薪酬、办公费用、培训费用、差旅费用、印刷费用、注册登记费用以及不计入固定资产成本的借款费用）、行政管理部门所发生的费用（包括固定资产折旧费用、修理费用、办公费用、水电费用、差旅费用、管理人员薪酬，等等）、业务招待费用、研究费用、技术转让费用、相关长期待摊费用摊销、财产保险费用、聘请中介机构费用、咨询费用（含顾问费用）及诉讼费用，等等。财务费用主要产生于财务部门，是指企业为筹集生产经营所需资金而发生的筹资费用，主要包括利息费用（减利息收入）、汇兑损失、银行相关手续费用、企业给予的现金折扣（减享受的现金折扣）等费用。

虽然不同经济用途成本对于企业的生存与发展具有同等重要的关键作用，但是各类经济用途成本之间存在着一定的最优内在配置比例关系，只有当各类经济用途成本之间相互协调与平衡时，企业才能实现最佳绩效水平，即是说，在实现企业最佳经营绩效过程中，存在着成本资源配置问题。为此，笔者将立足于资源配置理论，从成本经济用途分类角度分别检验生产成本占总成本比例、期间费用占总成本比例、产品生产耗用原材料占生产成本比例、产品生产耗用工资薪酬占生产成本比例、产品生产耗用固定资产折旧占生产成本比例、销售费用占期间费用比例、管理费用占期间费用比例以及财务费用占期间费用比例对中国传统制造业企业成本非效率水平的影响，以此来探讨中国传统制造业企业降低成本非效率水平的途径与方法。

5.1.1 资源配置理论与中国传统制造业企业成本资源配置实践

5.1.1.1 资源配置理论

资源是人们在实现特定目标过程中所具备的有形物质与无形能力。资源具有稀缺性，因此，人们在实现特定目标的过程中，需要对所拥有的相关资源的使用进行合理的规划与分配，以实现在资源投入量一定的情况下产出量最多，或者在产出量一定的情况下所投入的资源最少。分配资源的过程就是资源配置。资源配置行为具有层次性，比如，国家层面的资源配置、产业层面的资源配置、企业层面的资源配置，等等。不同层面的资源配置行为所支配的资源种类及其数量各不相同，所追求的目标也不完全一致。

就本书的研究主题而言，资源配置特指企业层面的资源配置，即企业根据自身技术约束条件，在整个生产经营过程中对其可供选择的要素资源进行合理的分配与组合，以求实现自身经营目标的经济行为（盖国凤，1998）。由于按照成本的经济用途，成本资源可以被区分为生产成本与期间费用，因此，企业对成本资源的配置，就是指企业在实现既定绩效目标的过程中，在自身技术条件约束下，将成本资源在生产成本与期间费用之间进行合理分配的经济行为。

企业既是产品生产单位，同时也是对生产性资源进行管理决策的集合体（杨浩和戴明月，2000）。通常，企业配置成本资源时会存在多种可供选择的资源配置方案，而不同的资源配置方案会形成不同的企业竞争力，进而影响企业的生存与发展，因此，基于绩效最优化目标，企业将选择能够把成本资源配置到效率更高领域的资源配置方案，以期通过资源配置效率的提高来提升企业生产率（马光荣，2014）。理论上，企业作为以盈利为目的的社会经济组织，应该追求并且实现利润的最大化（或者成本的最小化），即对企业资源进行有效配置。但是在经济实践中，由于受到技术水平低下、企业规模不够合理及生产信息不够及时等多方面不利因素的影响，企业往往无法真正实现资源的有效配置。这种非有效的资源配置状况必将导致企业利润非最大化（或者成本非最小化），进而导致成本非效率现象的产生。龚关等（2015）分析了造成中国国有企业与非国有企业总生产率存在差异的原因，其实证结果表明，国有企业资源配置效率低下是主要原因之一。

可见，有效的资源配置是企业运作获得成功的关键（陈宁等，2006），不断提高资源配置效率是企业在经济实践中追求的永恒目标，是企业降低成本非效率水平的重要途径。那么，企业应该如何提高资源配置效率呢？李国英（2001）认为，企业资源配置表现为密切相连的两个方面：一是资源定位，即确定企业资源的分配方向（领域），解决企业资源配置过程中"做正确的事"的问题，它是企业实现有效资源配置的第一环；二是资源整合，即按照一定规则使相关资源有机组合起来以激活和放大企业资源潜力，它解决的是"把正确的事做好"的问题，其核心是确定各类资源之间的动态配合关系，比如，厂房与机器设备之间、固定投入与原材料之间以及人力资源与各类物质资源之间的动态配合关系。在企业资源分配方向已经确定的条件下，资源整合的有效性将直接决定企业资源配置的有效性。制造业企业在生产经营过程中，将成本资源分配到生产成本领域（包括直接材料、直接人工和制造费用）和期间费用领域（包括销售费用、管理费用和财务费用）早已是企业经营决策中的常识，因此，成本资源配置是否有效的决定性因素就是成本资源的整合，即确定各类成本资源之间的比例关系，以激活和放大企业的成本资源潜力。

综上所述，立足于成本资源的经济用途视角，中国传统制造业企业降低成本非效率水平的关键是优化企业所拥有的各类成本资源之间的比例关系，通过提高企业资源配置的有效性来激活和放大企业的成本资源潜力。

5.1.1.2 中国传统制造业企业成本资源配置实践

（1）整体情况。根据前述关于按照经济用途对制造业企业成本资源进行分类的方法，笔者将按照下列步骤对中国传统制造业企业成本资源配置的整体情况进行统计[①]。

第一步：准备数据。

$$\frac{产品生产耗用}{固定资产折旧} = \frac{当年计提的}{固定资产折旧} - \frac{当年计入管理费用}{的固定资产折旧} - \frac{当年计入销售费用}{的固定资产折旧}$$

$$\frac{产品生产耗用}{工资薪酬} = \frac{当年应付职工}{薪酬合计} - \frac{当年应计入销售费用}{的应付职工薪酬} - \frac{当年应计入管理费用}{的应付职工薪酬}$$

$$产品生产耗用原材料 = 年初原材料 + 当年购入原材料 - 年末原材料$$

---

① 数据来源于 Wind 金融数据库。

$$生产成本 = \frac{产品生产耗用}{固定资产折旧} + \frac{产品生产耗用}{工资薪酬} + \frac{产品生产耗用}{原材料}①$$

$$期间费用 = 销售费用 + 管理费用 + 财务费用$$

$$总成本 = 生产成本 + 期间费用$$

第二步：计算统计指标。

$$生产成本占总成本比例（SCCBZB）= 生产成本 ÷ 总成本$$

$$期间费用占总成本比例（QJFYZB）= 期间费用 ÷ 总成本$$

$$\begin{matrix}产品生产耗用固定资产 \\ 折旧占生产成本比例（ZJZB）\end{matrix} = \frac{产品生产耗用}{固定资产折旧} ÷ 生产成本$$

$$\begin{matrix}产品生产耗用工资薪酬 \\ 占生产成本比例（XCZB）\end{matrix} = \frac{产品生产耗用}{工资薪酬} ÷ 生产成本$$

$$\begin{matrix}产品生产耗用原材料 \\ 占生产成本比例（CLZB）\end{matrix} = \frac{产品生产耗用}{原材料} ÷ 生产成本$$

$$销售费用占期间费用比例（XSFYZB）= 销售费用 ÷ 期间费用$$

$$管理费用占期间费用比例（GLFYZB）= 管理费用 ÷ 期间费用$$

$$财务费用占期间费用比例（CWFYZB）= 财务费用 ÷ 期间费用$$

表 5 - 1 是笔者统计得到的中国传统制造业企业在 2008 ~ 2019 年的成本资源配置情况。为了便于比较，笔者在表 5 - 1 中也列出了非传统制造业企业的成本资源配置情况。

表 5 - 1　　中国传统制造业与非传统制造业成本资源配置情况比较

成本资源	传统制造业		非传统制造业		成本资源均值差异		
	成本资源均值	样本个数（个）	成本资源均值	样本个数（个）	两样本均值差异	两样本方差齐性检验 P - 值	两样本均值差异 t 检验 P - 值
SCCBZB	0.8389	5801	0.7776	8840	0.0613 ***	0.0000	0.0000
QJFYZB	0.1611	5801	0.2224	8840	- 0.0613 ***	0.0000	0.0000
ZJZB	0.0554	5801	0.0582	8840	- 0.0028 **	0.0000	0.0345

———————————

① 考虑到数据的可得性，笔者用"产品生产耗用固定资产折旧"来代替产品成本中的"制造费用"。

成本资源	传统制造业		非传统制造业		成本资源均值差异		
	成本资源均值	样本个数（个）	成本资源均值	样本个数（个）	两样本均值差异	两样本方差齐性检验 P - 值	两样本均值差异 t 检验 P - 值
XCZB	0.0665	5801	0.0853	8840	- 0.0188 ***	0.0000	0.0000
CLZB	0.8782	5801	0.8565	8840	0.0217 ***	0.0000	0.0000
XSFYZB	0.3375	5801	0.3572	8840	- 0.0197 ***	0.0378	0.0000
GLFYZB	0.4874	5801	0.5214	8840	- 0.0340 ***	0.0000	0.0000
CWFYZB	0.1751	5801	0.1214	8840	0.0537 ***	0.0000	0.0000

注：*** 表示在 1% 水平上统计显著；** 表示在 5% 水平上统计显著。

表 5 - 1 中数据显示：第一，在中国传统制造业企业的总成本中，生产成本占据了绝大多数比例（SCCBZB = 0.8389），并且在 1% 的水平上显著地高于非传统制造业企业的生产成本占比，这与传统制造业企业的产品特性是相符合的；第二，中国传统制造业企业在产品生产过程中对原材料的高消耗是导致其生产成本占比高于非传统制造业企业生产成本占比的主要原因，其依据是，在构成生产成本的各要素中，传统制造业企业除了原材料占比显著高于非传统制造业企业的原材料占比之外，其余成本要素（包括固定资产折旧占比和工资薪酬占比）均显著地低于非传统制造业企业的同类成本占比；第三，在中国传统制造业企业的期间费用中，管理费用是其主要构成要素，大约占全部期间费用总额的一半，这可能与管理费用科目的核算范围较为广泛有关联；第四，与非传统制造业企业相比，传统制造业企业在销售费用和管理费用方面的支出比例相对较少，这可能与传统制造业企业的销售渠道相对稳定、管理制度与机制相对成熟，从而在产品销售及日常管理中可以相对节约成本支出有关，另外，传统制造业企业在财务费用方面的支出相对较多，这与其盈利能力相对较差、现金流量相对短缺，从而更有可能需要借助外部资金以解决经营过程中出现的资金短缺问题有关联。

（2）历年变化。表 5 - 2 及图 5 - 1 展示了中国传统制造业企业 2008 ~ 2019 年成本资源配置的历年变化情况。

表 5 - 2　　中国传统制造业企业成本资源配置情况（2008 ~ 2019 年）

成本项目	2008 年 (415)	2009 年 (458)	2010 年 (460)	2011 年 (392)	2012 年 (413)	2013 年 (441)	2014 年 (498)	2015 年 (483)	2016 年 (489)	2017 年 (616)	2018 年 (521)	2019 年 (615)
SCCBZB	0.846	0.843	0.856	0.861	0.844	0.827	0.822	0.817	0.818	0.829	0.852	0.854
QJFYZB	0.154	0.157	0.144	0.139	0.156	0.173	0.178	0.183	0.182	0.171	0.148	0.146
ZJZB	0.052	0.067	0.055	0.053	0.036	0.038	0.049	0.067	0.071	0.050	0.053	0.067
XCZB	—	—	—	0.018	0.063	0.069	0.082	0.085	0.096	0.111	0.106	0.113
CLZB	0.948	0.933	0.945	0.928	0.900	0.893	0.869	0.847	0.833	0.840	0.841	0.820
XSFYZB	0.326	0.330	0.330	0.320	0.319	0.311	0.311	0.313	0.334	0.338	0.387	0.399
GLFYZB	0.445	0.488	0.498	0.487	0.482	0.506	0.513	0.510	0.515	0.521	0.439	0.446
CWFYZB	0.229	0.182	0.172	0.193	0.199	0.183	0.176	0.177	0.151	0.141	0.175	0.154

注：括号内数值为观测样本个数。

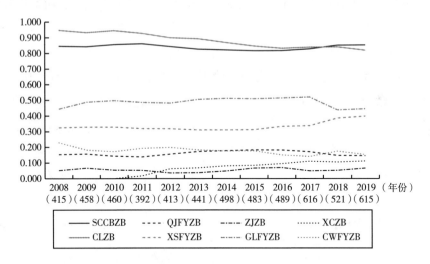

图 5 - 1　中国传统制造业企业成本资源配置情况（2008 ~ 2019 年）

表 5 - 2 及图 5 - 1 显示，在 2008 ~ 2019 年，中国传统制造业企业各成本项目基本上保持了平稳的状态，没有发生明显的较大变化。这既说明中国传统制造业企业的经营状况稳定，同时也说明中国传统制造业企业在经营过程中存在守旧观念，不善于革新。

5.1.2　理论分析与研究假设

如前所述，生产成本是企业在产品生产过程中所发生的成本，管理费用是企业在经营管理过程中所发生的成本。传统制造业企业作为典型的产品生产企业，其价值创造与增值主要来源于产品生产过程，因此，企业只有将更大比例的成本资源配置于产品生产过程，并充分利用这些成本资源进行产品生产，才有可能创造出更高的价值，进而降低企业成本非效率水平，否则，企业支出的成本资源越多，其浪费的成本资源也就会越多，进而将导致企业成本非效率水平升高。由此，笔者提出：

假设5－1：生产成本占总成本比例越高，传统制造业企业成本非效率水平越低。

如果企业不是将更大比例的成本资源配置于产品生产过程，而是将其用于企业的经营管理，那么不但会导致企业产品生产所需资源紧张，影响企业成本资源各项目之间的有机协调，进而导致企业成本非效率水平升高，而且过多的期间费用还会增加企业经营管理过程中发生随意性支出（Hackel，2001）等败德行为的可能性，从而会进一步导致企业成本非效率水平升高。由此，笔者提出：

假设5－2：期间费用占总成本比例越高，传统制造业企业成本非效率水平越高。

5.1.3　研究设计

5.1.3.1　样本选择及数据来源

笔者以在前面测算并且已获得成本效率数据的中国传统制造业企业作为本部分研究过程中所使用的初始观测样本，并且剔除数据不全的观测样本，最终获得2868个有效观测样本。

笔者在研究过程中所使用的数据来源于Wind金融数据库、RESSET数据库及《中国统计年鉴》等。

笔者在研究过程中所使用的数据分析软件是 Stata 15 和 Excel 2019。

5.1.3.2　变量定义

（1）因变量。在本部分研究中，笔者探讨的是成本非效率影响因素，因此，成本非效率为因变量。由于在数值关系上，同一观测样本的成本非效率值与成本效率值之和等于 1，因此，成本非效率的取值为 1 减去同一观测样本的成本效率值。

（2）自变量。在本部分研究中，笔者拟探讨的是生产成本占总成本比例及期间费用占总成本比例对中国传统制造业企业成本非效率水平的影响，因此，生产成本占总成本比例和期间费用占总成本比例是本部分研究中的自变量。

（3）控制变量。由于成本非效率与成本效率具有紧密的此增彼减关系，因此，笔者仍然以对中国传统制造业企业成本效率变迁具有显著影响的一般性影响因素作为控制变量，具体包括：公路铁路密度、资产结构、企业市场地位、资本结构、税负水平、企业规模和行业集中度，共计 7 个控制变量。

5.1.3.3　模型设计

（1）为检验假设 5 – 1，笔者设计如下检验模型：

$$CE\_in_{i,t} = \beta_0 + \beta_1 \cdot SCCBZB_{i,t} + \beta_2 \cdot GTMD_t + \beta_3 \cdot ZCJG_{i,t} + \beta_4 \cdot QYSCDW_{i,t}$$
$$+ \beta_5 \cdot ZBJG_{i,t} + \beta_6 \cdot SFSP_t + \beta_7 \cdot QYGM_{i,t} + \beta_8 \cdot HYJZD_t + \varepsilon_{i,t}$$

$$(5-1)$$

其中，$CE\_in_{i,t}$ 为观测样本 i 在第 t 期的成本非效率值，$SCCBZB_{i,t}$ 为观测样本 i 在第 t 期的生产成本占总成本比例，β_0 为回归常数项，$\beta_1 \sim \beta_8$ 为变量回归系数，$\varepsilon_{i,t}$ 为随机扰动项，其余各代码的含义与前面相同。如果假设 5 – 1 成立，那么 β_1 将显著为负。

（2）为检验假设 5 – 2，笔者设计如下检验模型：

$$CE\_in_{i,t} = \alpha_0 + \alpha_1 \cdot QJFYZB_{i,t} + \alpha_2 \cdot GTMD_i + \alpha_3 \cdot ZCJG_{i,t} + \alpha_4 \cdot QYSCDW_{i,t}$$
$$+ \alpha_5 \cdot ZBJG_{i,t} + \alpha_6 \cdot SFSP_i + \alpha_7 \cdot QYGM_{i,t} + \alpha_8 \cdot HYJZD_i + \sigma_{i,t}$$

$$(5-2)$$

其中，$CE\_in_{i,t}$ 为观测样本 i 在第 t 期的成本非效率值，$QJFYZB_{i,t}$ 为观测样本 i 在第 t 期的期间费用占总成本比例，α_0 为回归常数项，$\alpha_1 \sim \alpha_8$ 为变量回归系数，$\sigma_{i,t}$ 为随机扰动项，其余各代码的含义与前面相同。如果假设 5 - 2 成立，那么 α_1 将显著为正。

5.1.4 实证结果与稳健性检验

5.1.4.1 基准回归结果

（1）关于"生产成本占总成本比例越高，传统制造业企业成本非效率水平越低"的回归结果。笔者运用模型（5 - 1）对该假设进行检验，回归结果如图 5 - 2 所示。

Source	SS	df	MS		
Model	1.69046948	8	0.211308685		
Residual	8.36731547	2,859	0.002926658		
Total	10.0577849	2,867	0.003508122		

				Number of obs	=	2,868
				F(8, 2859)	=	72.20
				Prob > F	=	0.0000
				R-squared	=	0.1681
				Adj R-squared	=	0.1657
				Root MSE	=	0.0541

CE_in	Coef.	Std. Err.	t	P>|t|	[95% Conf. Interval]	
SCCBZB	-0.1346333	0.0113512	-11.86	0.000	-0.1568906	-0.1123759
GTMD	-0.3561447	0.0373719	-9.53	0.000	-0.4294232	-0.2828661
ZCJG	-0.0659023	0.0065934	-10.00	0.000	-0.0788306	-0.0529741
QYSCDW	-0.0154295	0.0013986	-11.03	0.000	-0.0181719	-0.0126871
ZBJG	0.0343131	0.0062137	5.52	0.000	0.0221294	0.0464968
SFSP	0.3845449	0.1122487	3.43	0.001	0.1644483	0.6046416
QYGM	-0.0438558	0.0251737	-1.74	0.082	-0.0932162	0.0055046
HYJZD	-0.0274741	0.010276	-2.67	0.008	-0.0476232	-0.007325
_cons	0.9862376	0.027455	35.92	0.000	0.9324039	1.040071

图 5 - 2　生产成本占比对成本非效率的影响

图 5 - 2 中数据显示，模型（5 - 1）的线性关系是显著的（Prob > F = 0.0000），它可以解释中国传统制造业企业成本非效率水平变异的 16.81%（R - squared = 0.1681）。在控制了一般性影响因素之后，中国传统制造业企业的成本非效率水平随着生产成本占总成本比例的升高而下降，并且在 1% 的水平上统计显著。实证结果与笔者的理论分析结论一致。这给笔者的启示是，中国传统制造业企业要想降低成本非效率水平，就应该将更多的成本资源用于产品生产。

（2）关于"期间费用占总成本比例越高，传统制造业企业成本非效率水平越高"的实证结果。笔者运用模型（5-2）对该假设进行了实证检验，检验结果如图5-3所示。

Source	SS	df	MS		Number of obs	=	2,868
					F(8, 2859)	=	72.20
Model	1.69046948	8	0.211308685		Prob > F	=	0.0000
Residual	8.36731547	2,859	0.002926658		R-squared	=	0.1681
					Adj R-squared	=	0.1657
Total	10.0577849	2,867	0.003508122		Root MSE	=	0.0541

CE_in	Coef.	Std. Err.	t	P>|t|	[95% Conf. Interval]	
QJFYZB	0.1346333	0.0113512	11.86	0.000	0.1123759	0.1568906
GTMD	-0.3561447	0.0373719	-9.53	0.000	-0.4294232	-0.2828661
ZCJG	-0.0659023	0.0065934	-10.00	0.000	-0.0788306	-0.0529741
QYSCDW	-0.0154295	0.0013986	-11.03	0.000	-0.0181719	-0.0126871
ZBJG	-0.0343131	0.0062137	5.52	0.000	0.0221294	0.0464968
SFSP	0.3845449	0.1122487	3.43	0.001	0.1644483	0.6046416
QYGM	-0.0438558	0.0251737	-1.74	0.082	-0.0932162	0.0055046
HYJZD	-0.0274741	0.010276	-2.67	0.008	-0.0476232	-0.007325
_cons	0.8516043	0.0244829	34.78	0.000	0.8035984	0.8996103

图5-3　期间费用占比对成本非效率的影响

图5-3中数据显示，模型（5-2）的线性关系是显著的（Prob > F = 0.0000），它可以解释中国传统制造业企业成本非效率水平变异的16.81%（R-squared = 0.1681）。在控制了一般性影响因素之后，中国传统制造业企业的成本非效率水平随着期间费用占总成本比例的升高而上升，并且在1%的水平上统计显著。实证结果与笔者的理论分析结论也一致，因此，中国传统制造业企业应该严格控制期间费用支出，减少期间费用对企业成本资源的占用，只有这样，才能有效降低成本非效率水平。

5.1.4.2　进一步分析

由于生产成本根据其形成来源不同，可以被进一步区分为直接材料、直接人工和制造费用，因此，上述生产成本占总成本比例对中国传统制造业企业成本非效率影响的实质是直接材料、直接人工和制造费用对中国传统制造业企业成本非效率共同作用后的综合结果。为了明确直接材料、直接人工和制造费用各自占比对中国传统制造业企业成本非效率的具体影响，笔者分别以产品生产耗用原材料占生产成本比例、产品生产耗用工资薪酬占生产成本比例和产品生产耗用固定资产折旧占生产成本比例[①]替换模型（5-1）中的生产成本占总成本比例进行实证检验。

同理，上述期间费用占总成本比例对中国传统制造业企业成本非效率的影响也是一个综合结果，即销售费用、管理费用和财务费用对中国传统制造业企业成本非效率共同作用后的综合结果。为了明确各期间费用项目占比对中国传统制造业企业成本非效率的具体影响，笔者分别以销售费用占期间费用比例、管理费用占期间费用比例和财务费用占期间费用比例替换模型（5-2）中的期间费用占总成本比例进行实证检验。检验结果如表5-3所示。

表5-3　　　　　　　　　成本资源明细项目对成本非效率的影响

项目	(1) CE_in	(2) CE_in	(3) CE_in	(4) CE_in	(5) CE_in	(6) CE_in
CLZB	-0.1460 *** (-12.48)					
XCZB		0.2058 *** (12.76)				
ZJZB			0.1285 *** (5.70)			
XSFYZB				0.0360 *** (6.17)		
GLFYZB					-0.0288 *** (-4.43)	
CWFYZB						-0.0356 *** (-3.53)
控制变量	控制	控制	控制	控制	控制	控制
_cons	1.0537 *** (34.43)	0.9071 *** (21.61)	0.8342 *** (31.92)	0.8183 *** (32.60)	0.8513 *** (33.76)	0.8321 *** (32.34)

---

① 尽管制造费用包括的项目较多，但是对于制造业企业而言，生产部门计提的固定资产折旧才是其主体，因此，笔者采用产品生产耗用固定资产折旧占生产成本比例来代表制造费用在生产成本中的占比。

项目	(1)	(2)	(3)	(4)	(5)	(6)
	CE_in	CE_in	CE_in	CE_in	CE_in	CE_in
N	2768	2248	2577	2868	2866	2676
Prob > F	0.0000	0.0000	0.0000	0.0000	0.0000	0.0000
R – squared	0.1763	0.1660	0.1482	0.1386	0.1322	0.1227

注：括号内数字为 t 值，*** 表示在 1% 的水平上显著。

表 5 - 3 中数据显示，对于生产成本明细项目而言，在控制了一般性影响因素之后，中国传统制造业企业的成本非效率水平随着产品生产耗用原材料占生产成本比例的升高而下降，随着产品生产耗用工资薪酬占生产成本比例和产品生产耗用固定资产折旧占生产成本比例的升高而上升，并且都在 1% 的水平上统计显著。究其原因，可能与固定资产折旧以及工资薪酬的成本黏性特征有关，即在业务量上升时固定资产折旧及工资薪酬所上升的比例会大于业务量等量下降时固定资产折旧及工资薪酬所下降的比例，因此，产品生产耗用工资薪酬占生产成本比例和产品生产耗用固定资产折旧占生产成本比例越高（此时产品生产耗用原材料占生产成本比例越低），企业产品生产的成本黏性就会越强，企业根据产量的变动来调整生产成本的难度就会越大，进而企业成本非效率水平就会越高。另外，产品生产耗用工资薪酬占生产成本比例对中国传统制造业企业成本非效率水平的边际影响最大，其每变动 1 个百分点，将使中国传统制造业企业的成本非效率水平变动 0.2058 个百分点，远高于产品生产耗用固定资产折旧占生产成本比例和产品生产耗用原材料占生产成本比例对中国传统制造业企业成本非效率水平的边际影响，基于此，笔者认为加强生产工人工资结构改革，降低单位产出的工资薪酬成本是降低中国传统制造业企业成本非效率水平的重要方向。该检验结果进一步启示人们，中国传统制造业企业要想降低成本非效率水平，不但需要将更多的成本资源用于产品生产，而且在这些被用于产品生产的成本资源中，还应该尽量降低工资薪酬和制造费对生产成本资源的占用比例，以提高原材料在产品成本中所占的比例。

表 5 - 3 中数据还显示，对于期间费用的明细项目而言，在控制了一般

性影响因素之后，中国传统制造业企业的成本非效率水平随着销售费用占期间费用比例的升高而上升，随着管理费用占期间费用比例和财务费用占期间费用比例的升高而下降，并且都在1%的水平上统计显著。该检验结果表明，销售费用对成本非效率的影响方向与期间费用对成本非效率的影响方向是一致的，因此，销售费用是期间费用影响成本非效率水平的主导因素，可见，加强对销售费用的控制是从期间费用角度降低中国传统制造业企业成本非效率水平的重要途径。

值得注意的是，由于管理费用包含的内容繁杂，容易隐匿企业管理层发生的随意性支出（Hackel，2001）等代理成本，因此，学术界通常认为管理费用越多，企业发生的代理成本也会越多，甚至在实证检验中直接以管理费用作为企业代理成本的表征变量。按此逻辑推理，中国传统制造业企业支付的管理费用越多，其成本非效率水平也会越高。显然，该推理结论与笔者检验得出的中国传统制造业企业成本非效率水平随着管理费用占期间费用比例的升高而下降这一实证结果并不一致。为此，笔者再次运用前述回归模型分年度检验了管理费用占期间费用比例与中国传统制造业企业成本非效率之间的关系，检验结果如表5-4所示。

表5-4 管理费用占期间费用比例对中国传统制造业企业成本非效率的影响

年份	Coef.	t	P >	t		Prob > F	R - squared	N
2009	0.0332	1.27	0.204	0.0000	0.1420	210
2010	0.0124	0.45	0.655	0.0000	0.1590	200
2011	0.0028	0.12	0.905	0.0000	0.1375	232
2012	- 0.0215	- 0.95	0.345	0.0002	0.1047	238
2013	- 0.0265	- 1.25	0.212	0.0023	0.0788	254
2014	- 0.0399	- 2.02	0.045	0.0000	0.1085	272
2015	- 0.0364	- 1.84	0.067	0.0003	0.0872	282
2016	- 0.0557	- 2.97	0.003	0.0000	0.1149	344
2017	- 0.0444	- 2.44	0.015	0.0000	0.0749	390
2018	- 0.0484	- 2.84	0.005	0.0000	0.0849	444

表5-4中数据显示，管理费用占期间费用比例对中国传统制造业企业

成本非效率水平的影响在近些年发生了明显的稳定变化，从 2009 年不显著的正向影响变化为 2012 年不显著的负向影响，再变化为 2014 年显著的负向影响，并一直保持至研究期末。这说明笔者实证得出的中国传统制造业企业成本非效率水平随着管理费用占期间费用比例的升高而下降这一结果是可信的。这也同时说明中国传统制造业企业对管理费用的使用效率有了明显提高，换句话说，目前的企业管理层通过管理费用来隐匿代理成本的可能性已大大降低，因此，管理费用不应是企业加强期间费用控制的重点。

至于中国传统制造业企业成本非效率水平与财务费用占期间费用比例之间的负向关系，可以理解为财务费用支出越多，表明企业的经营活动越活跃，从而对企业资源的利用也会越充分，进而其成本非效率水平就会越低。

5.1.4.3　稳健性检验

实证结果往往会随着观测样本的不同而存在差异，因此，为了检验前述实证结果是否稳健可靠，笔者采用变更观测样本的方法进行稳健性检验。具体做法是：分别采用有放回抽样和无放回抽样两种抽样方式随机抽取观测样本，抽取比例均为 50%，每种抽样方式各重复 1000 次。

表 5 - 5 是笔者对有放回抽样和无放回抽样各重复 1000 次后对实证结果进行统计而得到的结果。

表 5 - 5　　　　　　　　随机抽样实证结果统计

成本项目	回归系数方向	系数显著频次（重复 1000 次，$\alpha = 1\%$）	
		有放回抽样	无放回抽样
SCCBZB	-	1000	1000
QJFYZB	+	1000	1000
CLZB	-	1000	1000
XCZB	+	1000	1000
ZJZB	+	949	986
XSFYZB	+	982	998
GLFYZB	-	830	925
CWFYZB	-	666	736

表 5 - 5 中统计数据显示，无论是采用有放回抽样方式进行重复检验，还是采用无放回抽样方式进行重复检验，在这 1000 次重复检验中，中国传统制造业企业成本非效率水平均 100% 地随着生产成本占总成本比例的升高而下降，随着期间费用占总成本比例的升高而上升，并且在 1% 的水平上统计显著。该稳健性检验结果表明笔者前面得出的实证结果是稳定可靠的，即中国传统制造业企业要想降低成本非效率水平，就应该严格控制期间费用支出，并将更多的成本资源用于产品生产。

进一步地，从生产成本的明细项目来看，无论是采用有放回抽样方式进行重复检验，还是采用无放回抽样方式进行重复检验，在这 1000 次重复检验中，中国传统制造业企业的成本非效率水平均 100% 地随着产品生产耗用原材料占生产成本比例的升高而下降，随着产品生产耗用工资薪酬占生产成本比例的升高而上升，并且都在 1% 的水平上统计显著。该稳健性检验结果表明，笔者在前面得出的关于中国传统制造业企业成本非效率水平与产品生产耗用原材料占生产成本比例之间的关系，以及中国传统制造业企业成本非效率水平与产品生产耗用工资薪酬占生产成本比例之间的关系同样是稳定可靠的。至于中国传统制造业企业成本非效率水平与产品生产耗用固定资产折旧占生产成本比例之间的关系，在这 1000 次重复检验中尽管未得到 100% 的稳健性，但其稳健性也基本上达到了大概率事件标准（有放回抽样中频次为 94.9%，接近 95%，无放回抽样中频次为 98.6%，超过 95%）。由此可见，笔者在前面得出的中国传统制造业企业成本非效率水平与生产成本明细项目之间的关系是稳定可靠的，因此，中国传统制造业企业要想降低成本非效率水平，不但需要将更多的成本资源用于产品生产，而且在这些被用于产品生产的成本资源中，还应该尽量降低工资薪酬和制造费用对生产成本资源的占用比例，以提高原材料在产品成本中所占的比例。

当然，从期间费用的明细项目来看，无论是采用有放回抽样方式进行重复检验，还是采用无放回抽样方式进行重复检验，在这 1000 次重复检验中，销售费用占期间费用比例、管理费用占期间费用比例和财务费用占期间费用比例对中国传统制造业企业成本非效率水平的影响均未达到 100% 的稳定性，笔者认为这可能与各类期间费用包含的内容比较繁杂有关。尽管如此，销售费用占期间费用比例对中国传统制造业企业成本非效率的正向影响还是达到了大概率事件标准（有放回抽样中频次为 98.2%，超过 95%，无放回抽样中频次为 99.8%，超过 95%），即销售费用占期间费用比例对中国传统制造业企业成本非效率的正向影响基本上是稳定可靠的。由此可见，加强对销售费用的控制是从期间费用角度降低中国传统制造业企业成本非效率水平的重要途径，而管理费用则不应成为中国传统制造业企业加强期间费用控制的重点。

5.1.5　研究结论及启示

企业成本资源按其经济用途，可以被区分为生产成本和期间费用。尽管不同经济用途的成本对于企业的生存与发展具有同等重要的关键作用，但是各类经济用途成本之间却存在着一定的最优内在配置比例关系，只有当各类经济用途成本之间相互协调与平衡时，企业才能实现最佳绩效水平。

为了优化中国传统制造业企业的成本资源配置，笔者在前文已获得成本效率数据的基础上，剔除数据不全的观测样本，通过构建回归模型，对生产成本和期间费用对中国传统制造业企业成本非效率水平的影响进行了实证检验。实证结果表明，在控制了一般性影响因素之后，中国传统制造业企业的成本非效率水平随着生产成本占总成本比例的升高而下降，随着期间费用占总成本比例的升高而上升，并且在 1% 的水平上统计显著。进一步地，从生产成本明细项目来看，在控制了一般性影响因素之后，中国传统制造业企业的成本非效率水平随着产品生产耗用原材料占生产成本比例的升高而下降，随着产品生产耗用工资薪酬占生产成本比例和产品生产耗用固定资产折旧占生产成本比例的升高而上升，并且都在 1% 的水平上统计显著；从期间费用明细项目来看，在控制了一般性影响因素之后，中国传统制造业企业的成本非效率水平随着销售费用占期间费用比例的升高而上升，随着管理费用占期间费用比例和财务费用占期间费用比例的升高而下降，并且都在 1% 的水平上统计显著。上述实证结果中，除了管理费用占期间费用比例和财务费用占期间费用比例对中国传统制造业企业成本非效率的影响不够稳定之外，其余成本项目对中国传统制造业企业成本非效率的影响均稳定可靠。

基于实证结果，笔者得到如下启示：中国传统制造业企业要想降低成本非效率水平，就应该严格控制期间费用支出，并将更多的成本资源用于产品生产；在被用于产品生产的成本资源中，应尽量降低工资薪酬和制造费用对生产成本资源的占用比例，以提高原材料在产品成本中所占的比例；销售费用是期间费用中影响成本非效率水平的主导因素，加强对销售费用的控制是从期间费用角度降低中国传统制造业企业成本非效率水平的重要途径，而管理费用则不应成为中国传统制造业企业加强期间费用控制的重点。

5.2　成本性态分类下成本结构对中国传统制造业企业成本非效率的影响

成本性态是学术界划分成本类别的又一重要标准。所谓成本性态，是指在相关范围内成本发生额与业务量之间的依存关系。如果成本发生额随着业务量的变化而呈正比例变化，则该类成本被称为变动成本；如果成本发生额随着业务量的变化而保持固定不变，则该类成本被称为固定成本；如果成本发生额随着业务量的变化而发生变化，但其变化并不呈正比例关系，则该类成本被称为混合成本。由于混合成本可以被进一步区分为固定部分和变动部分，因此，在成本性态分类标准下，企业总成本最终被区分为固定成本和变动成本两部分，并由 $y = a + bx$ 这一成本性态模型来刻画。在成本性态模型中，y 表示成本总额，a 表示固定成本，b 表示单位变动成本，x 表示业务量，bx 表示特定业务量 x 下的变动成本。

从成本性态模型可知，不同性态的成本对企业业务量的变化有着不同的敏感性。在相关范围内，单位业务量的变动成本保持固定不变，但变动成本总额会随着业务量的上升（下降）而上升（下降）；固定成本则与之相反，在相关范围内，固定成本总额保持不变，但单位业务量分摊的固定成本（a/x）会随着业务量的上升（下降）而下降（上升）。可见，业务量的变动会引起企业对不同性态成本的利用状况发生改变，这必将影响到企业的成本非效率水平。在此过程中，各性态成本占企业总成本的比例（即成本结构）是一个关键因素，它既会受到业务量的影响，同时又会影响到企业成本非效率水平，因此，探讨成本性态分类下的成本结构对企业成本非效率水平的影响有助于发现业务量影响企业成本非效率的内在机理，进而有助于企业管理层的成本控制与经营决策。然而，综观现有研究文献，目前还鲜有学者对这个问题展开研究。鉴于此，笔者将以中国传统制造业企业作为研究样本来探讨成本性态分类下的成本结构对企业成本非效率水平的影响，以丰富相关研究文献，并预期为企业管理层的成本控制与经营决策提供经验借鉴。

5.2.1　文献回顾

成本性态是管理会计中的核心概念之一，与之相关的成本性态理论早已被人们所熟知。通过成本性态分析，企业管理层不但可以预测特定业务量下的企业总成本的未来发生额，而且还可以通过对业务量本身的调节和控制来实现对正在发生的或者未来将要发生的具体成本行为的事前与事中控制，这将有助于企业管理层的成本控制与经营决策。为此，学术界运用成本性态理论在相关领域展开了探讨，比如，制定企业涉外销售价格（方时雄，1994），选择企业竞争优势战略（张艳辉，2000），分析房地产开发项目的可行性（刘科会，2006），改进杜邦财务分析体系（黄东坡，2007），构建油田企业作业动因成本性态分析模型（霍江林和赵振智，2010）以及分析有效经济增长与净碳排放影响因素之间的关系（李虹和刘凌云，2016），等等。

随着成本性态理论及其应用研究的深入，人们发现传统管理会计所构建的成本性态线性模型虽然简单，但是它的假设却偏离了实际情况，与现实中管理者进行成本管理的实践并不相符（Noreen and Soderstrom，1997；Cooper and Kaplan，1998；朱乃平，2008），因此，运用 $y = a + bx$ 来描述成本与业务量之间的关系通常是不正确的（万寿义和王红军，2011）。

现代管理会计认为，成本与业务量之间并不是一种简单线性关系，因为成本发生额不但会受到业务量数量的影响，而且还会受到业务量的变化速度、变化方向、变化持续时间以及管理层决策等多种因素的影响（罗伯特等，2004）。其中，被讨论最多的是业务量变化方向对企业成本发生额的影响，即企业成本在业务量上升时增加的幅度会大于业务量等额下降时减少的幅度，即表现出非对称性变化特征。安德森等（Anderson et al.，2003）将这一现象称为成本黏性。

成本黏性概念的提出极大地拓展了学术界关于成本性态的相关研究，归纳起来，主要体现在以下三个方面：

（1）成本黏性影响因素研究。库珀和卡普兰（Cooper and Kaplan，1998）认为，企业为保障日常经营活动的进行而签订的长期契约一般难以在短期内进行修改，因此，当企业业务量减少时，其费用就不会与业务量同比例下降，由此造成了费用的增减与业务量的增减不对称；巴拉克里什南和格鲁卡（Balakrishnan and Gruca，2008）的研究发现，与企业核心竞争力相关的成本的黏性程度要高于其他一般成本的黏性程度；卡玛和韦斯（Kama and Weiss，2010）认为，代理问题既可能强化企业的成本黏性，也可能弱化企业的成本黏性，这要取决于企业所处的具体情形；拉宁和安德森（Lanen and Anderson，2007）认为，成本黏性受到行业性质的影响，比如在制造业以及工业行业中，由于固定资产所占的比重较大，企业可控制的成本比较少，从而其成本黏性会比较大；班克等（Banker et al.，2010）发现高成长行业的成本黏性比较高；陈璐和苏吉安利斯（Chen Lu and Sougiannis，2012）的研究表明，为了建立商业帝国，企业管理层会在销量上升、经济状况较好的情况下扩建产能，但在经济状况不好、销量不高的情况下却不会及时地处置闲置资源，这就导致了企业成本黏性现象的产生。孙铮和刘浩（2004）以及朱乃平（2008）将企业成本黏性的成因归纳为契约的制约、效率机制的影响和机会主义的影响三个方面，而班克等（2010）则把企业成本黏性的成因归纳为调整成本、管理者乐观预期和代理问题三个方面。

（2）成本黏性存在性研究。刘武（2006）以中国沪深 A 股上市公司 1998～2005 年企业年度财务数据作为研究样本，实证发现制造业和信息技术业存在较强的成本黏性行为；韩飞和刘益平（2010）选取中国 420 家制造业上市公司 3588 个样本数据进行实证检验，检验结果显示，中国制造类上市公司总成本确实存在黏性特征；姚丹（2014）通过对 1486 家制造业上市公司进行实证研究后发现，中国制造业各个子行业上市公司都存在成本黏性；万寿义和王红军（2011）、王满等（2014）以及徐和西姆（Xu and Sim，2017）在实证研究中也都发现了中国上市公司普遍存在成本黏性这一现象。

（3）成本黏性经济后果研究。持正面观点的学者（刘嫦等，2014；葛尧，2017）认为，高成本黏性公司在销售收入下降时由于保持了有助于提升企业竞争力的诸多成本开支，因此这类公司在未来能够获得高于行业平均水平的营业收入增长率，可以促进企业绩效提升；持负面观点的学者（段然，2017；张洁，2017；赵颖，2017）则认为，成本黏性与企业绩效之间是负向互动关系，成本黏性越小，企业管理层对资源的调整会越灵活，进而越能对市场变化作出迅速反应，由此企业绩效会越好。除此之外，还有一种折中观点（孙铮和刘浩，2004），认为成本黏性对企业绩效的影响呈"n"状分布，完全没有黏性和黏性过强都不利于企业绩效的提升，只有适度的成本黏性才会提升企业绩效。刘武（2006）则从成本的角度支持了这种折中观点，认为从长期来看，适当的成本黏性有利于降低企业的整体成本。

尽管成本黏性概念是成本性态理论的进一步发展，有助于人们认识成本变化规律，但它却无法说明成本性态分类下各类成本占比对企业的具体影响，这将无助于企业管理层进行有效的成本控制与经营决策。鉴于此，笔者将立足传统成本性态理论，运用营业杠杆模型将企业经营成本按其性态分解为变动经营成本和固定经营成本两部分，然后再运用成本性态数据检验固定成本占比对中国传统制造业企业成本非效率的影响，预期为企业管理层进行成本控制与经营决策提供经验支持。

5.2.2　理论分析与研究假设

由于固定成本和变动成本对企业业务量的变化有着不同的敏感性。对于变动成本而言，变动成本易于被分割，当业务量上升时，变动成本可以随着业务量的上升而呈正比例上升；当业务量下降时，变动成本也可以随着业务量的下降而呈正比例下降，即是说，在业务量变动的情况下，变动成本不会发生被闲置和浪费的现象。对于固定成本而言，固定成本通常难于被分割，在相关范围内，其总额不会发生变动，但是，当业务量超过了相关范围，则固定成本会呈跳跃式变动，并且在新的水平上保持相对的固定不变；同理，当业务量下降时，固定成本通常也不会随之而下降，而是具有一定的滞后性。可见，在业务量发生变动的情况下，固定成本和变动成本将发生不同的变化，进而对企业的成本非效率水平产生不同的影响。布特西亚里（Boutsioli，2010）的研究发现，希腊公立医院存在成本非效率现象，因为这些公立医院有大量被闲置的资源，有些备用医疗容量甚至还从未被使用过。托瓦尔和沃尔（Tovar and Wall，2016）研究了 26 家西班牙港口企业在 1993 ~ 2012 年的整体长期成本效率，他们的研究结果表明，港口企业当前的成本非效率现象主要是各企业在产量不变的条件下就扩大总投资并且减少可变投入所造成的。刘洪云等（2021）在分析中国奶牛养殖成本无效率的影响因素时也发现，盲目增加固定资产投入会影响成本效率，当前情况下通过减少固定资产投入，放缓辅助技术设备引进可以降低成本非效率水平。

对于中国传统制造业企业而言，首先，作为制造业企业，其固定资产投资比例通常比较大，固定资产折旧在企业总成本中所占比例会相应地比较高，这无疑增大了企业固定成本在总成本中所占的比例；其次，绝大多数中国传统制造业上市公司由国有企业改制而来，这些上市公司在人员聘用和经费管理等方面相对缺乏弹性管理机制，这也会成为企业固定成本的重要来源，进而会加大固定成本在企业总成本中所占的比例。当业务量上升时，这些固定成本会呈现跳跃式上升，导致部分产能被闲置，增加企业成本非效率水平；当业务量下降时，这些固定成本通常不会被及时减少，同样会出现部分产能被闲置，这也会增加企业成本非效率水平。由此，笔者提出如下假设：

假设 5 - 3：中国传统制造业企业总成本中固定成本占比越大的企业，其成本非效率水平会越高。

5.2.3　研究设计

5.2.3.1　样本选择及数据来源

笔者以在前文中测算并且已获得成本效率数据的中国传统制造业企业作

为本部分研究中所使用的初始观测样本，并且剔除数据不全的观测样本。

笔者在研究过程中所使用的数据来源于 Wind 金融数据库、RESSET 数据库以及《中国统计年鉴》等。

笔者在研究过程中所使用的数据分析软件是 Stata 15 和 Excel 2019。

5.2.3.2　变量定义

（1）因变量。在本部分研究中，笔者探讨的是成本非效率影响因素，因此，成本非效率为因变量。由于在数值关系上，同一观测样本的成本非效率值与成本效率值之和等于 1，因此，成本非效率的取值为 1 减去同一观测样本的成本效率值。

（2）自变量。在本部分研究中，笔者拟探讨的是企业总成本中固定成本所占比例对中国传统制造业企业成本非效率水平的影响，因此，固定成本占比（固定成本 ÷ 总成本 × 100%）是本部分研究中的自变量。

值得一提的是，固定成本并无现成可用数据，需要运用一定的方法对企业总成本进行成本性态分解。从目前的研究文献来看，成本性态分解的方法有较多选择，比如，回归分析法、高低点法、散布图法、技术测定法和合同确认法，等等。在研究实践中，学术界通常运用回归分析法进行成本性态分解，其中的可能原因是，高低点法不但存在以点概面之嫌，而且它还忽略了成本随着业务量的变化而变化的动态过程，这容易导致成本性态分解结果出现严重偏差；散布图法虽然考虑到了成本随着业务量的变化而变化的动态过程，但其成本趋势线需要研究者通过目测来确定，这又增加了成本性态分解过程中的主观随意性；技术测定法和合同确认法，则由于受到外部人无法获得企业内部资料的限制而难以将其广泛地应用于研究实践之中。尽管回归分析法在成本性态分解中得到了相对较多的应用，但笔者认为其合理性同样值得商榷：首先，回归分析法必须以大样本数据（n≥30）作为其应用前提，而大样本数据又必然会拉长成本主体的行为观测期间，在此期间内，包括固定成本在内的所有成本都会发生变化，尤其是在大样本数据为年度数据的情况下更是如此，因此，大样本数据会在理论上直接否定固定成本的存在性，从而推翻回归分析法下成本性态模型的建模基础。其次，在运用回归分析法时，还需要研究者预先设计回归模型的函数形式，这又将增加成本性态分解过程中的主观干扰因素，从而影响成本性态分解结果的客观性。由此可见，将回归分析法应用于成本性态分解也并非合理选择。考虑到测算营业杠杆系数时所用模型中存在着变动经营成本和固定经营成本参数，而且该模型所用数据也仅仅涉及前后两期数据，在时间维度方面不会违背成本性态分类中的"相关范围"假定，因此，笔者认为利用营业杠杆模型对企业经营成本进行性态分解是一个值得尝试的方法。为此，笔者在本部分研究中将运用营业杠杆模型对企业经营成本进行性态分解[①]，并以使用该方法所得成本性态数据为基础来检验固定成本占比对中国传统制造业企业成本非效率水平的影响。具体步骤如下：

第一步：根据模型（5－3）计算企业第 t 期的营业杠杆系数 DOL_t。

$$DOL_t = \frac{\Delta EBIT/EBIT_{t-1}}{\Delta S/S_{t-1}} = \frac{\Delta EBIT/EBIT_{t-1}}{(\Delta Q \cdot p)/(Q_{t-1} \cdot p)} = \frac{\Delta EBIT/EBIT_{t-1}}{\Delta Q/Q_{t-1}}$$

$$(5-3)$$

其中，DOL_t 表示第 t 期的营业杠杆系数；$EBIT_{t-1}$ 表示第 t－1 期的息税前利润总额；Δ 表示变动量；$\Delta EBIT$ 表示第 t 期和第 t－1 期的息税前利润总额之差，即 $EBIT_t - EBIT_{t-1}$；S_{t-1} 表示第 t－1 期的产品销售额；ΔS 表示第 t 期和第 t－1 期的产品销售额之差，即 $S_t - S_{t-1}$；Q_{t-1} 表示第 t－1 期的产品销售量；ΔQ 表示第 t 期和第 t－1 期的产品销售量之差，即 $Q_t - Q_{t-1}$；p 表示单位产品售价。

在当前财务报表披露规范下，销售额数据可以直接从利润表"营业收入"项目获取，息税前利润数据可以根据利润表披露的"利润总额"项目数据和"财务费用"[②] 项目数据相加计算获取。

---

① 笔者在工作论文《基于营业杠杆模型的企业经营成本性态分解方法及其应用研究》中对利用营业杠杆模型分解企业经营成本性态这一方法的可行性与可靠性进行了实证检验，检验结果表明，该方法不但在操作上可行，而且其分解结果也可靠。

② 由于外部人无法获取企业实际发生的利息费用数据，因此，在学术研究中，通常使用"财务费用"来代替"利息费用"。本书也采用该方法。

第二步：根据模型 (5-4)① 计算第 t-1 期的变动经营成本 V_{t-1}。

$$V_{t-1} = S_{t-1} - DOL_t \cdot EBIT_{t-1} \tag{5-4}$$

在这一步骤中，S_{t-1} 和 $EBIT_{t-1}$ 数据获取方法同第一步，而 DOL_t 数据则由第一步的计算获取。

第三步：根据模型 (5-5)② 计算第 t-1 期的固定经营成本 F_{t-1}，即：

$$F_{t-1} = S_{t-1} - V_{t-1} - EBIT_{t-1} \tag{5-5}$$

在这一步骤中，S_{t-1} 和 $EBIT_{t-1}$ 数据获取方法同第一步，而 V_{t-1} 数据则由第二步计算获取。

至此，笔者已将第 t-1 期的经营成本按照成本性态分解为变动经营成本和固定经营成本两部分。

需要说明的是，从理论上讲，息税前利润是指企业支付利息和缴纳所得税之前所形成的利润，即息税前利润＝利润总额＋财务费用。但在财务实践中，我国企业在计算利润总额时，不但要从营业收入中扣除营业成本、税金及附加、销售费用、管理费用、研发费用和财务费用等成本费用类项目，而且还要加计其他收益、投资收益、净敞口套期收益、公允价值变动收益、信用减值损失、资产减值损失和资产处置收益等损益类项目，同时，营业外收入和营业外支出也是利润总额的调整项目。笔者认为，上述损益类项目、营业外收入项目以及营业外支出项目与企业实际业务量之间不存在直接因果关系，因此，在计算息税前利润时，应该将它们的影响予以排除，鉴于此，笔者对息税前利润作出如下具体界定③：

$$息税前利润 = \frac{营业}{收入} - \frac{营业}{成本} - \frac{税金及}{附加} - \frac{销售}{费用} - \frac{管理}{费用} - \frac{研发}{费用}$$

（3）控制变量。由于成本非效率与成本效率具有紧密的此增彼减关系，

----

① 该公式由 $DOL_t = \dfrac{Q_{t-1}(p-v)}{EBIT_{t-1}} = \dfrac{S_{t-1} - V_{t-1}}{EBIT_{t-1}}$ 变形而得。

② 该公式由 $EBIT_t = S_t - V_t - F_t$ 变形而得。

③ 计算息税前利润时，也可以采取从利润总额开始进行反向调整的方法，其调整计算的结果与本书所采用方法的计算结果完全一致。

因此，笔者仍然以对中国传统制造业企业成本效率变迁具有显著影响的一般性影响因素作为控制变量，具体包括：公路铁路密度、资产结构、企业市场地位、资本结构、税负水平、企业规模和行业集中度，共计7个控制变量。

5.2.3.3 模型设计

为检验"中国传统制造业企业总成本中固定成本占比越大的企业，其成本非效率水平会越高"，笔者设计如下检验模型：

$$CE\_in_{i,t} = \beta_0 + \beta_1 \cdot GDCBZB_{i,t} + \beta_2 \cdot GTMD_t + \beta_3 \cdot ZCJG_{i,t} + \beta_4 \cdot QYSCDW_{i,t}$$
$$+ \beta_5 \cdot ZBJG_{i,t} + \beta_6 \cdot SFSP_t + \beta_7 \cdot QYGM_{i,t} + \beta_8 \cdot HYJZD_t + \varepsilon_{i,t}$$

$$(5-6)$$

其中，$CE\_in_{i,t}$ 为观测样本 i 在第 t 期的成本非效率值，$GDCBZB_{i,t}$ 为观测样本 i 在第 t 期的固定成本占总成本比例，β_0 为回归常数项，$\beta_1 \sim \beta_8$ 为变量回归系数，$\varepsilon_{i,t}$ 为随机扰动项，其余各代码的含义与前面相同。如果假设 5-3 成立，那么 β_1 将显著为正。

5.2.4 实证结果与稳健性检验

5.2.4.1 基准回归结果

笔者运用回归模型（5-6）对"中国传统制造业企业总成本中固定成本占比越大的企业，其成本非效率水平会越高"这一假设进行了实证检验，检验结果如图 5-4 所示。

图 5-4 中数据显示，该回归模型的线性关系是显著的（Prob > F = 0.0000），它可以解释中国传统制造业企业成本非效率水平变异的 12.42%（R-squared = 0.1242）。在控制了一般性影响因素之后，中国传统制造业企业的成本非效率水平随着固定成本占总成本比例的变化而呈反方向变化，即固定成本占比越大，企业成本非效率水平会越低，并且在 1% 的水平上统计显著。该实证结果与笔者的理论分析结论不一致，即是说，"假设 5-3：中国传统制造业企业总成本中固定成本占比越大的企业，其成本非效率水平会

越高"没有得到验证。

Source	SS	df	MS		Number of obs	=	1,199
					F(8, 1190)	=	21.09
Model	.467670401	8	0.0584588		Prob > F	=	0.0000
Residual	3.29775262	1,190	0.002771221		R-squared	=	0.1242
					Adj R-squared	=	0.1183
Total	3.76542302	1,198	0.003143091		Root MSE	=	0.05264

CE_in	Coef.	Std. Err.	t	P>|t|	[95% Conf. Interval]	
GDCBZB	-0.0182811	0.0065838	-2.78	0.006	-0.0311982	-0.005364
GTMD	-0.3062226	0.0543695	-5.63	0.000	-0.4128933	-0.1995519
ZCJG	-0.0576608	0.0101996	-5.65	0.000	-0.077672	-0.0376496
QYSCDW	-0.0071588	0.0022717	-3.15	0.002	-0.0116158	-0.0027017
ZBJG	0.030022	0.0096521	3.11	0.002	0.0110851	0.048959
SFSP	0.353322	0.1662931	2.12	0.034	0.0270617	0.6795823
QYGM	-0.0340047	0.0384485	-0.88	0.377	-0.1094391	0.0414297
HYJZD	-0.0332202	0.0156943	-2.12	0.034	-0.0640119	-0.0024286
_cons	0.8444178	0.0359185	23.51	0.000	0.7739472	0.9148884

图5-4 固定成本占比对成本非效率的影响

5.2.4.2 进一步分析

实证结果为什么会与理论分析结论不一致？经过进一步分析后，笔者认为其原因可能是，尽管我国宏观经济面临下行压力，但企业拥有的市场机会在总体上仍然处于扩张状态。扩张的市场机会将带给企业管理层乐观预期，使其在企业营业收入下降时仍然保持有助于提升企业竞争力的诸多成本开支（相当于固定成本）。这些被企业管理层保持下来的成本开支将使企业在市场机会来临时能够及时抓住市场机会，从而获得较高的绩效水平。可见，在市场扩张状态下，拥有较多的固定成本不但不会造成过多的成本浪费，而且与那些固定成本占比较少的企业相比还能够及时抓住市场机会，从而降低企业成本非效率水平，即固定成本占比对成本非效率水平具有抑制作用。

为了检验基于基准回归结果所作的进一步分析结论是否正确，笔者以营业收入变化（YYSRBH）作为企业面临的市场机会状况。如果当年营业收入大于等于上年营业收入，表明企业拥有向上的市场机会，营业收入变化取值为1，此时，预期固定成本占比越大，企业成本非效率水平会越低；如果当年营业收入小于上年营业收入，则表明企业拥有向下的市场机会，营业收入变化取值为0，此时，预期固定成本占比越大，企业成本非效率水平会越高。

图5-5和图5-6是笔者在以营业收入变化作为分类变量的情况下进行回归检验所得实证结果。

```
-> YYSRBH = 0
```

Source	SS	df	MS		Number of obs	=	283
					F(8, 274)	=	6.45
Model	0.134774229	8	0.016846779		Prob > F	=	0.0000
Residual	0.715467901	274	0.002611197		R-squared	=	0.1585
					Adj R-squared	=	0.1339
Total	0.85024213	282	0.003015043		Root MSE	=	0.0511

CE_in	Coef.	Std. Err.	t	P>|t|	[95% Conf. Interval]	
GDCBZB	0.0050057	0.0134406	0.37	0.710	-0.0214542	0.0314656
GTMD	-0.4284454	0.0977211	-4.38	0.000	-0.620825	-0.2360659
ZCJG	-0.0284197	0.0207306	-1.37	0.172	-0.0692312	0.0123918
QYSCDW	-0.0010754	0.0038552	-0.28	0.781	-0.0086649	0.0065142
ZBJG	0.0410211	0.0190948	2.15	0.033	0.00343	0.0786123
SFSP	0.0581129	0.3137804	0.19	0.853	-0.5596138	0.6758396
QYGM	-0.3424141	0.0871887	-3.93	0.000	-0.5140591	-0.1707692
HYJZD	-0.0625816	0.0325015	-1.93	0.055	-0.1265659	0.0014028
_cons	0.9034995	0.062589	14.44	0.000	0.780283	1.026716

图 5-5　市场机会向下情况下固定成本占比对成本非效率的影响

```
-> YYSRBH = 1
```

Source	SS	df	MS		Number of obs	=	916
					F(8, 907)	=	17.51
Model	0.387831958	8	0.048478995		Prob > F	=	0.0000
Residual	2.51182297	907	0.002769375		R-squared	=	0.1338
					Adj R-squared	=	0.1261
Total	2.89965493	915	0.003169022		Root MSE	=	0.05262

CE_in	Coef.	Std. Err.	t	P>|t|	[95% Conf. Interval]	
GDCBZB	-0.0259087	0.0075263	-3.44	0.001	-0.0406797	-0.0111377
GTMD	-0.2758401	0.0659856	-4.18	0.000	-0.4053423	-0.146338
ZCJG	-0.060857	0.0117225	-5.19	0.000	-0.0838634	-0.0378506
QYSCDW	-0.0091768	0.0027992	-3.28	0.001	-0.0146706	-0.0036831
ZBJG	0.0257326	0.0111374	2.31	0.021	0.0038745	0.0475906
SFSP	0.4049372	0.2044322	1.98	0.048	0.003722	0.8061523
QYGM	0.0311459	0.0428675	0.73	0.468	-0.0529851	0.1152769
HYJZD	-0.0265979	0.0178416	-1.49	0.136	-0.0616134	0.0084177
_cons	0.831697	0.0442204	18.81	0.000	-0.7449108	0.9184832

图 5-6　市场机会向上情况下固定成本占比对成本非效率的影响

图 5-5 和图 5-6 中数据与笔者基于基准回归结果所作的进一步分析结论是基本相符的。首先，当前中国市场机会整体向上，在 1199 个有效样本中，拥有向上市场机会的观测样本占全部观测样本的 76.4%（916÷1199×100%），这为企业管理层在营业收入下降时仍然保持有助于提升企业竞争力的诸多成本开支提供了理论支持；其次，从不同市场机会状态下中国传统制造业企业固定成本占比对成本非效率的具体影响来看，当拥有向下的市场机会时，固定成本占比越大，中国传统制造业企业成本非效率水平会越高，但未通过显著性检验；而当拥有向上的市场机会时，固定成本占比越大，中国传统制造业企业成本非效率水平会越低，且在 1% 的水平上统计显著。这说明固定成本占比对企业成本非效率的影响方向要受到企业所面临的市场机会

的影响。该进一步检验所得实证结果带给笔者的启示是：当企业拥有向上的市场机会时，拥有较多的固定成本不但不会造成过多的成本浪费，而且与那些固定成本占比较少的企业相比还能够及时抓住市场机会，从而可以降低企业成本非效率水平，因此，中国传统制造业企业在营业收入下降时，不能盲目地缩减固定成本开支，只有当预期未来市场机会向下时，才可缩减固定成本。

5.2.4.3　稳健性检验

为了检验前述实证结果是否稳健可靠，笔者采用变更观测样本的方法进行稳健性检验。具体做法是：分别采用有放回抽样和无放回抽样两种抽样方式随机抽取观测样本，抽取比例均为 75%，每种抽样方式各重复 1000 次。

表 5 - 6 中数据显示，在有放回抽样重复实验中，未分组情况下，每次重复实验有 899 个观测样本参与模型回归，回归得到固定成本占比回归系数为负的实验次数为 986 次（其中有 657 次得到 GDCBZB 回归系数在 1% 水平上统计显著），固定成本占比回归系数为正的实验次数仅为 14 次（GDCBZB 系数均未通过 1% 水平上的显著性检验）；在分组情况下，市场机会向下组（YYSRBH = 0）的观测样本有 212 个，市场机会向上组（YYSRBH = 1）的观测样本有 687 个，在各自 1000 次重复实验中，市场机会向上组（YYSRBH = 1）的重复实验结果与未分组情况下的重复实验结果非常接近，即固定成本占比（GDCBZB）回归系数显著为负，而市场机会向下组（YYSRBH = 0）的重复实验结果却与未分组情况下的重复实验结果存在较大差异，因为该组的重复实验结果在整体上表现为固定成本占比（GDCBZB）回归系数略微偏正。

表 5 - 6　　　固定成本占比影响成本非效率重复实验检验结果统计

项目		有放回抽样			无放回抽样		
样本来源		全部样本	YYSRBH = 0	YYSRBH = 1	全部样本	YYSRBH = 0	YYSRBH = 1
样本数量		899	212	687	899	212	687
GDCBZB 系数	−	986 (657)	403 (19)	998 (845)	1000 (794)	292 (0)	1000 (982)
	+	14 (0)	597 (64)	2 (0)	0	708 (4)	0

注："−""+"行括号外数字为实验次数，括号内数字为系数在 1% 水平上显著的频次。

表5-6中数据还显示，无放回抽样重复实验结果与有放回抽样重复实验结果基本一致。这里不再赘述表中相关数据的具体含义。

稳健性检验结果再次证明，当拥有向下的市场机会时，固定成本占比越大，中国传统制造业企业成本非效率水平会越高，但不显著；而当拥有向上的市场机会时，固定成本占比越大，中国传统制造业企业成本非效率水平会越低，且在1%的水平上统计显著。这说明笔者基于基准回归结果所作的进一步分析结论是合理的，相应的实证结果也是稳健可靠的。

5.2.5 研究结论及启示

不同性态的成本对企业业务量的变化有着不同的敏感性。通过成本性态分析，企业管理层不但可以预测特定业务量下企业总成本的未来发生额，而且还可以通过对业务量本身的调节和控制来实现对正在发生的或者未来将要发生的具体成本行为的事前与事中控制，这将有助于企业管理层的成本控制与经营决策。

由于没有现成可用的成本性态数据，因此，笔者在实证研究过程中首先运用营业杠杆模型将企业经营成本按其性态分解为变动经营成本和固定经营成本两部分，然后再运用成本性态数据检验固定成本占比对中国传统制造业企业成本非效率的影响。实证结果表明，固定成本占比对中国传统制造业企业成本非效率的影响要受到企业所面临的市场机会的影响，当拥有向下的市场机会时，固定成本占比越大，中国传统制造业企业成本非效率水平会越高，但未通过显著性检验；而当拥有向上的市场机会时，固定成本占比越大，中国传统制造业企业成本非效率水平会越低，且在1%的水平上统计显著。

基于实证结果，笔者得到如下启示：当企业拥有向上的市场机会时，拥有较多的固定成本不但不会造成过多的成本浪费，而且与那些固定成本占比较少的企业相比还能够及时抓住市场机会，从而可以降低企业成本非效率水平，因此，中国传统制造业企业在营业收入下降时，不能盲目地缩减固定成本开支，只有当预期未来市场机会向下时，才可缩减固定成本。

第 6 章

转型升级对中国传统制造业企业成本效率的影响

  随着生产要素成本的上涨和产品市场竞争的加剧，我国传统制造业企业长期以来所依赖的资源价格优势已日趋减弱，转型升级已成为我国传统制造业企业谋求生存与发展的必然选择。政府部门对此高度重视。2016 年中央经济工作会议提出，要用新技术新业态全面改造提升传统产业，其后历年的中央经济工作会议均对传统产业的改造升级予以了关注。在国家产业政策的支持下，我国传统制造业企业也作出了响应，积极实施转型升级决策。据统计①，我国传统制造业企业的创新投入强度由 2016 年的 1.93% 增长至 2021 年的 2.39%，除此之外，我国传统制造业企业在组织管理、经营模式以及经营范围等方面也都有所调整与变更。那么，我国传统制造业企业的这些转型升级行为对其经营绩效有何影响呢？从目前已有的文献来看，学术界对此关注并不多。由于成本效率不但在本质上是一个绩效指标，能够被应用于企业绩效评价，而且它还体现了企业现有成本与最小可能成本之间的差距，可以为企业降低成本指明努力方向，因此，笔者将在本章中探讨转型升级对我国传统制造业企业成本效率的影响，并基于研究结果提出相应对策，以使转型升级对我国传统制造业企业的效益最大化。

---

  ① 见"表 4-14 中国传统制造业企业创新投入对企业绩效的影响"。

6.1　文献回顾

由于前面已对成本效率作了较为详细的介绍与讨论，因此，本部分的文献回顾将主要围绕企业转型升级来展开。

6.1.1　企业转型升级的概念

虽然在经济实践中关于企业转型升级的案例随处可见，学术界关于企业转型升级的讨论也非常多，但是关于企业转型升级的概念却还没有形成统一的定论。这主要表现在两个方面：一是将产业升级（industrial upgrading）混同于企业升级（enterprise upgrading），比如，格里芬（Gereffi，1999）认为，产业升级就是企业或者经济实体从生产劳动密集型、低附加值的产品和服务向生产更具获利能力的资本和技术密集型、高附加值的产品和服务转移的过程。当然，也有学者对此作出了严格区分，比如，赵昌文和许召元（2013）明确指出，企业转型升级是指企业通过组织重构、管理变革和发展模式的转变，实现由低技术水平、低附加价值状态向高技术水平、高附加价值状态演变的过程。事实上，尽管企业是构成产业的基础，企业转型升级是实现产业转型升级的载体，但是两者之间还是存在着一定的区别，前者关注局部的特定企业情况，而后者关注全局的整个行业情况，换句话说，企业升级只是产业升级的微观层次（毛蕴诗和吴瑶，2009），而不是全部，因此两者并不等同。二是不区分"转型"和"升级"各自的具体内涵，同时存在着企业转型、企业升级、企业转型升级、技术升级、战略转型、技术追赶等多种相似的术语，并且在解释它们的内涵时作出了相同或者相似的解释（程虹等，2016）。事实上，转型（transformation）和升级（upgrading）有着不同的研究问题和使用情境，前者关注企业的组织结构调整和战略转换，而后者只关注后发企业的学习追赶和技术进步，因此，不能将转型和升级等同看待。当然，也有学者对转型和升级给出了明确的解释，比如，布卢门撒尔和哈斯帕拉夫（Blumenthal and Haspeslagh，1994）将企业转型定义为企业组织革新和再造，强调企业转型是企业在认知、思考以及行为上的全新改变，包括企业组织结构形式的转变、战略目标的转换以及商业模式的变化等情形，而雷格（Reeg，2013）则将企业升级定义为由企业层面的创新驱动的企业成长，并将企业升级区分为质和量两个方面。

　　笔者认为，在界定企业转型升级的概念时，需要厘清两个问题：一是企业转型升级不同于产业转型升级，企业转型升级的实施主体是企业，当然以是否有利于实现企业价值最大化为评价标准，而不是其他标准。二是企业转型和企业升级尽管其终极目标都归集于实现企业价值最大化，但是两者实施的路径存在着差异，前者主要通过调整组织结构、变更发展模式和转换所属行业等方式来实施，后者主要通过研发创新和设备更新来实施。由此，笔者将企业转型升级定义为企业为了实现价值最大化，通过诸如调整组织结构、变更发展模式、转换所属行业、研发创新以及设备更新等方式来实现迈向更高价值和更高技能领域的过程。

6.1.2　促使企业转型升级的影响因素

　　从现有文献来看，劳动力成本上升是促使我国企业转型升级的一个重要因素。李钢等（2009）的研究发现，人工成本上升是促使我国企业创新研发的动力，进而推动企业升级。詹新宇和方福前（2014）也发现，劳动力成本上升促使很多劳动密集型企业纷纷转型升级，它们通过调整生产要素的投入结构来减少对劳动力的过度依赖。另外，市场竞争是促使我国企业转型升级的又一重要因素。皮特和简（Petr and Jan，2011）认为，在全球化经济中，企业保持或增强自身市场竞争力的可行方法之一就是对产品生产实施升级。中国企业家调查系统（2017）的研究成果也表明，激烈的市场竞争是倒逼企业创新的重要推力，开发新产品是企业创新的主要途径，企业通过综合创新来推动转型升级。此外，坎特等（Kanter et al.，1992）将企业转型升级的驱动因素归纳为三个方面，即企业内部权力系统的变迁、企业成长过程中内生的变迁力量以及企业外部环境的变迁。吴家曦和李华燊（2009）研究后发现推动企业转型升级的主要因素有两类，即拉动因素和推动因素，前者主要考虑企业的长远发展以及自身发展水平和机会，此时企业在转型升级过程中处于相对主动的地位，后者主要包括宏观环境推动、市场竞争推动和企业成本推动等方面，此时企业在转型升级过程中往往处于被动地位。由此可见，促使企业转型升级的因素归纳起来主要是企业所处行业的盈利潜力以及企业在该行业中的竞争优势。如果企业在行业内处于竞争劣势地位，那么该企业的管理层必将通过组织结构调整和发展模式变更等方式来提高企业经营管理效率，或者通过研发创新和设备更新等方式来提高企业生产效率，从而获取市场竞争优势；如果企业依靠现有资源，即使采取改革措施也无法获得在本行业内的竞争优势，或者其现有行业已经处于衰退阶段，那么企业必将进入现有行业以外的新行业，甚至会考虑退出现有行业（王吉发等，2006）。

6.1.3　企业转型升级路径选择

选择有效的转型升级路径是企业转型升级决策取得成功的关键。学术界关于企业选择转型升级路径的研究主要体现在两个层面：一是关于企业选择战略性转型升级路径的研究。格里芬（1999）根据东亚服装生产企业在全球价值链中的升级演化过程总结出企业升级的路径，即从委托组装（OEA）、委托加工（OEM）、自主设计和加工（ODM）到自主品牌生产（OBM）的升级过程。杨桂菊（2010）进一步指出 OEM 企业转型升级的过程就是代工企业在"核心能力"不断升级的基础上，扩展其"价值链活动"范围的过程。项丽瑶等（2014）则认为，代工企业应该按照核心技术能力提升与客户化创新的二阶进程，从知识溢出效应和租金攫取绩效两个维度来动态选择"链、网、云"三种典型升级路径。二是关于企业选择战术性转型升级路径的研究。对企业而言，该层次的转型升级路径比战略性转型升级路径更加具体。汉弗莱和施密茨（Humphrey and Schmitz，2002）提出了企业升级的四种具体模式：一是过程升级（process upgrading），即通过重组企业生产体系，提高生产效率，从而实现过程升级；二是产品升级（product upgrading），即通过引进先进生产线来推出新产品或改进老产品，从而实现产品升级；三是功能升级（functional upgrading），即通过获取新功能或者放弃现存的功能，比如从生产环节向设计和营销等利润丰厚的环节跨越，从而实现功能升级；四是跨产业升级（intersectoral upgrading），即企业将用于一种产业的专门知识应用于另一种产业，从而实现跨产业升级。此外，还有杜恩等（Dunn et al.，2006）提出的渠道升级，即企业进入新的高附加值终端市场，以此来降低企业风险、增加产品销量并获得更高的产品销售价格。卞亚斌等（2019）基于企业生产制造环节，提出可以利用"互联网＋"的技术环境来改善企业采购管理，提高企业生产柔性以及优化企业物流配送路径，从而实现企业转型升级。肖静华等（2021）则在案例研究中发现，对信息技术的运用是企业实现转型升级的重要路径，因为这能够帮助企业实现从粗放式管理到数字化管理的能力跨越，从工业化生产到智能化生产的体系跨越。

6.1.4　企业转型升级绩效评价

企业转型升级的终极目标是实现企业价值最大化，但在实现该目标的过程中会涉及企业技术、体制、利益以及观念等各个方面的深刻而系统的变革（孔伟杰，2012），因此，对企业转型升级绩效的评价也就具有多样性与复杂性，除了包含财务绩效指标之外，还包含其他方面的指标。王玉燕等（2014）构建出包括技术创新、经济效益、质量品牌、智能化率、结构优化、绿色驱动六大类要素在内的企业转型升级战略绩效评价指标体系，并计算得出经济效益类指标在所有指标中占有最大的权重（0.4307），接近企业转型升级总目标的一半，并由此判断认为经济效益是企业转型升级的根本落脚点。程虹等（2016）认为，绩效指标是企业转型升级评价的基本方面，可以从投入和产出两个层面来考察，就投入而言，主要是实现更高的全要素生产率，就产出而言，主要是实现更高的利润水平和增加值，另外，淘汰过剩产能从而提高整体的资源利用效率也是企业转型升级绩效的又一重要表现，因此，他们从企业的全要素生产率、利润和增加值以及企业的市场退出状况等方面来评价企业的转型升级绩效状况。而赵玉林和裴承晨（2019）则从质量、效益和效率三个方面来考察中国制造业企业转型升级的绩效，并运用主成分法生成一个综合指标来进行衡量。

为了能够更加深入地评价企业转型升级绩效，学术界对企业转型升级绩效的影响因素也作了大量研究。吴家曦和李华燊（2009）发现，市场风险过大、资金投入过大和缺乏高端人才是制约企业转型升级的前三大主要影响因素。赵昌文和许召元（2013）通过对全国约300家企业的实地调研和约1500家企业的问卷调查后发现，影响企业转型升级成效的主要因素包括研发投入、商标和品牌建设、人力资源培养、先进管理技术应用和管理能力提升等几个方面。杨桂菊（2010）和许爱玉（2010）的研究则显示企业管理层在企业转型升级中具有重要作用，影响着企业转型升级的绩效。当然，创新也是影响企业转型升级绩效的一个重要因素（孔伟杰，2012；赵玉林和裴承晨，2019）。

关于企业转型升级的研究，除了上述方面之外，学术界还研究了企业转型升级的类别等其他方面，比如，比伯奥特（Bibeault，1982）将企业转型区分为企业管理模式转型、企业商业运作模式转型、企业适应外部环境转型、产品创新转型以及与政府政策相关联的转型五种类别。

笔者认为，企业转型升级不但是我国当前经济转型的重要组成部分，而且更是我国经济转型的基本元素，立足于企业视角来研究转型升级行为将更具实践指导意义，但综观现有文献，学术界对此的研究反而相对较少。鉴于此，笔者将在接下来的研究中结合成本效率研究主题对我国传统制造业企业的转型升级行为予以研究，以探讨我国传统制造业企业转型升级行为对企业成本效率水平的影响，使我国传统制造业企业能够在转型升级过程中优化决策行为，从而更好地实现企业价值最大化目标。

6.2 理论分析与研究假设

技术落后、设备陈旧以及行业竞争激烈是我国传统制造业企业面临的共性问题，叠加劳动力和原材料等生产要素成本上涨所引发的资源价格优势日趋减弱的影响，我国传统制造业企业经营境况更是雪上加霜。这不但直接影响了我国传统制造业企业微观绩效的提升，而且还间接阻碍了国家宏观经济的发展。如前所述，政府部门对此已高度重视，在近年来的历次中央经济工作会议中均对传统产业的改造升级予以了关注。在国家产业政策的支持下，我国传统制造业企业也作出了积极响应，通过各种形式主动实施转型升级决策。那么，转型升级决策能否提升我国传统制造业企业的绩效水平，进而帮助我国传统制造业企业走出经营困境呢？程虹等（2016）分析后认为，企业转型升级的根本目的是通过生产或经营方式的改变，以实现更好的企业发展绩效，其实证结果也表明，随着企业转型升级的推进，企业盈利能力整体趋稳，企业亏损率下降。陈漫和张新国（2016）检验中国制造业企业服务转型模式对企业绩效的影响后发现，嵌入式服务转型能够提升企业绩效，而混入式服务转型对企业绩效则无显著作用。笔者认为，既然转型升级是企业管理层为了实现更好的企业发展绩效而作出的一项对当前经营状况的重大决策调整，那么，其决策程序一定是缜密的，其执行过程一定是严格认真的，其预期经济后果也必将是积极向上的，由此，结合成本效率研究主题，笔者提出如下假设：

假设 6 - 1：转型升级将提升中国传统制造业企业成本效率水平。

6.3　研究设计

6.3.1　样本选择、数据来源及所用软件

本章的实证研究以在前文中进行过测算并且已经获得成本效率数据的中国传统制造业企业作为初始观测样本，然后在此基础上剔除数据不全的观测样本后得到最终所用观测样本；样本数据来源于 Wind 金融数据库和 RESSET 数据库；分析数据所使用的软件是 Stata 15 和 Excel 2019。

6.3.2　变量定义

（1）因变量。本章的研究主题是探讨企业转型升级行为对中国传统制造

业企业成本效率的影响，因此，成本效率是本章实证研究中的因变量。成本效率的具体取值来自前文研究中所测算得出的成本效率值。

（2）自变量。由于本章的研究主题是探讨企业转型升级行为对中国传统制造业企业成本效率的影响，因此，企业转型升级行为是本章实证研究中的自变量。在具体界定企业转型升级行为时，笔者作如下考量：尽管学术界对企业转型升级尚未形成统一定义，但是大部分学者都从企业转型和企业升级两个层面来对企业转型升级行为展开研究（李若辉和关惠元，2019；杨蕙馨等，2020），因此，本章实证研究中的企业转型升级行为亦同时包括企业转型行为和企业升级行为两个层面的内容。进一步地，就企业转型行为而言，虽然从理论上讲应该包括企业经营范围在不同行业或者不同领域的转变以及企业对现有治理结构和管理模式的优化调整两方面的内容，但是考虑到企业对现有治理结构和管理模式的优化调整具有经常性特征，而且也不易被外界所知晓，因此，笔者在本章实证研究中将仅以企业经营范围在不同行业或者不同领域的转变作为企业转型的具体观测行为，而不包括企业对现有治理结构和管理模式的优化调整行为。另外，就企业升级行为而言，从现有文献来看，主要是指企业技术升级，包括设备更新改造和新技术研发（杨继生和黎娇龙，2018），学术界对此的认知相对一致，而且该类行为也容易被外界通过财务报表等公开途径所知晓，因此，本章实证研究中的企业升级行为将包括企业对设备的更新改造行为和企业对新技术的研发行为。由此，本章实证研究中自变量（即企业转型升级）的具体内涵如下：

①企业经营范围在不同行业或者不同领域的转变。当企业所属证监会行业分类发生了变更，即判定该企业在当年发生了企业转型行为；否则，判定该企业未发生企业转型行为。该变量的数据来自 RESSET 数据库中"行业分类——证监会行业变更历史"子库。

②企业对设备的更新改造。企业更新改造固定资产的外在表现是新固定资产的增加。根据业务之间的会计数据勾稽关系可得，新增固定资产 = 年末固定资产 + 当年计提折旧 − 年初固定资产。当新增固定资产为正时，即判定该企业在当年发生了企业升级行为；否则，判定该企业在当年未发生企业升级行为（设备更新改造视角）。该变量的数据由笔者根据公司年报数据进行

整理获取。

③企业对新技术的研发。研发新技术是企业参与市场竞争的常态化行为，所有企业都存在着研发创新行为，只是其在创新投入强度（研发支出÷营业收入）上存在差异而已。一般来讲，存在升级意愿的企业在当年的创新投入强度会有所增加，升级意愿越强烈，其创新投入强度的增加值会越大，因此，当企业创新投入强度高于去年时，即可判定该企业在当年发生了企业升级行为；否则，判定该企业未发生企业升级行为（研发创新视角）。该变量的数据由笔者根据公司年报数据进行整理获取。

综上所述，只要企业存在以上三种行为中的任意一种行为，即可判定该企业存在转型升级行为，换句话说，未实施转型升级的企业仅指那些同时不存在上述三种行为的企业。

（3）控制变量。为了控制其他因素对实证结果的影响，本章将以前面理论分析并且经过逐步回归得出的对中国传统制造业企业成本效率变迁具有显著影响的一般性影响因素作为控制变量，具体包括：公路铁路密度、资产结构、企业市场地位、资本结构、税负水平、企业规模和行业集中度，共计 7 个控制变量。

6.3.3　模型设计

为了检验前述"假设 6 - 1：转型升级将提升中国传统制造业企业成本效率水平"，笔者设计如下实证模型：

$$CE_{i,t} = \alpha_0 + \alpha_1 \cdot ZXSJ\_xn_{i,t} + \alpha_2 \cdot GTMD_t + \alpha_3 \cdot ZCJG_{i,t} + \alpha_4 \cdot QYSCDW_{i,t}$$
$$+ \alpha_5 \cdot ZBJG_{i,t} + \alpha_6 \cdot SFSP_t + \alpha_7 \cdot QYGM_{i,t} + \alpha_8 \cdot HYJZD_t + \varepsilon_{i,t}$$

$$(6 - 1)$$

其中，α_0 为回归常数项，$\alpha_1 \sim \alpha_8$ 为变量回归系数，$ZXSJ\_xn_{i,t}$ 为表征公司是否进行转型升级的虚拟变量，当 i 公司在第 t 年进行了转型升级，其取值为 1，否则，取值为 0；$\varepsilon_{i,t}$ 为随机扰动项。其余变量的定义与前文相同。如果假设 6 - 1 成立，那么 α_1 将显著为正。

6.4 实证结果及稳健性检验

6.4.1 基准回归结果

笔者运用模型（6-1）对研究假设6-1"转型升级将提升中国传统制造业企业成本效率水平"进行了实证检验，检验结果如图6-1所示。

Source	SS	df	MS			
				Number of obs	=	2,892
				F(8, 2883)	=	52.45
Model	1.28623195	8	0.160778994	Prob > F	=	0.0000
Residual	8.8378121	2,883	0.003065492	R-squared	=	0.1270
				Adj R-squared	=	0.1246
Total	10.124044	2,891	0.003501918	Root MSE	=	0.05537

CEcs	Coef.	Std. Err.	t	P>|t|	[95% Conf. Interval]	
ZXSJ_xn	-0.0010711	0.0045001	-0.24	0.812	-0.0098949	0.0077527
GTMD	0.3087424	0.037939	8.14	0.000	0.234352	0.3831327
ZCJG	0.0646167	0.00669	9.66	0.000	0.051499	0.0777343
QYSCDW	0.0099657	0.0013543	7.36	0.000	0.0073102	0.0126212
ZBJG	-0.0301974	0.0062719	-4.81	0.000	-0.0424953	-0.0178995
SFSP	-0.4652191	0.1143592	-4.07	0.000	-0.6894531	-0.2409851
QYGM	0.0830035	0.0254686	3.26	0.001	0.033065	0.1329421
HYJZD	0.0323978	0.0104191	3.11	0.002	0.0119682	0.0528275
_cons	0.1614881	0.025393	6.36	0.000	0.1116979	0.2112783

图6-1 转型升级对成本效率的影响

图6-1中数据显示，该回归模型的线性关系是显著的（Prob > F = 0.0000），它可以解释中国传统制造业企业成本效率变异的12.70%（R-squared = 0.1270）。在控制了一般性影响因素之后，中国传统制造业企业的成本效率随着转型升级行为的发生而呈现出下降趋势，但在统计上不显著。这说明企业转型升级行为非但不能提升中国传统制造业企业的成本效率水平，而且还在一定程度上有损于中国传统制造业企业的成本效率水平，由此，该实证结果与笔者的理论分析结论不一致，即是说，"假设6-1：转型升级将提升中国传统制造业企业成本效率水平"没有得到验证。

6.4.2 进一步分析

正如笔者在"理论分析与研究假设"部分所分析的那样，转型升级是企业管理层为了实现更好的企业发展绩效而作出的一项对当前经营状况的重大决策调整，因此，其决策程序一定是缜密的，其执行过程一定是严格认真的，其预期经济后果也必将是积极向上的。但实证结果却表明，经验数据并不支持这一假设。笔者分析认为，究其原因，可能是：第一，研究样本没有按照企业转型和企业升级进行分类，因为不同类型转型升级行为的内涵并不完全一致，其对企业绩效产生的影响也就可能存在差异；第二，未考虑业绩表现相对于企业转型升级行为而言的时间滞后性，因为企业实施转型升级行为的战略意义远大于其对企业当前业绩的改善，即是说，企业转型升级对成本效率的影响可能要在今后数年内才能显现；第三，未考虑企业生命周期阶段在转型升级行为影响企业成本效率过程中所起的调节作用，因为不同生命周期阶段企业的业绩表现和未来发展前景存在着显著差异，从而会在转型升级行为影响企业成本效率过程中起到一定的调节作用。基于上述分析，笔者将围绕"转型升级对中国传统制造业企业成本效率的影响"这一主题作出进一步分析。

（1）区分转型升级类别条件下转型升级对中国传统制造业企业成本效率的影响。根据不同的分类标准，企业转型升级可以被区分为不同的类别。笔者仅以企业转型升级的内涵作为分类标准将研究样本区分为以下四类：不转型不升级（BZBS）；只转型不升级（ZZBS）；不转型只升级（BZZS）；既转型又升级（JZYS）。表 6 - 1 是不同转型升级类别条件下中国传统制造业企业成本效率描述统计数据。

表 6 - 1　　　　　　　　**不同转型升级类别下成本效率描述统计**

转型升级类别	样本量	均值	最小值	最大值	极差
不转型不升级（BZBS）	163	0.3084	0.1257	0.4626	0.3369
只转型不升级（ZZBS）	6	0.2911	0.2260	0.3382	0.1122
不转型只升级（BZZS）	2432	0.3106	0.0973	0.6582	0.5609
既转型又升级（JZYS）	290	0.2984	0.1122	0.5783	0.4661
全部样本	2891	0.3092	0.0973	0.6582	0.5609

表 6 - 1 中数据表明：第一，中国传统制造业企业存在普遍性的转型升

级行为，未进行转型升级的企业仅占 5.64% （163÷2891×100%）①，这说明寄望于通过转型升级来改善企业当前经营现状的观念已深入人心，同时也说明中国传统制造业企业积极响应了中央经济工作会议关于运用新技术新业态全面改造提升传统产业的会议精神；第二，中国传统制造业企业实施转型升级的主要方式是企业升级，占比 94.15%［（2432+290）÷2891×100%］，而实施企业转型的企业很少，占比仅为 10.24%［（6+290）÷2891×100%］，这说明绝大多数中国传统制造业企业并没有在转型升级浪潮之下偏离主业，仍然寄望于通过主业发展来培养核心竞争力；第三，企业升级条件下的成本效率值最高，其均值为 0.3106，而企业转型条件下的成本效率值最低，其均值为 0.2911，这说明企业升级是中国传统制造业企业实施转型升级的较好方式；第四，虽然企业升级条件下的成本效率值最高，但其风险也最大，极差值为 0.5609，为所有转型升级类型中的最大极差值，而且其成本效率最小值（0.0973）还是所有转型升级类别最小值中的最小值，这些经验数据警示企业管理层在实施企业升级过程中需要特别注意防范风险，比如，在确定固定资产更新改造规模时应该根据企业生产对设备的实际需求来决定，等等。

为了检验不同类别转型升级对中国传统制造业企业成本效率的影响方向，笔者对模型（6-1）进行改造后，得到如下模型：

$$
\begin{aligned}
CE_{i,t} = &\alpha_0 + \alpha_1 \cdot BZBS_{i,t} + \alpha_2 \cdot ZZBS_{i,t} + \alpha_3 \cdot BZZS_{i,t} + \alpha_4 \cdot JZYS_{i,t} \\
&+ \alpha_5 \cdot GTMD_t + \alpha_6 \cdot ZCJG_{i,t} + \alpha_7 \cdot QYSCDW_{i,t} + \alpha_8 \cdot ZBJG_{i,t} \\
&+ \alpha_9 \cdot SFSP_t + \alpha_{10} \cdot QYGM_{i,t} + \alpha_{11} \cdot HYJZD_t + \varepsilon_{i,t} \qquad (6-2)
\end{aligned}
$$

其中，α_0 为回归常数项，$\alpha_1 \sim \alpha_{11}$ 为变量回归系数，$BZBS_{i,t}$ 为表征不转型不升级的虚拟变量，当 i 公司在第 t 年既没有转型也没有升级时，其取值为 1，否则取值为 0；$ZZBS_{i,t}$ 为表征只转型不升级的虚拟变量，当 i 公司在第 t 年实施了企业转型但没有实施企业升级时，其取值为 1，否则取值为 0；$BZZS_{i,t}$ 为表征不转型只升级的虚拟变量，当 i 公司在第 t 年没有实施企业转型但实施了企业升级时，其取值为 1，否则取值为 0；$JZYS_{i,t}$ 为表征既转型又升级的

---

① 该数据仅为笔者统计口径下的数据，如果将企业对治理结构和管理模式的优化调整行为纳入其中，该比例值将会更小。

虚拟变量，当 i 公司在第 t 年既实施了企业转型又实施了企业升级时，其取值为 1，否则取值为 0；$\varepsilon_{i,t}$ 为随机扰动项。其余变量的定义与前文相同。

图 6-2 是运用模型（6-2）进行回归分析后所得到的结果。

```
      Source |       SS           df       MS            Number of obs   =      2,891
-------------+----------------------------------         F(10, 2880)     =      42.00
       Model |  1.28819102         10  0.128819102       Prob > F        =     0.0000
    Residual |  8.83422249      2,880  0.003067438       R-squared       =     0.1273
-------------+----------------------------------         Adj R-squared   =     0.1242
       Total | 10.1224135       2,890  0.003502565       Root MSE        =     0.05538


         CEcs |     Coef.    Std. Err.      t     P>|t|     [95% Conf. Interval]
-------------+----------------------------------------------------------------
        BZBS |         0   (omitted)
        ZZBS | -0.0059223   0.0230532    -0.26   0.797    -0.0511248    0.0392801
        BZZS | -0.0008893   0.0045136    -0.20   0.844    -0.0097396     0.007961
        JZYS |  -0.002708   0.0055323    -0.49   0.625    -0.0135556    0.0081397
        GTMD |   0.305163   0.0384131     7.94   0.000      0.229843    0.3804829
        ZCJG |   0.064661   0.006695      9.66   0.000     0.0515336    0.0777884
      QYSCDW |  0.0100168   0.0013562     7.39   0.000     0.0073576     0.012676
        ZBJG | -0.0302063   0.0062771    -4.81   0.000    -0.0425143   -0.0178983
        SFSP | -0.4628723   0.1144761    -4.04   0.000    -0.6873357    -0.238409
        QYGM |  0.0827944   0.0254795     3.25   0.001     0.0328346    0.1327542
       HYJZD |  0.0324978   0.0104351     3.11   0.002     0.0120369    0.0529588
        _cons |  0.1629667   0.0255242     6.38   0.000     0.1129192    0.2130141
```

图 6-2　转型升级对成本效率的影响（区分转型升级类型）

图 6-2 中数据显示，模型（6-2）的线性关系是显著的（Prob > F = 0.0000），它可以解释中国传统制造业企业成本效率变异的 12.73%（R-squared = 0.1273）。在控制了一般性影响因素之后，不论属于哪一种转型升级类别，中国传统制造业企业的成本效率都随着转型升级行为（包括只转型不升级 ZZBS、不转型只升级 BZZS 和既转型又升级 JZYS 三类转型升级行为）的发生而呈现出不显著的下降趋势。该检验结果再次证明企业转型升级行为确实不能提升中国传统制造业企业的成本效率水平。

值得注意的是，尽管所有类别的转型升级行为（包括只转型不升级 ZZBS、不转型只升级 BZZS 和既转型又升级 JZYS 三类转型升级行为）均导致中国传统制造业企业的成本效率呈现出下降趋势，但是，不转型只升级情况下的下降速度最慢（-0.0008893），只转型不升级情况下的下降速度最快（-0.0059223），而既转型又升级情况下的下降速度居于两者之间（-0.002708）。这说明从企业绩效角度来讲，与企业转型相比，企业升级是中国传统制造业企业实施转型升级的较好选择。

（2）考虑经济后果滞后性条件下转型升级对中国传统制造业企业成本效

率的影响。通常情况下，企业转型升级的战略意义远大于其对当前绩效的改善，因此，企业转型升级对成本效率的影响不仅涉及当期，而且还会涉及今后多期。为了探讨中国传统制造业企业转型升级行为是否对企业后期绩效产生影响，笔者将模型（6-1）中的因变量 $CE_{i,t}$ 分别滞后 1~3 期后再进行回归分析。回归结果如表6-2所示。

表6-2 转型升级对后期成本效率的影响

项目	$CEcs_{(t+1)}$	$CEcs_{(t+2)}$	$CEcs_{(t+3)}$
ZXSJ_xn	-0.0047 (-0.91)	-0.0014 (-0.22)	-0.0057 (-0.72)
_cons	0.1403 *** (5.13)	0.0923 *** (3.14)	0.0704 ** (2.28)
CONTROLS	控制	控制	控制
N	2171	1656	1279
Prob > F	0.0000	0.0000	0.0000
R - squared	0.1256	0.1321	0.1448

注：*** 、** 分别表示在1%、5%水平上统计显著；括号内为t值。

表6-2中数据显示，中国传统制造业企业转型升级行为对其后1~3年成本效率的影响仍然为不显著的负面影响。这再次证明，中国传统制造业企业的转型升级行为不能提升其成本效率水平。

（3）区分企业所处生命周期阶段条件下转型升级对中国传统制造业企业成本效率的影响。企业在发展过程中存在着生命周期现象，这是客观事实。企业在不同的生命周期阶段存在着不同的经营行为并且产生不同的经济后果，这也是客观事实。由此，不同生命周期阶段的企业的转型升级行为对企业成本效率也将产生不同的影响。为了探讨中国传统制造业企业转型升级行为对成本效率的影响是否受到企业所处生命周期阶段的影响，笔者以企业所处生命周期阶段①作为分类标志，将全部研究样本区分为初创期组、成长期组、成熟期组和衰退期组，通过计算每组内转型升级观测样本的成本效率均

---

① 关于企业生命周期阶段的划分方法见第3章，观测样本分类结果也与前面保持一致。

值和未转型升级观测样本的成本效率均值并比较两者之间的差异来予以检验。

表6-3是不同生命周期阶段分组下中国传统制造业企业转型升级观测样本的成本效率均值和未转型升级观测样本的成本效率均值，以及两者之间的差异及其显著性检验结果。

表6-3　各生命周期阶段转型升级对成本效率的影响（两样本均值差异检验）

生命周期	转型升级	样本量	CEcs均值	两样本均值差异	两样本方差齐性检验P-值	两样本均值差异t检验P-值
初创期	是	343	0.3015	-0.0072	0.0919 *	0.5989
	否	16	0.3087			
成长期	是	1065	0.3102	-0.0135	0.4515	0.1758
	否	35	0.3237			
成熟期	是	1176	0.3109	0.0106	0.1303	0.1230
	否	87	0.3003			
衰退期	是	106	0.3107	-0.0054	0.3469	0.6836
	否	24	0.3161			

注：＊表示在10%的水平上统计显著。

表6-3中数据显示，在初创期、成长期和衰退期内实施转型升级的观测样本的成本效率均值低于同一生命周期阶段内未实施转型升级的观测样本的成本效率均值（未通过显著性检验），而在成熟期内实施转型升级的观测样本的成本效率均值却比同一生命周期阶段内未实施转型升级的观测样本的成本效率均值要高（未通过显著性检验）。该检验结果表明，尽管从总体上看，中国传统制造业企业的转型升级行为无助于提升企业成本效率水平，但是从生命周期分类角度来看，只要时机选择恰当，那么企业转型升级还是有可能对成本效率产生正面影响。

鉴于企业生命周期因素在转型升级影响企业成本效率过程中起着明显的调节作用，笔者以企业所处的生命周期阶段作为分类标志，将全部有效观测样本区分为初创期组、成长期组、成熟期组和衰退期组，在各组内分别运用模型（6-1）进行回归分析，以检验企业转型升级对成本效率的影响，检验结果如表6-4所示。

表6 - 4　　　各生命周期阶段转型升级对成本效率的影响（回归分析）

项目	初创期	成长期	成熟期	衰退期
ZXSJ_xn	- 0. 0117 (- 0. 89)	- 0. 0139 (- 1. 51)	0. 0076 (1. 16)	- 0. 0021 (- 0. 17)
_cons	0. 1267 * (1. 90)	0. 1416 *** (3. 49)	0. 1926 *** (4. 85)	0. 3470 ** (2. 10)
CONTROLS	控制	控制	控制	控制
N	359	1100	1263	130
Prob > F	0. 0000	0. 0000	0. 0000	0. 0000
R - squared	0. 1236	0. 1542	0. 1225	0. 1421

注：*** 、** 、* 分别表示在1% 、5% 、10%的水平上统计显著；括号内为 t 值。

表6 - 4 中数据显示，在区分生命周期阶段条件下，初创期、成长期和衰退期的中国传统制造业企业实施转型升级将降低企业成本效率水平，而处于成熟期的中国传统制造业企业实施转型升级却有助于改善企业成本效率水平。该回归结果再次表明选择恰当的转型升级时机对改善中国传统制造业企业成本效率有着重要作用。

（4）企业转型升级方式对中国传统制造业企业成本效率的影响。根据前面定义，企业转型升级方式主要包括更新固定资产、研发创新和转换行业三种具体方式，其中更新固定资产和研发创新属于企业升级行为，而转换行业属于企业转型行为。不同的转型升级方式对企业有着不同的影响。为了探讨不同转型升级方式对中国传统制造业企业成本效率的影响，笔者对更新固定资产、研发创新和转换行业这三种转型升级方式下的成本效率进行了均值差异比较与检验，检验结果如表6 - 5 所示。

表6 - 5　　　　　企业转型升级方式对成本效率的影响

项目	转型升级 当年	转型升级 后第1 年	转型升级 后第2 年	转型升级 后第3 年
更新固定资产①	0. 3123 (1257)	0. 3162 (950)	0. 3176 (716)	0. 3184 (552)

续表

项目		转型升级当年	转型升级后第 1 年	转型升级后第 2 年	转型升级后第 3 年
研发创新②		0.3102 （129）	0.3072 （86）	0.3126 （71）	0.3146 （58）
转换行业③		0.2911 （6）	0.3029 （6）	0.2988 （5）	0.2819 （3）
①VS②	CEcs 均值差异	0.0021	0.0090	0.0050	0.0038
	两样本方差齐性检验 P – 值	0.0470 **	0.0114 **	0.0697 *	0.0613 *
	两样本均值差异 t 检验 P – 值	0.6700	0.1172	0.4417	0.5691
②VS③	CEcs 均值差异	0.0191	0.0043	0.0137	0.0326
	两样本方差齐性检验 P – 值	0.4717	0.9580	0.5398	0.3747
	两样本均值差异 t 检验 P – 值	0.3791	0.8374	0.5587	0.2448
①VS③	CEcs 均值差异	0.0211	0.0133	0.0187	0.0364
	两样本方差齐性检验 P – 值	0.2900	0.5167	0.3247	0.2604
	两样本均值差异 t 检验 P – 值	0.3879	0.5983	0.4921	0.2778

注：**、* 分别表示在 5%、10% 的水平上统计显著；括号内数字为观测样本数量；观测样本数量不包括各转型升级方式之间的交叉情形。

表 6 – 5 中数据显示：第一，进行固定资产更新的中国传统制造业企业在转型升级当年及其后 1 ~ 3 年的成本效率均值高于同年度研发创新和转换行业企业的成本效率均值（未通过显著性检验），这说明从成本效率角度来看，在更新固定资产、研发创新和转换行业这三种企业转型升级方式中，更新固定资产是一种相对较好的转型升级方式；第二，开展研发创新的中国传统制造业企业在转型升级当年及其后 1 ~ 3 年的成本效率均值高于同年度进行行业转换企业的成本效率均值（未通过显著性检验），这说明从成本效率角度来看，虽然研发创新方式不及更新固定资产方式，但却优于转换行业方式；第三，由于更新固定资产和研发创新同属于企业升级，而转换行业属于企业转型，因此，该表中数据还表明从成本效率角度来讲，与企业转型相比，企业升级是中国传统制造业企业实施转型升级的较好选择。该结论与前面的分析结论完全一致。

为了直观展示更新固定资产、研发创新和转换行业这三种企业转型升级方式对成本效率影响的对比情况，笔者以表 6 - 5 中第 2 ~ 4 行的成本效率均值数据为基础，绘制图 6 - 3。

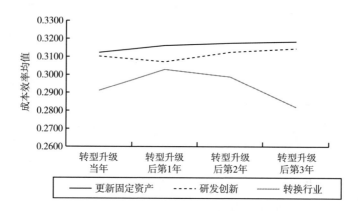

图 6 - 3　企业转型升级方式对成本效率的影响

图 6 - 3 表明，在更新固定资产、研发创新和转换行业这三种企业转型升级方式中，更新固定资产方式下的成本效率均值最高，转换行业方式下的成本效率均值最低，研发创新方式下的成本效率均值居于两者之间且更接近更新固定资产方式下的成本效率均值。由此，笔者认为，中国传统制造业企业在实施转型升级决策时，应该以更新固定资产作为主要的转型升级方式，并辅以研发创新，尤其要尽量避免采取转换行业这一方式来实施转型升级。

6.4.3　稳健性检验

（1）转型升级分类视角下转型升级影响成本效率的稳健性检验。观测样本对实证结果具有重要影响。为了检验前述实证结果是否稳健可靠，笔者采用变更观测样本的方法进行稳健性检验，具体做法是：分别采用有放回抽样和无放回抽样两种抽样方式随机抽取观测样本，抽取比例均为 50%，每种抽样方式各重复 1000 次。

表 6 - 6 是将有放回抽样和无放回抽样各重复 1000 次后对实证结果进行统计而得到的结果。

表 6 - 6 　　　　　重复抽样结果统计（转型升级类型）

转型升级	基准回归系数方向	重复抽样中与基准回归系数方向一致的频次	
		有放回抽样	无放回抽样
转型升级（ZXSJ）	-	564	570
只转型不升级（ZZBS）	-	548	619
不转型只升级（BZZS）	-	541	570
既转型又升级（JZYS）	-	642	678

　　表 6 - 6 中数据表明：第一，在不区分企业转型和企业升级的情况下，中国传统制造业企业实施转型升级决策后，成本效率出现下降的概率超过 50%，因此，企业转型升级不能提升中国传统制造业企业成本效率水平，这与基准回归结果是一致的，可见，基准回归结果稳健可靠；第二，尽管只转型不升级和不转型只升级两种转型升级方式都很可能（概率超过 50%）对中国传统制造业企业成本效率水平带来负面影响（即回归系数为负），但是不转型只升级带来负面影响的发生概率要略小于只转型不升级带来负面影响的发生概率，说明在中国传统制造业企业转型升级方式中更新固定资产和研发创新优于转换行业，该结论与进一步分析中所得出的结论也是一致的。

　　（2）成本效率滞后 1~3 期视角下转型升级影响成本效率的稳健性检验。为了验证中国传统制造业企业转型升级行为对后续 1~3 期绩效影响的稳健性，笔者仍然采用重复抽样的方式予以检验，具体做法是：分别采用有放回抽样和无放回抽样两种抽样方式随机抽取观测样本，抽取比例均为 50%，每种抽样方式各重复 1000 次。

　　表 6 - 7 是将有放回抽样和无放回抽样各重复 1000 次后对实证结果进行统计而得到的结果。

表 6 - 7 　　　　　重复抽样结果统计（成本效率滞后 1~3 期）

成本效率	基准回归系数方向	1000 次重复抽样中与基准回归系数方向一致的频次	
		有放回抽样	无放回抽样
滞后 1 期	-	768	847
滞后 2 期	-	537	553
滞后 3 期	-	701	750

表6-7中数据显示，中国传统制造业企业实施转型升级决策后1~3年内，成本效率发生下降的可能性均超过了50%，即是说，实施转型升级决策的中国传统制造业企业的成本效率下降的概率大于其成本效率上升的概率，由此，基准回归结果再次得到验证，即企业转型升级行为不能提升中国传统制造业企业的成本效率水平。

（3）生命周期视角下转型升级影响成本效率的稳健性检验。笔者在前面进一步分析中指出，在区分生命周期阶段条件下，处于初创期、成长期和衰退期的中国传统制造业企业实施转型升级将降低企业成本效率水平，而处于成熟期的中国传统制造业企业实施转型升级却有助于改善企业成本效率水平。为了验证该结论的稳健性，笔者同样采用重复抽样的方式予以检验，具体做法是：分别采用有放回抽样和无放回抽样两种抽样方式随机抽取观测样本，抽取比例均为50%，每种抽样方式各重复1000次。

表6-8是将有放回抽样和无放回抽样各重复1000次后对实证结果进行统计而得到的结果。

表6-8　　　　　　　　　重复抽样结果统计（生命周期）

生命周期	基准回归系数方向	1000次重复抽样中与基准回归系数方向一致的频次	
		有放回抽样	无放回抽样
初创期	-	735	841
成长期	-	841	924
成熟期	+	815	894
衰退期	-	489	530

表6-8中数据显示，处于初创期和成长期的中国传统制造业企业实施转型升级决策后成本效率下降的概率（超过70%）大于成本效率上升的概率（不到30%）；处于成熟期的中国传统制造业企业实施转型升级决策后成本效率上升的概率（超过80%）稳健地大于成本效率下降的概率（不到20%）；处于衰退期的中国传统制造业企业实施转型升级决策后成本效率下降和上升的概率基本相等，在50%左右波动。该结论与前面进一步分析所得结论一致，即尽管从总体上看，中国传统制造业企业的转型升级行为无助于提升企业成本效率水平，但是从生命周期分类角度来看，只要时机选择恰

当，那么企业转型升级还是有可能对成本效率产生正面影响。

6.5　研究结论及启示

技术落后、设备陈旧以及行业竞争激烈是中国传统制造业企业面临的共性问题，叠加劳动力和原材料等生产要素成本上涨所引发的资源价格优势日趋减弱的影响，转型升级已成为中国传统制造业企业谋求生存与发展的必然选择。那么，中国传统制造业企业转型升级行为对其成本效率有何影响呢？

笔者的实证结果表明，在控制了一般性影响因素之后，从整体上看，中国传统制造业企业成本效率水平随着转型升级行为的发生而呈现出不显著的下降趋势，即使将成本效率滞后 1～3 期后再检验，结果仍然如此。可见，中国传统制造业企业转型升级行为并不能提升其成本效率水平。这可能是企业转型升级的战略意义远大于其对企业当前绩效的改善所致。

考虑到不同类型转型升级行为对成本效率的影响可能存在差异，笔者将观测样本区分为不转型不升级、只转型不升级、不转型只升级和既转型又升级四类样本后重新检验，检验结果表明，无论属于哪一种转型升级类别，中国传统制造业企业的成本效率水平都随着转型升级行为的发生而呈现出不显著的下降趋势，其中，只转型不升级情况下的下降速度最快，不转型只升级情况下的下降速度最慢，而既转型又升级情况下的下降速度居于两者之间，这说明尽管中国传统制造业企业转型升级行为不能提升其成本效率水平，但是相比之下，企业升级是其较好的选择。

进一步地，笔者重点考察了更新固定资产、研发创新和转换行业这三种转型升级方式下中国传统制造业企业成本效率均值及其差异，结果表明，更新固定资产方式下的成本效率均值最高，转换行业方式下的成本效率均值最低，研发创新方式下的成本效率均值居于两者之间且更接近更新固定资产方式下的成本效率均值。这说明尽管中国传统制造业企业转型升级行为不能提升其成本效率水平，但是更新固定资产是相对较好的转型升级方式。

最后，笔者基于生命周期理论将观测样本区分为初创期组、成长期组、成熟期组和衰退期组，并计算各组之间成本效率均值差异，结果显示，成熟期内实施转型升级的观测样本的成本效率均值比未实施转型升级的观测样本的成本效率均值要高，其余三个时期则相反；进一步的组内样本回归结果显示，处于成熟期的中国传统制造业企业的转型升级行为与成本效率正相关，而其余三个时期的转型升级行为则与成本效率负相关。这说明，尽管从总体上看，中国传统制造业企业的转型升级行为无助于提升企业成本效率水平，但是只要时机选择恰当，那么企业转型升级行为还是有可能对成本效率产生正面影响。

上述研究结论给笔者的启示是：

（1）中国传统制造业企业虽然面临"不转等死"的压力，但也要注意防范"转不好找死"的风险，尤其要注意防范初创期、成长期和衰退期转型升级所带来的风险，在选择转型升级方式时，应该以更新固定资产作为主要的转型升级方式，并辅以研发创新，尽量避免转换行业。

（2）政府财税部门应该加大对企业更新固定资产的支持力度，引导中国传统制造业企业通过更新固定资产的方式来提升企业核心竞争力。

（3）政府应该颁布相关政策，增加企业随意转换行业的难度，因为企业转换行业无助于提升企业核心竞争力。

| 第 7 章 |

中国传统制造业企业成本效率提升机制

本书结合中国传统制造业企业实际情况，在随机前沿分析法下，采用柯布－道格拉斯成本函数来测算中国传统制造业企业的成本效率水平，并基于投入产出视角构建出以总成本为因变量，以产出量、固定资产价格、劳动力价格、资金价格和材料价格为自变量的多元回归模型以用于测算中国传统制造业企业的成本效率水平。测算结果显示，中国传统制造业企业成本效率均值为 30.91%，即是说，中国传统制造业企业所消耗的成本支出中平均约有 69% 属于无效成本支出。如此低效率的成本支出利用水平为解释中国当前存在的传统制造业企业盈利能力低下、市场竞争能力弱小现象提供了有力证据。当然，该测算结果也从侧面说明，中国传统制造业企业成本效率还存在着较大的提升空间，有待企业进行充分开发利用。

基于中国传统制造业企业成本效率测算结果的进一步分析表明，尽管中国传统制造业企业的成本效率水平在整体上处于比较低的水平，但是，仍然有极少数企业的成本效率水平脱颖而出，表现出相对较高的成本效率水平。这说明微观企业完全有能力通过自身内部挖潜来实现降本增效目标，因此，确实有必要推动企业管理层"眼睛向内降本增效"。

从理论上分析，作为微观个体，企业成本效率水平既受到外部宏观环境的影响，也受到所属行业条件的限制，同时还与其自身一般性特征以及日常经营中特定的决策行为紧密相关。为此，笔者围绕这些可能的影响因素展开了研究。从实证结果来看，中国传统制造业企业的成本效率水平确实受到了上述因素的影响。鉴于此，本章将在实证结果的基础上结合经济实践提出中国传统制造业企业成本效率提升机制。

7.1 优化企业异质特征

企业异质特征是指特定企业区别于其他企业的具体表现。它是企业有效运转的基本面，对企业成本效率具有长期的稳定影响。企业异质特征既可能为企业带来竞争优势，也可能成为限制企业发展的障碍。中国传统制造业企业要实现成本效率的有效提升，就必须使其具有的异质特征符合提升成本效率所需。在研究过程中，笔者获得如下的实证结果及相应启示：

（1）不同规模的中国传统制造业企业的成本效率水平存在显著差异，大型传统制造业企业的成本效率均值显著地小于中小型传统制造业企业的成本效率均值，这既为我国制造业企业"大而不强"的特征提供了微观证据，同时也说明中国传统制造业企业的管理层在经营决策中不能一味地追求"规模速度型粗放增长"，否则，将导致企业成本效率水平的下降。

（2）尽管国有股占比对传统制造业企业的成本效率水平有偏向正面的影响，但不同产权性质的中国传统制造业企业的成本效率水平差异在统计上并不显著，这说明随着现代企业制度的建立与完善，不同产权性质企业的管理水平已逐渐趋于一致。

（3）处于不同生命周期阶段的中国传统制造业企业的成本效率水平存在显著差异，在整体上随企业生命周期呈现倒"U"型分布，值得注意的是，成本效率的最高水平并没有出现在企业成熟期，而是在整体上前移到了企业成长期，这可能与成熟期的企业在经历创业与成长阶段之后相对缺乏"斗志"有关，从而更容易产生代理成本。因此，企业股东尤其是控股大股东需要及时关注企业生命周期的变化，当企业进入成熟期阶段以后，就需要加强对企业管理层行为的激励与约束，以防范其败德行为的发生。

（4）不同资产结构的中国传统制造业企业的成本效率水平存在显著差异，固定资产占比越高，传统制造业企业的成本效率水平会相对越高，这说明提高固定资产占比是提升企业核心竞争力的有效途径，因此，我国传统制造业企业应该继续大力推进"机器换人"战略，努力实现生产过程的自动化与智能化。

（5）总经理与董事长两职分合状态对中国传统制造业企业的成本效率水平没有显著影响，这说明总经理与董事长的职位两职合一或者两职分离不应该成为企业治理结构设计的关注焦点，这对于当前国有企业改革中的监管制度设计有着较好的参考价值。

（6）以大股东控股与否表示的股权集中度对中国传统制造业企业的成本效率水平没有显著影响，这说明股权集中度与我国传统制造业企业的成本效率不相关，因此，股权集中度也不应成为我国传统制造业企业治理结构设计的关注焦点。

（7）资本结构虽然对中国传统制造业企业成本效率的影响力较小，但是它在1%的水平上对中国传统制造业企业的成本效率产生显著影响，因此，中国传统制造业企业应该降低资产负债率以减轻资金成本对企业构成的压力。

值得注意的是，本书探讨的企业异质特征中，表征公司治理结构的因素，即产权性质、总经理与董事长两职分合状态以及股权集中度，虽然实证检验发现它们对中国传统制造业企业成本效率均没有显著影响，但这并不能否定公司治理结构在提升成本效率过程中的重要性，原因是：本书的观测样本均为上市公司，而上市公司在上市过程中必须达到公司治理的门槛要求，而且其上市后的经营管理以及外部监管也比较规范，因此，本书中观测样本在公司治理方面的一致性高水平特征导致实证检验中未能检测出公司治理异质特征下的成本效率差异性。不论从理论推导来看，还是从企业经营实践来看，对于未上市的传统制造业企业而言，由于其公司治理水平通常不及上市公司，因此，这类公司在提升成本效率过程中仍然需要关注对公司治理结构的改善。

7.2　加强企业成本管理

成本管理是企业管理的重要组成部分，直接关系企业绩效水平的高低，对企业成本效率也有着重要影响。成本管理工作不但要受到企业内部各项成本管理制度的直接约束，而且还要受到国家政府部门相关制度的间接规范，比如《企业产品成本核算制度》《管理会计基本指引》《企业会计准则》等。

由于企业成本是众多因素共同作用的综合结果，因此，中国传统制造业企业在降本增效过程中，不能一刀切地降低所有成本，而应该在认知成本变动规律的基础上有针对性地采取降本措施，以有效提高成本效率水平。笔者在研究过程中，立足成本结构视角，对中国传统制造业企业成本效率水平的变动规律展开了研究，获得如下的实证结果及相应启示。

（1）从经济用途分类下成本结构对成本效率的影响来看。

一是中国传统制造业企业的成本效率水平随着生产成本占总成本比例的升高而升高，随着期间费用占总成本比例的升高而下降，因此，中国传统制造业企业必须严格控制期间费用支出，并将更多的成本资源用于产品生产，方能提高成本效率水平。

二是中国传统制造业企业的成本效率水平随着产品生产耗用原材料占生产成本比例的升高而上升，随着产品生产耗用工资薪酬占生产成本比例和产品生产耗用固定资产折旧占生产成本比例的升高而下降，因此，中国传统制造业企业需要对产品生产用成本资源进行优化配置，尽量降低工资薪酬和制造费用对生产成本资源的占用比例，以提高原材料在生产成本中所占的比例。

三是中国传统制造业企业的成本效率水平随着销售费用占期间费用比例的升高而下降，随着管理费用占期间费用比例和财务费用占期间费用比例的升高而上升，因此，销售费用是期间费用中影响成本效率水平的主导因素，加强对销售费用的控制是从期间费用角度提高中国传统制造业企业成本效率水平的重要途径，而管理费用则不应成为中国传统制造业企业加强期间费用控制的重点。

（2）从成本性态分类下成本结构对成本效率的影响来看。固定成本占比对中国传统制造业企业成本效率的影响要受到企业所面临的市场机会的影响，当拥有向下的市场机会时，固定成本占比越大，中国传统制造业企业成本效率水平会越低，但未通过显著性检验；而当拥有向上的市场机会时，固定成本占比越大，中国传统制造业企业成本效率水平会越高，并且在统计上显著。可见，当企业拥有向上的市场机会时，拥有较多的固定成本不但不会造成过多的成本浪费，而且与那些固定成本占比较少的企业相比还能够及时抓住市场机会，从而可以提高企业成本效率水平，因此，中国传统制造业企业在营业收入下降时，不能盲目地缩减固定成本开支，只有当预期未来市场机会向下时，才可缩减固定成本。

7.3　防范企业决策风险

企业作为以盈利为目的的社会经济组织，其在参与市场竞争过程中经常会遇到各种各样的、大大小小的决策事项。这些决策事项大到企业的战略投资与发展，小到企业具体业务的处理与协调，涉及企业的方方面面。一定程度上讲，企业事事需要决策，企业时时都会有决策。正确的决策能够帮助正陷入经营困境的企业摆脱困境并实现扭亏为盈，而错误的决策也可以使处于正常经营的企业陷入经营困境甚至倒闭破产。因此，决策有风险，决策须谨慎。

由于以成本效率为核心的企业决策问题数量庞大，种类繁多，不可能一一论及，因此，笔者在研读大量文献的基础上，结合中国传统制造业企业当前实践现状，选择 CEO 变更决策、企业金融化决策、企业创新决策以及企业转型升级决策作为典型代表，以此探讨企业决策行为对中国传统制造业企业成本效率的影响，并获得如下的实证结果及相应启示。

（1）CEO 变更决策。CEO 变更决策不能改善中国传统制造业企业的成本效率水平，至少其改善成本效率水平的效果不明显，因此，尽管 CEO 对企业绩效变差负有很大的责任，但是当企业所有者期望提升企业绩效时，却不能将更换 CEO（董事长或总经理）作为提升企业绩效的关键考量因素，因为更换 CEO 并不能使企业绩效得到明显的改善。

（2）企业金融化决策。中国传统制造业企业金融化与成本效率之间存在着显著的倒"U"型非线性关系，因此，中国传统制造业企业的管理者应该正确认识企业金融化行为，既不能盲目跟风进行企业金融化，也不能排斥企业金融化，而应该将企业金融化看作一种正常的企业投资行为，并在环境条件发生改变时对企业金融资产作出适时调整，即在企业金融化程度较低时利用闲置资金买入金融资产以减少资源浪费，从而提高中国传统制造业企业成本效率水平，而在企业金融化程度较高时则应该避免进一步购入金融资产，甚至可以考虑卖出现有金融资产，以满足企业主营业务发展对资金的需求，从而避免损害成本效率水平。

（3）企业创新决策。中国传统制造业企业的成本效率水平随着企业创新投入强度的提升反而下降，并且在 1% 的水平上统计显著，进一步的检验结果显示，自 2008 年以来，中国传统制造业企业的创新投入强度逐年提高，而资产创收能力不但没有随之提高，反而呈现出波动下降的趋势，这意味着随着创新投入的增加，越来越多的资产被闲置，或者资产整体利用效率越来越低，这必然会导致成本支出的相对增加，进而导致成本效率水平降低，因此，中国传统制造业企业在加大创新投入的同时，要及时调整资产结构，消除闲置资产，提高资产利用率，以提升成本效率水平。加入企业学习能力（以研发人员占比作为表征变量）调节变量后发现，企业学习能力越强，创新投入强度对成本效率水平的促进作用就越明显，因此，中国传统制造业企业需要加大从外部引进或者内部培养研发人员力度，在增加创新资金投入的同时提高研发人员占比，这样才能取得更好的创新投入效果。

（4）企业转型升级决策。技术落后、设备陈旧以及行业竞争激烈是中国传统制造业企业面临的共性问题，叠加劳动力和原材料等生产要素成本上涨所引发的资源价格优势日趋减弱的影响，转型升级已成为中国传统制造业企业谋求生存与发展的必然选择。

实证结果表明，在控制了一般性影响因素之后，从整体上看，中国传统制造业企业成本效率水平随着转型升级行为的发生而呈现出不显著的下降趋势，即使将成本效率滞后 1～3 期后再检验，结果仍然如此。可见，中国传统制造业企业转型升级行为并不能提升其成本效率水平。笔者分析认为，这可能是企业转型升级的战略意义远大于其对企业当前绩效的改善所致。

考虑到不同类型转型升级行为对成本效率的影响可能存在差异，笔者将观测样本区分为不转型不升级、只转型不升级、不转型只升级和既转型又升级四类样本后重新检验，检验结果表明，无论属于哪一种转型升级类别，中国传统制造业企业的成本效率水平都随着转型升级行为的发生而呈现出不显著的下降趋势，其中，只转型不升级情况下的下降速度最快，不转型只升级情况下的下降速度最慢，而既转型又升级情况下的下降速度居于两者之间，这说明尽管中国传统制造业企业转型升级行为不能提升其成本效率水平，但是相比之下，企业升级是其较好的选择。

进一步地，笔者重点考察了更新固定资产、研发创新和转换行业这三种转型升级方式下中国传统制造业企业成本效率均值及其差异，结果表明，更新固定资产方式下的成本效率均值最高，转换行业方式下的成本效率均值最低，研发创新方式下的成本效率均值居于两者之间且更接近更新固定资产方式下的成本效率均值。这说明尽管中国传统制造业企业转型升级行为不能提升其成本效率水平，但是更新固定资产是其相对较好的转型升级方式。

最后，笔者基于生命周期理论将观测样本区分为初创期组、成长期组、成熟期组和衰退期组，并计算各组之间成本效率均值差异，结果显示，成熟期内实施转型升级的观测样本的成本效率均值比未实施转型升级的观测样本的成本效率均值要高，其余三个时期则相反；进一步的组内样本回归结果显示，处于成熟期的中国传统制造业企业的转型升级行为与成本效率正相关，而其余三个时期的转型升级行为则与成本效率负相关。这说明，尽管从总体上看，中国传统制造业企业的转型升级行为无助于提升企业成本效率水平，但是只要时机选择恰当，那么企业转型升级行为还是有可能对成本效率产生正面影响。

中国传统制造业企业转型升级决策的研究结论给笔者的启示是：中国传统制造业企业虽然面临"不转等死"的压力，但也要注意防范"转不好找死"的风险。尤其要注意防范初创期、成长期和衰退期条件下转型升级所带来的风险，在选择转型升级方式时，应该以更新固定资产作为主要的转型升级方式，并辅以研发创新，尽量避免转换行业。

综上所述，中国传统制造业企业成本效率提升机制如图7-1表示。

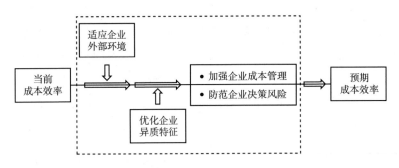

图7-1　中国传统制造业企业成本效率提升机制

图7-1所展示的成本效率提升机制可简述为：在适应企业外部环境的前提下，中国传统制造业企业可通过优化企业异质特征为提升成本效率提供基本保障，并在日常成本管理以及特定行为决策中提升成本效率水平。

第 8 章

研究创新、不足及展望

8.1　研究创新

尽管研究成本效率的文献比较多，研究内容涉及的范围也比较广泛，但是尚未有文献全面而系统地阐述成本效率理论，并将该理论应用于分析中国传统制造业企业的成本效率问题。鉴于此，本书全面而系统地阐述成本效率理论，并将该理论应用于分析中国传统制造业企业的成本效率问题，具有一定的创新性，具体体现在以下方面。

（1）研究视角创新。尽管成本效率概念的提出距今已有几十年时间，但是现有文献关于成本效率的研究主要聚焦于银行、保险、水电、医院等非充分竞争领域，而处于充分竞争领域的传统制造业则较少被关注，因此，本书在研究视角上有所创新，即将成本效率理论与传统制造业相联系，这不但能够丰富成本效率在传统制造业领域的研究文献，而且还能够为企业绩效评价、核心竞争力培养等领域的学术研究提供文献参考。

（2）研究内容创新。

一是为了使成本效率理论能够更好地解决社会实践问题，本书选择企业经营决策中最具普遍现象的 CEO 变更决策，以及学术界当前普遍关注的企业金融化决策、企业创新决策和企业转型升级决策作为企业决策行为的代表，探讨企业决策行为对成本效率的影响，为中国传统制造业企业成本效率的提升提供经验借鉴。从目前的研究文献来看，鲜有学者运用成本效率理论对这些问题展开研究，因此，本书在研究内容上也有一定的创新性。

二是本书在研究内容上的创新性还体现在将成本结构与成本效率相联系。成本结构是企业成本管理行为的结果，属于微观可控因素，在这一视角下得出的研究结论易于被企业借鉴与实际应用，但目前鲜有学者对这个问题展开研究，因此，本书对该问题的探讨同样具有一定的创新性。

（3）研究方法创新。实证结果容易受到数据处理方法的影响。为了保证实证结果的可靠性，本书在处理数据时，在借鉴已有文献的基础上对数据处理的细节作了以下改善。

一是在确定成本效率测算模型中固定资产价格时，当前学术界多采用"固定资产价格 = 折旧额/固定资产净值"的方法来计算固定资产价格，但是该方法所确定的固定资产价格在既定的产能范围内相对于产出量来讲是一个常数，它并不能体现单位产品所分摊的固定资产份额随着企业产出量的增加而逐渐降低这一客观现实，因此，本书改用"固定资产价格 = 折旧额÷所耗固定资产联合单位"来计算固定资产价格。因此，本书在研究方法的细节上有所创新。

二是在对总成本进行性态分解时，本书创新性地运用营业杠杆模型来分解成本性态。这同样是研究方法的细节创新。

8.2 研究不足

虽然本书对中国传统制造业企业的成本效率进行了全面而系统的研究，但所测算出的成本效率值在整体上稍显偏低。不过，值得欣慰的是，实证结果显示该成本效率值与中国传统制造业企业的经济实践是基本吻合的，并且在理论上也有一定的合理性，同时，也能够运用相关理论对成本效率数据作出较合理的解释。

尽管如此，笔者仍有必要在今后研究中对此予以不断完善，以便为中国传统制造业企业的降本增效工作提供更加精准的数据支持。

8.3　研究展望

　　成本效率与企业的经营行为紧密相关，它不但能够评价企业的经营绩效，而且还能够体现企业竞争力的强弱，因此，学术界应该加强对成本效率的相关研究，并尽量将成本效率与企业的经营行为相联系，以便为企业的经营决策提供经验支持，助推企业更好地实现降本增效。

参考文献

［1］卞亚斌，房茂涛，杨鹤松．"互联网＋"背景下中国制造业转型升级的微观路径［J］．东岳论丛，2019，40（8）：62－73．

［2］蔡昉．中国经济增长如何转向全要素生产率驱动型［J］．中国社会科学，2013（1）：56－71．

［3］蔡艳萍，陈浩琦．实体企业金融化对企业价值的影响［J］．财经理论与实践，2019，40（3）：24－31．

［4］陈沉，李哲，王磊．企业生命周期、行业竞争冲击与盈余管理［J］．山西财经大学学报，2017，39（5）：94－110．

［5］陈赤平，孔莉霞．制造业企业金融化、技术创新与全要素生产率［J］．经济经纬，2020，37（4）：73－80．

［6］陈德萍，陈永圣．股权集中度、股权制衡度与公司绩效关系研究［J］．会计研究，2011（1）：38－43．

［7］陈红，张玉，刘东霞．政府补助、税收优惠与企业创新绩效——不同生命周期阶段的实证研究［J］．南开管理评论，2019（3）：187－200．

［8］陈漫，张新国．经济周期下的中国制造企业服务转型：嵌入还是混入［J］．中国工业经济，2016（8）：93－109．

［9］陈琼，李瑾，王济民．基于 SFA 的中国肉鸡养殖业成本效率分析［J］．农业技术经济，2014（7）：68－78．

［10］陈晓珊，匡贺武．"两职合一"真正起到治理作用了吗？［J］．当

代经济管理，2018，40（4）：22－29.

［11］陈彦斌，马啸，刘哲希. 要素价格扭曲、企业投资与产出水平［J］. 世界经济，2015（9）：29－55.

［12］程虹，刘三江，罗连发. 中国企业转型升级的基本状况与路径选择［J］. 管理世界，2016（2）：57－70.

［13］程虹. 管理提升了企业劳动生产率吗？［J］. 管理世界，2018（2）：80－92.

［14］迟国泰，孙秀峰，芦丹. 中国商业银行成本效率实证研究［J］. 经济研究，2005（6）：104－114.

［15］单蒙蒙，宋运泽. 制度环境对家族企业亲缘治理的弱化机制研究——基于 CEO 变更的经验证据［J］. 华东经济管理，2019，33（12）：136－144.

［16］邓可斌，李洁妮. 政企纽带与并购绩效：生命周期视角的重新审视［J］. 证券市场导报，2018（5）：41－51.

［17］董敏杰，梁泳梅，张其仔. 中国工业产能利用率：行业比较、地区差距及影响因素［J］. 经济研究，2015（1）：84－98.

［18］董晓芳，袁燕. 企业创新、生命周期与聚集经济［J］. 经济学（季刊），2014，13（2）：767－792.

［19］杜勇，张欢，陈建英. 金融化对实体企业未来主业发展的影响：促进还是抑制［J］. 中国工业经济，2017（12）：113－131.

［20］傅传锐，杨文辉. 产品市场竞争、竞争地位与智力资本信息披露［J］. 中国社会科学院研究生院学报，2019（4）：13－30.

［21］高雅翠，金秀苹. 成本粘性、资产结构与企业价值——基于煤炭上市公司数据［J］. 会计之友，2021（1）：80－85.

［22］葛尧. 成本粘性对企业绩效的影响研究［J］. 价格理论与实践，2017（6）：105－109.

［23］龚关，胡关亮，陈磊. 国有与非国有制造业全要素生产率差异分析——基于资源配置效率与平均生产率［J］. 产业经济研究，2015（1）：93－100.

［24］巩娜. 基于生命周期理论的股权激励实施倾向及效果分析［J］. 证券市场导报，2016（8）：13 - 21.

［25］关健，段澄梦. CEO 变更与盈余管理——基于 PSM 和 DID 方法的分析［J］. 华东经济管理，2017，31（1）：126 - 135.

［26］郭景先，苑泽明. 生命周期、财政政策与创新能力［J］. 当代财经，2018（3）：23 - 34.

［27］郭丽丽，徐珊. 金融化、融资约束与企业经营绩效［J］. 管理评论，2021，33（6）：53 - 64.

［28］郝凤霞，杨鸣. 企业金融化、实物资本投资与研发投入［J］. 工业技术经济，2022（4）：68 - 75.

［29］郝金磊，尹萌. 提高员工满意度一定能改善工作绩效吗［J］. 重庆工商大学学报（社会科学版），2018，35（6）：37 - 46.

［30］贺小刚，彭屹，王辛楠，等. 生命周期对公司社会责任披露的影响效应研究［J］. 管理学报，2019，16（11）：1677 - 1684.

［31］侯巧铭，宋力，蒋亚朋. 管理者行为、企业生命周期与非效率投资［J］. 会计研究，2017（3）：61 - 67.

［32］胡海峰，窦斌，王爱萍. 企业金融化与生产效率［J］. 世界经济，2020（1）：70 - 96.

［33］胡明霞，干胜道. 生命周期效应、CEO 权力与内部控制质量［J］. 会计研究，2018（3）：64 - 70.

［34］黄宏斌，翟淑萍，陈静楠. 企业生命周期、融资方式与融资约束［J］. 金融研究，2016（7）：96 - 112.

［35］黄娟，刘韫瑜. 实体企业金融化、融资约束与投资效率［J］. 财经理论研究，2022（1）：81 - 91.

［36］黄幸娟，严子淳. 企业 CEO 变更的价值效应及其影响因素研究——基于沪深两市上市公司数据的实证研究［J］. 现代管理科学，2015（2）：118 - 120.

［37］黄志忠，薛清梅，宿黎. 女性董事、CEO 变更与公司业绩——来自中国上市公司的证据［J］. 经济评论，2015（6）：132 - 143.

［38］贾润崧，胡秋阳．市场集中、空间集聚与中国制造业产能利用率
［J］．管理世界，2016（12）：25 – 35．

［39］蒋舒阳，庄亚明．企业生命周期与创新平衡适应性成长：CAS 视
角［J］．科研管理，2019，40（2）：164 – 174．

［40］孔东民，项君怡，代昀昊．劳动投资效率、企业性质与资产收益
率［J］．金融研究，2017（3）：145 – 158．

［41］雷新途，朱容成，黄盈莹．企业金融化程度、诱发因素与经济后
果研究［J］．华东经济管理，2020，34（1）：76 – 85．

［42］黎文靖，郑曼妮．实质性创新还是策略性创新？——宏观产业政
策对微观企业创新的影响［J］．经济研究，2016（4）：60 – 73．

［43］李虹，刘凌云．碳汇杠杆效应下有效经济增长与碳排放关系研
究——基于成本性态分析视角［J］．科技管理研究，2016（18）：237 – 243．

［44］李琳，田思雨．内部控制、创新投入与企业绩效［J］．会计之友，
2021（3）：124 – 128．

［45］李若辉，关惠元．设计创新驱动下制造型企业转型升级机理研究
［J］．科技进步与对策，2019，36（3）：83 – 89．

［46］李树文，罗瑾琏．组织能力与外部环境如何促进产品创新？基于
生命周期的组态分析［J］．科学学与科学技术管理，2020，41（10）：105 –
118．

［47］李顺彬．产品市场竞争、竞争地位与企业金融资产配置［J］．经
济体制改革，2020（1）：119 – 127．

［48］李葵，曹国，张忠．基于随机前沿成本模型的上市物流企业成本
效率比较研究［J］．商业经济研究，2016（24）：173 – 175．

［49］李维安，李晓琳，张耀伟．董事会社会独立性与 CEO 变更——基
于违规上市公司的研究［J］．管理科学，2017，30（2）：94 – 105．

［50］李英利，谭梦卓．会计信息透明度与企业价值——基于生命周期
理论的再检验［J］．会计研究，2019（10）：27 – 33．

［51］李震林，易世威．实体企业金融化对企业创新投资的影响［J］．
江西社会科学，2021（12）：43 – 57．

［52］林卉，刘峰，肖泽忠．两职合一还是分离？［J］．当代会计评论，2020，13（3）：15 – 36.

［53］林炜．企业创新激励：来自中国劳动力成本上升的解释［J］．管理世界，2013（10）：95 – 105.

［54］林毅夫，李志赟．政策性负担、道德风险与预算软约束［J］．经济研究，2004（2）：17 – 27.

［55］刘秉镰，徐锋，李兰冰．中国医药制造业创新效率评价与要素效率解构［J］．管理世界，2013（2）：169 – 171.

［56］刘笃池，贺玉平，王曦．企业金融化对实体企业生产效率的影响研究［J］．上海经济研究，2016（8）：74 – 83.

［57］刘洪云，张淑荣，李慧燕．基于随机前沿分析的我国中规模奶牛成本效率与影响因素分析［J］．辽宁工业大学学报（社会科学版），2021，23（1）：36 – 39.

［58］刘立夫，杜金岷．企业金融化对企业价值的影响［J］．南方经济，2021（10）：122 – 136.

［59］刘胜强，林志军，孙芳城，等．融资约束、代理成本对企业 R&D 投资的影响［J］．会计研究，2015（11）：62 – 68.

［60］卢锐，陈胜蓝．货币政策波动与公司劳动力成本黏性［J］．会计研究，2015（12）：53 – 58.

［61］罗琦，李辉．企业生命周期、股利决策与投资效率［J］．经济评论，2015（2）：115 – 125.

［62］马光荣，樊纲，杨恩艳，等．中国的企业经营环境：差异、变迁与影响［J］．管理世界，2015（12）：58 – 67.

［63］孟庆斌，李昕宇，张鹏．员工持股计划能够促进企业创新吗？［J］．管理世界，2019（11）：209 – 228.

［64］彭龙，詹惠蓉，文文．实体企业金融化与企业技术创新［J］．经济学家，2022（4）：58 – 69.

［65］祁顺生，蔡海中．企业生命周期不同阶段战略导向的选择与调整［J］．中国科技论坛，2016（10）：65 – 71.

[66] 钱雪亚，胡琼，邱靓. 工资水平的成本效应：企业视角的研究[J]. 统计研究，2016，33（12）：17–27.

[67] 史丹，张成. 中国制造业产业结构的系统性优化[J]. 经济研究，2017，（10）：158–172.

[68] 宋金伯，刘铁敏. 基于 SFA 的我国上市商业银行成本效率分析[J]. 辽宁石油化工大学学报，2016（4）：78–82.

[69] 孙焱林，温湖炜. 我国制造业产能过剩问题研究[J]. 统计研究，2017，34（3）：76–83.

[70] 谭庆美，刘子璇，孙雅妮. 亲缘利他水平提高会改善家族企业治理效率么？——基于企业生命周期视角[J]. 预测，2021，40（3）：1–8.

[71] 谭燕，蒋华林，吴静，等. 企业生命周期、财务资助与银行贷款[J]. 会计研究，2018（5）：36–43.

[72] 唐文秀，周兵，徐辉. 产品市场竞争、研发投入与财务绩效：基于产权异质性的比较视角[J]. 华东经济管理，2018，32（7）：112–121.

[73] 唐叶. 中国制造业企业产能利用率测度[J]. 统计与决策，2020（8）：123–126.

[74] 王成方，叶若慧，鲍宗客. 两职合一、大股东控制与投资效率[J]. 科研管理，2020，41（10）：185–192.

[75] 王红建，曹瑜强，杨庆. 实体企业金融化促进还是抑制了企业创新——基于中国制造业上市公司的经验研究[J]. 南开管理评论，2017，20（1）：155–166.

[76] 王嘉歆，黄国良，高燕燕. 企业生命周期视角下的 CEO 权力配置与投资效率分析[J]. 软科学，2016，30（2）：79–82.

[77] 王克敏，刘静，李晓溪. 产业政策、政府支持与公司投资效率研究[J]. 管理世界，2017（3）：113–124.

[78] 王性玉，姚海霞，王开阳. 基于投资者情绪调节效应的企业生命周期与风险承担关系研究[J]. 管理评论，2016，28（12）：166–175.

[79] 王旭，徐向艺. 基于企业生命周期的高管激励契约最优动态配置[J]. 经济理论与经济管理，2015（6）：80–93.

［80］王旭. 技术创新导向下高管激励契约最优整合策略研究［J］. 科学学与科学技术管理, 2016, 37 (9)：143 - 154.

［81］王云, 李延喜, 宋金波, 等. 企业生命周期视角下盈余管理方式研究［J］. 管理评论, 2016, 28 (12)：75 - 91.

［82］魏群. 企业生命周期、债务异质性与非效率投资［J］. 山西财经大学学报, 2018, 40 (1)：96 - 111.

［83］吴雪蕊. 员工满意度对工作绩效的影响实证研究［J］. 经营与管理, 2018 (2)：21 - 23.

［84］项丽瑶, 胡峰, 俞荣建. 基于"三矩"结构范式的本土代工企业升级能力构建［J］. 中国工业经济, 2014 (4)：84 - 96.

［85］肖静华, 吴小龙, 谢康, 等. 信息技术驱动中国制造转型升级［J］. 管理世界, 2021 (3)：161 - 179.

［86］谢家智, 王文涛, 江源. 制造业金融化、政府控制与技术创新［J］. 经济学动态, 2014 (11)：78 - 88.

［87］谢佩洪, 汪春霞. 管理层权力、企业生命周期与投资效率［J］. 南开管理评论, 2017, 20 (1)：57 - 66.

［88］徐珊. 金融资产持有对非金融企业经营绩效的影响［J］. 山西财经大学学报, 2019 (11)：27 - 39.

［89］许照成, 侯经川. 创新投入、竞争战略与企业绩效水平［J］. 现代财经, 2019 (9)：56 - 68.

［90］薛胜昔, 李培功. 家族文化、CEO 变更和公司财务行为［J］. 山西财经大学学报, 2017, 39 (6)：101 - 112.

［91］杨本建, 李威, 王珺. 合约执行效率与企业技术赶超［J］. 管理世界, 2016 (10)：103 - 117.

［92］杨蕙馨, 孙孟子, 杨振一. 中国制造业服务化转型升级路径研究与展望［J］. 经济与管理评论, 2020 (1)：58 - 68.

［93］杨继生, 黎娇龙. 制约民营制造企业的关键因素：用工成本还是宏观税负？［J］. 经济研究, 2018 (5)：103 - 117.

［94］杨继生, 阳建辉. 行政垄断、政治庇佑与国有企业的超额成本

[J]．经济研究，2015（4）：50－61．

[95] 杨武，杨大飞，雷家骕．R&D 投入对技术创新绩效的影响研究 [J]．科学学研究，2019，37（9）：1712－1720．

[96] 杨艳，邓乐，陈收．企业生命周期、政治关联与并购策略 [J]．管理评论，2014，26（10）：152－159．

[97] 杨震宁，赵红．中国企业的开放式创新：制度环境、"竞合"关系与创新绩效 [J]．管理世界，2020（2）：139－160．

[98] 姚立杰，周颖．管理层能力、创新水平与创新效率 [J]．会计研究，2018（6）：70－77．

[99] 于然，徐瑶．CEO 变更频次对上市民营公司绩效的影响 [J]．经济与管理研究，2016，37（2）：132－137．

[100] 余谦，吴旭，刘雅琴．生命周期视角下科技型中小企业的研发投入、合作与创新产出 [J]．软科学，2018，32（6）：83－86．

[101] 俞鸿琳．实体企业金融化：管理者短视角度的新解释 [J]．经济管理，2022（3）：55－71．

[102] 岳意定，郭刚，廖建湘．成本效率模型在农业产业投资基金投资项目选择中的应用 [J]．财经理论与实践，2012，33（178）：26－30．

[103] 詹新宇，方福前．劳动力成本上升与中国经济波动 [J]．金融研究，2014（4）：1－16．

[104] 占小军．情绪还是认知？主管不文明行为对员工工作及生活的作用机制研究 [J]．管理评论，2017（1）：82－92．

[105] 张成思，贾翔夫，唐火青．金融化学说研究新进展 [J]．经济学动态，2020（12）：125－139．

[106] 张光南，朱宏佳，陈广汉．基础设施对中国制造业企业生产成本和投入要素的影响 [J]．统计研究，2010，27（6）：46－57．

[107] 张霁若．CEO 变更对会计信息可比性的影响研究 [J]．会计研究，2017（11）：52－57．

[108] 张杰．进口对中国制造业企业专利活动的抑制效应研究 [J]．中国工业经济，2015（7）：68－83．

［109］张明，罗灵. 民营企业金融化影响生产率的实证研究［J］. 经济体制改革，2017（5）：155 – 161.

［110］张昭，朱峻萱，李安渝. 企业金融化是否降低了投资效率［J］. 金融经济学研究，2018（1）：104 – 116.

［111］张子余，袁澍蕾. 生命周期视角下董监高治理机制与企业技术创新［J］. 软科学，2017，31（6）：96 – 99.

［112］赵昌文，许召元. 国际金融危机以来中国企业转型升级的调查研究［J］. 管理世界，2013（4）：8 – 15.

［113］赵国宇. 控制权获取、CEO 变更与合谋掏空——基于上市公司并购事件的研究［J］. 证券市场导报，2017（6）：30 – 35.

［114］赵淑芳. 高管变动对公司绩效的影响——对自然人控股创业板高新技术企业的思考［J］. 科学管理研究，2016，34（3）：88 – 91.

［115］赵西亮，李建强. 劳动力成本与企业创新［J］. 经济学家，2016（7）：41 – 49.

［116］赵永亮，徐勇. 我国制造业企业的成本效率研究［J］. 南方经济，2007（8）：46 – 55.

［117］赵玉林，裴承晨. 技术创新、产业融合与制造业转型升级［J］. 科技进步与对策，2019，36（11）：70 – 76.

［118］郑宝红，张兆国. 企业所得税率降低会影响全要素生产率吗？［J］. 会计研，2018（5）：13 – 20.

［119］中国企业家调查系统. 中国企业创新动向指数：创新的环境、战略与未来——2017. 中国企业家成长与发展专题调查报告［J］. 管理世界，2017（6）：37 – 50.

［120］周桦，张娟. 偿付能力监管制度改革与保险公司成本效率［J］. 金融研究，2017（4）：128 – 142.

［121］周建，吕星赢，杜蕊，等. 企业生命周期、女性董事人力资本与公司绩效［J］. 预测，2017，36（4）：1 – 8.

［122］周建庆，梁彤缨，彭玉莲，等. CEO 异质权力对研发投资的影响——基于企业生命周期的调节作用［J］. 软科学，2020，34（3）：111 –

116.

[123] A A Alshammari, S M S J Alhabshi, B Saiti. The Impact of Competition on Cost Efficiency of Insurance and Takaful Sectors: Evidence from GCC Markets Based on the Stochastic Frontier Analysis [J]. Research in International Business and Finance, 2019, 47 (1): 410 – 427.

[124] A Charnes, W W Cooper, E Rhodes. Measuring the Efficiency of Decision Making Units [J]. European Journal of Operational Research, 1978 (2): 429 – 444.

[125] A Rosli, K A Rahim, A Radam, et al. Determinants of Cost Efficiency of Smallholders Pepper in Sarawak, Malaysia [J]. Asian Journal of Social Sciences & Humanities, 2013, 2 (3): 78 – 86.

[126] A Venkatesh, S Kushwaha. Short and Long – run Cost Efficiency in Indian Public Bus Companies Using Data Envelopment Analysis [J]. Socio – Economic Planning Sciences, 2018, 61: 29 – 36.

[127] Adams R B, Ferreria D. A Theory of Friendly Boards [J]. The Journal of Finance, 2007, 62 (1): 217 – 250.

[128] Alegre J, R Chiva. Assessing the Impact of Organizational Learning Capability on Product Innovation Performance: An Empirical Test [J]. Technovation, 2008 (28): 315 – 326.

[129] Alves F P, Ferreira M A. Capital Structure and Law around the World [J]. Journal of Multinational Financial Management, 2011, 21 (5): 119 – 150.

[130] Anderson M C, Banker R D, Janakiraman S N. Are Selling, General, and Administrative Costs "Sticky"? [J]. Journal of Accounting Research, 2003, 41 (1): 47 – 63.

[131] Ansari G, Muhammad S. An Empirical Investigation of Cost Efficiency in the Banking Sector of Pakistan [J]. State Bank of Pakistan Research Bulletin, 2007, 3 (2): 209 – 231.

[132] B Tuškan, A Stojanović. Measurement of Cost Efficiency in the European Banking Industry [J]. Croatian Operational Research Review, 2016 (7):

47 – 66.

[133] Bai C, Liu Q, Lu J. Corporate Governance and Market Valuation in China [J]. Journal of Comparative Economics, 2004, 32 (4): 599 – 616.

[134] Balakrishnan R, Gruca T. Cost Stickiness and Core Competency: A Note [J]. Contemporary Accounting Research, 2008, 25 (4): 993 – 1006.

[135] Banaeian N, Omid M, Ahmadi H. Improvement of Cost Efficiency in Strawberry Greenhouses by Data Envelopment Analysis [J]. Agricultura Tropica Et Subtropica, 2011, 44 (3): 144 – 151.

[136] Battese G E, Coelli T J. A Model for Technical Inefficiency Effects in a Stochastic Frontier Production Function for Panel Data [J]. Empirical Economics, 1995, 20: 325 – 332.

[137] Battese G E, Coelli T J. Frontier Production Functions, Technical Efficiency and Panel Data: With Application to Paddy Farmers in India [J]. Journal of Productivity Analysis, 1992, 3: 153 – 169.

[138] Battese G E, Coelli T J. Prediction of Firm – level Technical Efficiencies with a Generalized Frontier Production Function and Panel Data [J]. Management Science, 1988, 30: 1078 – 1092.

[139] Berger A N, De Young R. Problem Loans and Cost Efficiency in Commercial Banks [J]. Journal of Banking and Finance, 1997 (21): 849 – 870.

[140] Bhagat S, Bolton B. Corporate Governance and Firm Performance [J]. Journal of Corporate Finance, 2008, 14 (3): 257 – 273.

[141] Boyer K K, M W Lewis. Competitive Priorities: Investigating the Need for Trade – offs in Operations Strategy [J]. Production and Operations Management, 2002, 11 (1): 9 – 20.

[142] Broadberry S, Gupta B. The Early Modern Great Divergence: Wages, Prices and Economic Development in Europe and Asia [J]. The Economic History Review, 2006, 59 (1): 2 – 31.

[143] C M Chen, T C Sheng, Y L Yang. Market Structure, Government Shareholding and Cost Efficiency in Taiwan's Biotech Industry [J]. Journal of

Economics and Management, 2015, 11 (1): 69 – 100.

[144] C Spulbăr, M Nitoi. Determinants of Bank Cost Efficiency in Transition Economies: Evidence for Latin America, Central and Eastern Europe and South – east Asia [J]. Applied Economics, 2014, 46 (16): 1940 – 1952.

[145] C T Chen, J L Hu, S L Lin. Regional Environmental Quality and Cost Efficiency of International Tourist Hotels in Taiwan [J]. Energy and Environment Research, 2014, 4 (3): 58 – 67.

[146] Cesari A D, Gonenc H, Ozkan N. The Effects of Corporate Acquisitions on CEO Compensation and CEO Turnover of Family Firms [J]. Journal of Corporate Finance, 2016, 38: 294 – 317.

[147] Chen C M, Sheng T C, Yang Y L. Cost Efficiency Analysis of Taiwan Biotech and Pharmaceutical Industry: The Application of Stochastic Meta Frontier Model [J]. International Journal of Economics and Finance, 2014, 6 (11): 131 – 141.

[148] Chen C X, Lu H, Sougiannis T. The Agency Problem, Corporate Governance, and the Asymmetrical Behavior of Selling, General, and Administrative Costs [J]. Contemporary Accounting Research, 2012, 29 (1): 252 – 282.

[149] Chen V Z, Li J, Zhang X, et al. Ownership Structure and Innovation: An Emerging Market Perspective [J]. Asia Pacific Journal of Management, 2014, 31 (1): 1 – 24.

[150] Chen Y M, Lin F J. Sources of Superior Performance: Industry Versus Firm Effects among Firms in Taiwan [J]. European Planning Studies, 2006, 14 (6): 651 – 671.

[151] Chengping L. The Application of Cobb – Douglas Production Cost Functions to Construction Firms in Japan and Taiwan [J]. Review of Pacific Basin Financial Markets and Policies, 2002, 5 (1): 111 – 128.

[152] Dalton D R, Hitt M A, Certo S T. The Fundamental Agency Problem and Its Mitigation: Independence, Equity, and the Market for Corporate Control

[J]. Academy of Management Annals, 2007 (1): 1 – 64.

[153] DeAngelo H, DeAngelo L, Stulz R M. Dividend Policy and the Earned/Contributed Capital Mix: A Test of the Life – cycle Theory [J]. Journal of Financial Economics, 2006, 81 (2): 227 – 254.

[154] Deangelo H, Deangelo L, Whited T M. Capital Structure Dynamics and Transitory Debt [J]. Journal of Financial Economics, 2011, 99 (2): 235 – 261.

[155] Defond M L, Hung M. Investor Protection and Corporate Governance: Evidence from Worldwide CEO Turnover [J]. Journal of Accounting Research, 2004, 42 (2): 269 – 312.

[156] Delis M, Tsionas E G. The Joint Estimation of Bank – level Market Power and Efficiency [J]. Journal of Banking and Finance, 2009, 33: 1842 – 1850.

[157] Demir F. Financial Liberalization, Private Investment and Portfolio Choice: Financialization of Real Sectors in Emerging Markets [J]. Journal of Development Economics, 2009, 88 (2): 314 – 324.

[158] Dia Y Z, J W Zalkuwi, O Gwandi. Economics of Scale and Cost Efficiency in Small Scale Maize Production in Mubi North Local Government in Adamawa State, Nigeria [J]. African Journal of Agricultural Research, 2010, 5 (19): 2617 – 2623.

[159] Dickinson V. Cash Flow Patterns as a Proxy for Firm Life Cycle [J]. The Accounting Review, 2011, 86 (6): 1969 – 1994.

[160] Dietsch M, Lozano – Vivas A. How the Environment Determines Banking Efficiency: A Comparison between French and Spanish Industries [J]. Journal of Banking & Finance, 2000, 24 (6): 985 – 1004.

[161] Dotson J P, Allenby G M. Investigating the Strategic Influence of Customer and Employee Satisfaction on Firm Financial Performance [J]. Marketing Science, 2010, 29 (5): 895 – 908.

[162] E C Musaba, M Mseteka. Cost Efficiency of Small – scale Commercial

Broiler Production in Zambia: A Stochastic Cost Frontier Approach [J]. Developing Country Studies, 2014, 4 (5): 98 – 105.

[163] E Octavia, E Mariyani. The Cost Efficiency Effect Achievement of the Gross Profit Production Company [J]. Journal of Global Business and Economics, 2013, 7 (1): 1 – 8.

[164] Elsayed K. Does CEO Duality Really Affect Corporate Performance? [J]. Corporate Governance, 2007, 15 (6): 1203 – 1214.

[165] Eriksen B, Knudsen T. Industry and Firm Level Interaction: Implications for Profitability [J]. Journal of Business Research, 2003, 56 (10): 497 – 531.

[166] Fama E F, M C Jensen. Separation of Ownership and Control [J]. Journal of Law and Economics, 1983, 26 (2): 301 – 325.

[167] Farooque O A, T V Zijl, K Dunstan, et al. Ownership Structure and Corporate Performance: Evidence from Bangladesh [J]. Asia – Pacific Journal of Accounting and Economics, 2007, 14 (2): 127 – 149.

[168] Farrell M J. The Measurement of Productive Efficiency [J]. Journal of Royal Statistical Society, 1957, 120 (3): 253 – 290.

[169] Fee C E, Hadlock C J. Management Turnover Across the Corporate Hierarchy [J]. Journal of Accounting and Economics, 2004, 37 (1): 3 – 38.

[170] Feng F, Bo W, Yuan Z. A New Internet DEA Structure: Measurement of Chinese R&D Innovation Efficiency in High Technology Industry [J]. International Journal of Business and Management, 2013, 8 (21): 32 – 40.

[171] Fiebiger B. Rethinking the Financialisation of Non-financial Corporations: A Reappraisal of US Empirical Data [J]. Review of Political Economy, 2016, 28 (3): 354 – 379.

[172] Finkelstein S, D Aveni R A. CEO Duality as A Double – edged Sword: How Boards of Directors Balance Entrenchment Avoidance and Unity of Command [J]. Academy of Management Journal, 1994, 37 (5): 1079 – 1108.

[173] Galbraith J R. Organizing to Deliver Solutions [J]. Organizational

Dynamics, 2002, 31 (2): 194 – 207.

[174] Galbreath J, Galvin P. Firm Factors, Industry Structure and Performance Variation: New Empirical Evidence to a Classic Debate [J]. Journal of Business Research, 2008, 61 (8): 159 – 183.

[175] Gehringer A. Growth, Productivity and Capital Accumulation: The Effects of Financial Liberalization in the Case of European Integration [J]. International Review of Economics & Finance, 2013, 25 (1): 291 – 309.

[176] Gereffi G. International Trade and Industrial Upgrading in the Apparel Commodity Chain [J]. Journal of International Economics, 1999, 48 (1): 37 – 70.

[177] Goddard J, Tavakoli M, Wilson J O S. Sources of Variation in Firm Profitability and Growth [J]. Journal of Business Research, 2009, 62 (12): 185 – 203.

[178] Goh S C, P J Ryan. The Organizational Performance of Learning Companies: A Longitudinal and Competitor Analysis Using Market and Accounting Financial Data [J]. The Learning Organization, 2008, 3 (15): 225.

[179] Goto M, M Tsutsui. Comparison of Productive and Cost Efficiency among Japanese and U. S. Electric Utilities [J]. Omega, 1998, (26): 177 – 194.

[180] Goyal V K, Park C W. Board Leadership Structure and CEO Turnover [J]. Journal of Corporate Finance, 2002, 8 (1): 49 – 66.

[181] Graham J G, Leary M T. A Review of Empirical Capital Structure Research and Directions for the Future [J]. Annual Review of Financial Economics, 2011, 3 (2): 309 – 345.

[182] H I Hassan, A Jreisat. Cost Efficiency of the Egyptian Banking Sector: A Panel Data Analysis [J]. International Journal of Economics and Financial Issues, 2016, 6 (3): 861 – 871.

[183] H Leibenstein. Allocative Efficiency vs X – Efficiency [J]. The American Economic Review, 1966, 56 (3): 392 – 415.

[184] H T Vu, S Turnell. Cost Efficiency of the Banking Sector in Vietnam:

A Bayesian Stochastic Frontier Approach with Regularity Constraints [J]. Asian Economic Journal, 2010, 24 (2): 115 – 139.

[185] Hallward – Driemeier M, S Wallsten, L C Xu. The Investment Climate and the Firm: Firm – Level Evidence from China [J]. Economics of Transition, 2006, 13: 1 – 24.

[186] Hong J J, B L Liu. Logistics Development in China: A Provider Perspective [J]. Transportation Journal, 2007, (2): 55 – 65.

[187] Hornstein A S. Corporate Capital Budgeting and CEO Turnover [J]. Journal of Corporate Finance, 2013, 20: 41 – 58.

[188] Hosono K, Tomiyama M, Miyagawa T. Corporate Governance and Research and Development: Evidence from Japan [J]. Economics of Innovation and New Technology, 2004, 13 (2): 141 – 164.

[189] Houthakker H A. The Pareto Distribution and the Cobb – Douglas Production Function in Activity Analysis [J]. Review of Economic Studies, 1995, 23: 27 – 31.

[190] Howitt P. Steady Endogenous Growth with Population and R&D Inputs Growing [J]. Journal of Political Economy, 1999, 107 (4): 715 – 730.

[191] Humphrey J, Schmitz H. How does Insertion in Global Value Chains Affect Upgrading in Industrial Clusters? [J]. Regional Studies, 2002, 36 (9): 27 – 101.

[192] Huson M R, Parrino R, Starks L T. Internal Monitoring Mechanisms and CEO Turnover: A Long – term Perspective [J]. The Journal of Finance, 2001, 56 (6): 2265 – 2297.

[193] J D Cummins, M A Weiss. Measuring Cost Efficiency in the Property – liability Insurance Industry [J]. Journal of Banking and Finance, 1993, 17: 463 – 481.

[194] J L Hu, C N Chiu, H S Shieh, et al. A Stochastic Cost Efficiency Analysis of International Tourist Hotels in Taiwan [J]. International Journal of Hospitality Management, 2010, 29: 99 – 107.

［195］J Zalkuwi, R Singh, O P Singh. Analysis of Cost Efficiency of Sorghum Producers in Nigeria ［J］. World Rural Observations, 2014, 6 (3): 79 – 82.

［196］Jensen M C. Agency Costs of Free Cash Flow, Corporate Finance and Takeovers ［J］. The American Economic Review, 1986, 76 (2): 323 – 329.

［197］Jenter D, Kanaan F. CEO Turnover and Relative Performance Evaluation ［J］. The Journal of Finance, 2015, 70 (5): 2155 – 2184.

［198］Jiang R J, Tao Q T, Santoro M D. Alliance Portfolio Diversity and Firm Performance ［J］. Strategic Management Journal, 2010, 31 (10): 1136 – 1144.

［199］Jonathan Hao, W C Hunter, W K Yang. Deregulation and Efficiency: The Case of Private Korean Banks ［J］. Journal of Economics and Business, 2001, 53 (3): 237 – 254.

［200］K Adjei – Frimpong, C Gan, B Hu. Cost Efficiency of Ghana's Banking Industry: A Panel Data Analysis ［J］. The International Journal of Business and Finance Research, 2014, 8 (2): 69 – 86.

［201］K Helali, M Kalai. Assessing a New Decomposition of the Short and Long Run Cost Efficiency Frontiers in the Tunisian Manufacturing Sector ［J］. International Journal of Business and Management Review, 2013, 1 (2): 18 – 30.

［202］K Obeng, R Sakano. Effects of Government Regulations and Input Subsidies on Cost Efficiency: A Decomposition Approach ［J］. Transport Policy, 2020, 91 (6): 95 – 107.

［203］Kama I, Weiss D. Do Managers' Deliberate Decisions Induce Sticky Costs? ［J］. Ssrn Electronic Journal, 2010, 112 (1): 39 – 47.

［204］Kashyap A K, O A Lamont, J C Stein. Credit Conditions and the Cycle Behavior of Inventories ［J］. Quarterly Economic Journal, 1994 (109): 565 – 592.

［205］Khetrapal P, Thakur T. An Econometric Approach for Evaluating the Cost Efficiency in Post Reform Era: Empirical Evidence from the Indian Electricity

Supply Industry [J]. World Review of Science, Technology and Sustainable Development, 2016 (3): 244 –256.

[206] Klette T J, S Kortum. Innovating Firms and Aggregate Innovation [J]. Journal of Political Economy, 2004, 112 (5): 986 – 1018.

[207] Kornai J, E Maskin, G Roland. Understanding the Soft Budget Constraint [J]. Journal of Economic Literature, 2003 (19): 1095 – 1136.

[208] Krause R, Semadeni M, Cannella A A. CEO Duality: A Review and Research Agenda [J]. Journal of Management, 2014, 40 (1): 256 – 286.

[209] Krippner G R. The Financialization of the American Economy [J]. Socio – Economic Review, 2005 (2): 173 – 208.

[210] Kryzanowski L, Zhang Y. Financial Restatements and Sarbanes – Oxley: Impact on Canadian Firm Governance and Management Turnover [J]. Journal of Corporate Finance, 2013, 21: 87 – 105.

[211] Kumbhakar S C. Production Frontiers, Panel Data, and Time – Varying Technical Inefficiency [J]. Journal of Productivity Analysis, 1990, 5: 171 – 180.

[212] Kuo C. Cost Efficiency Estimations and the Equity Returns for the US Public Solar Energy Firms in 1990 – 2008 [J]. Journal of Management Mathematics, 2011 (22): 307 – 321.

[213] La Porta R, Lopez – de – silanes F, Shleifer A. Law and Finance [J]. Journal of Political Economy, 1998 (6): 1113 – 1155.

[214] Lahtinen K, A Toppinen. Financial Performance in Finnish Large – and Medium – sized Sawmills: The Effects of Value – added Creation and Cost – efficiency Seeking [J]. Journal of Forest Economics, 2008, 14 (4): 289 – 305.

[215] Lee C C, Huang T H. Cost Efficiency and Technological Gap in Western European Banks: A Stochastic Metafrontier Analysis [J]. International Review of Economics and Finance, 2017 (48): 161 – 178.

[216] Leonard B D. Core Capability and Core Rigidities: A Paradox in Managing New Product Development [J]. Strategic Management Journal, 1992 (13):

111 – 125.

[217] Li H, Loyalka P, Rozelle S. Human Capital and China's Future Growth [J]. Journal of Economic Perspectives, 2017, 31 (1): 25 – 48.

[218] Liao T S, Rice J. Innovation Investments, Market Engagement and Financial Performance: A Study among Australian Manufacturing SMEs [J]. Research Policy, 2010, 39 (1): 117 – 125.

[219] Liu C, Uchida K, Yang Y. Corporate Governance and Firm Value during the Global Financial Crisis: Evidence from China [J]. International Review of Financial Analysis, 2012, 21 (1): 70 – 80.

[220] Liu Y. Outside Options and CEO Turnover: the Network Effect [J]. Journal of Corporate Finance, 2014, 28: 201 – 217.

[221] M Alsaleh, A S Abdul – Rahim. Determinants of Cost Efficiency of Bioenergy Industry: Evidence from EU28 Countries [J]. Renewable Energy, 2018, 127: 746 – 762.

[222] M D Kimenchu, W S Kairu, M Mwangi, et al. Estimation of Cost Efficiency of Dairy Farms in Kenya's Eastern Central Highlands [J]. International Journal of Innovative Research & Development, 2014, 3 (8): 34 – 39.

[223] M D Rosko. Cost Efficiency of US Hospitals: A Stochastic Frontier Approach [J]. Health Economics, 2001, 10: 539 – 551.

[224] Mamonov M, Vernikov A. Bank Ownership and Cost Efficiency: New Empirical Evidence from Russia [J]. Economic Systems, 2017, 41: 305 – 319.

[225] Margono H, Sharma S C, Melvin P D. Cost Efficiency, Economies of Scale, Technological Progress and Productivity in Indonesian Banks [J]. Journal of Asian Economics, 2010, 21: 53 – 65.

[226] McCombie. Are There Laws of Production? An Assessment of the Early Criticism of the Cobb – Douglas Production Function [J]. Review of Political Economy, 1998, 10 (2): 141 – 173.

[227] Meeusen W, J van den Broeck. Efficiency Estimation from Cobb – Douglas Production Function with Composed Error [J]. International Economic

Review, 1977, 18: 435 – 444.

[228] Morck R, Shleifer A, Vishny R. Management Ownership and Market Valuation: An Empirical Analysis [J]. Journal of Financial Economics, 1988, 20 (1): 293 – 315.

[229] Murphy K, J Zimmerman. Financial Performance Surrounding CEO Turnover [J]. Journal of Accounting and Economics, 1993, 16 (1 – 3): 273 – 315.

[230] N Eltivia, M Sudarma, Rosidi, et al. The Effect of Cost Efficiency on Stock Performance of Listed Bank in Indonesia [J]. International Journal of Economics Research, 2014, 5 (2): 50 – 56.

[231] N Ni, Q Chen, S Ding, et al. Professionalization and Cost Efficiency of Fundraising in Charitable Organizations: The Case of Charitable Foundations in China [J]. International Society for Third – sector Research, 2017, 28: 773 – 797.

[232] Naeem K, Li M C. Corporate Investment Efficiency: The Role of Financial Development in Firms with Financing Constraints and Agency Issues in OECD Non – financial Firms [J]. International Review of Financial Analysis, 2019, 62 (3): 53 – 68.

[233] Noreen E, N Soderstrom. The Accuracy of Proportional Cost Models: Evidence from Hospital Service Departments [J]. Review of Accounting Studies, 1997, 2 (1): 89 – 114.

[234] Ocasio W. Institutionalized Action and Corporate Governance: The Reliance on Rules of CEO Succession [J]. Administrative Science Quarterly, 1999, 44 (2): 284 – 416.

[235] P Kaur, G Kaur. A Study of Cost Efficiency of Indian Commercial Banks – An Impact of Mergers [J]. African Journal of Business Management, 2013, 7 (15): 1238 – 1249.

[236] Petr P, Jan Z. Upgrading in the Automotive Industry: Firm – level Evidence from Central Europe [J]. Journal of Economic Geography, 2011 (11):

559 – 586.

[237] Pitt M, L F Lee. The Measurement and Sources of Technical Inefficiency in the Indonesian Weaving Industry [J]. Journal of Development Economics, 1981, 9: 43 – 64.

[238] Prieto I M, E Revilla. Assessing the Impact of Learning Capability on Business Performance: Empirical Evidence from Spain [J]. 2006, 4 (37): 499 – 522.

[239] R J Dzeng, J S Wu. The Cost Efficiency of Construction Industry in Taiwan [J]. The Open Construction and Building Technology Journal, 2012 (6): 8 – 16.

[240] Rime B, Stiroh K J. The Performance of Universal Banking: Evidence from Switzerland [J]. Journal of Banking & Finance, 2003, 27 (11): 2121 – 2150.

[241] Rodrigo M, Victor J G, Antonio M. How Can We Increase Spanish Technology Firm's Performance [J]. Journal of Knowledge Management, 2011, 15 (5): 759 – 778.

[242] S Pande, G N Patel. Assessing Cost Efficiency of Pharmacy Retail Stores and Identification of Efficiency Drivers [J]. Business Performance Management, 2013, 14 (4): 368 – 385.

[243] S Paul, A Jreisat. An Analysis of Cost Efficiency in the Jordanian Banking Sector [J]. International Review of Business Research Papers, 2012, 8 (4): 43 – 62.

[244] Sasidharan S, Lukose P J J, Komera S. Financing Constraints and Investments in R&D: Evidence from Indian Manufacturing Firms [J]. Quarterly Review of Economics & Finance, 2015, 55: 28 – 39.

[245] Shirley C, C Winston. Firm Inventory Behavior and the Returns from Highway Infrastructure Investments [J]. Journal of Urban Economics, 2004, 55 (2): 398 – 415.

[246] Soedarmono W, Trinugroho I, Sergi B S. Thresholds in the Nexus be-

tween Financial Deepening and Firm Performance: Evidence from Indonesia [J]. Global Finance Journal, 2018, 40: 1 – 12.

[247] Stockhammer E. Financialisation and the Slowdown of Accumulation [J]. Cambridge Journal of Economics, 2004, 28 (5): 719 – 741.

[248] Su D, He X. Ownership Structure, Corporate Governance and Productive Efficiency in China [J]. Journal of Productivity Analysis, 2012, 38 (3): 303 – 318.

[249] Sun Q, W H S Tong. China Share Issue Privatization: The Extent of its Success [J]. Journal of Financial Economics, 2003 (70): 183 – 222.

[250] T H Huang, D L Chiang, S W Chao. A New Approach to Jointly Estimating the Lerner Index and Cost Efficiency for Multi – output Banks under a Stochastic Meta – frontier Framework [J]. The Quarterly Review of Economics and Finance, 2017 (65): 212 – 226.

[251] T Papadogonas, S George, V Fotini. Market Power, Cost Efficiency and Firm Performance in the Post – Crisis Era [J]. Review of Contemporary Business Research, 2013, 2 (2): 45 – 49.

[252] Tahinakis P D. R&D Expenditures and Earnings Management: Evidence from Eurozone Countries in Crisis [J]. Journal of Economic Asymmetries, 2014 (11): 104 – 119.

[253] Tori D, Onaran Ö. The Effects of Financialization on Investment: Evidence from Firm – level Data for the UK [J]. Cambridge Journal of Economics, 2018, 42 (5): 1393 – 1416.

[254] Turk A R. On the Implications of Market Power in Banking: Evidence from Developing Countries [J]. Journal of Banking and Finance, 2010, 34: 765 – 775.

[255] V H Tu, N T Trang. Cost Efficiency of Rice Production in Vietnam: An Application of Stochastic Translog Variable Cost Frontier [J]. Asian Journal of Agricultural Extension, Economics & Sociology, 2016, 8 (1): 1 – 10.

[256] Verschelde M, Dumont M, Rayp G, et al. Semiparametric Stochastic

Metafrontier Efficiency of European Manufacturing Firms [J]. Journal of Productivity Analysis, 2016 (45): 53 –69.

[257] Xu X M, Xuan C. A Study on the Motivation of Financialization in Emerging Markets: The Case of Chinese Nonfinancial Corporations [J]. International Review of Economics & Finance, 2021, 72: 606 –623.

[258] Y Z Dong, R Hamilton, M Tippett. Cost Efficiency of the Chinese Banking Sector: A Comparison of Stochastic Frontier Analysis and Data Envelopment Analysis [J]. Economic Modelling, 2014, 36: 298 –308.

[259] Z Boutsioli. The Greek Hospital Sector and Its Cost Efficiency Problems in Relation to Unexpected Hospital Demand: A Policy – making Perspective [J]. Review of European Studies, 2010, 2 (2): 170 –187.

[260] Zahra S A, George G. Absorptive Capacity: A Review, Reconceptualization and Extension [J]. Academy of Management Review, 2002, 27 (2): 185 –203.